浙江省普通高校“十二五”优秀教材

21世纪会计系列规划教材 精要版

财务管理案例

Cases in Financial Management

第四版

裘益政 柴斌锋 主编

作者话语

东北财经大学出版社
Dongbei University of Finance & Economics Press
大连

图书在版编目（CIP）数据

财务管理案例 / 裘益政，柴斌锋主编．—4版．—大连：东北财经大学出版社，2022.2（2022.5重印）
（21世纪会计系列规划教材·精要版）
ISBN 978-7-5654-4464-7

Ⅰ．财…　Ⅱ．①裘…②柴…　Ⅲ．财务管理-案例-高等学校-教材
Ⅳ．F275

中国版本图书馆CIP数据核字（2022）第028101号

东北财经大学出版社出版
（大连市黑石礁尖山街217号　邮政编码　116025）
网　　址：http://www.dufep.cn
读者信箱：dufep@dufe.edu.cn

大连市东晟印刷有限公司印刷　　东北财经大学出版社发行

幅面尺寸：185mm×260mm　字数：361千字　印张：17　插页：1

2022年2月第4版　　2022年5月第2次印刷

责任编辑：李智慧　李　栋　周　晗　吴　茜　孔利利
责任校对：刘晓彤　王　丽　周　慧　王　莹
封面设计：冀贵收　　版式设计：冀贵收

定价：38.00元

教学支持　售后服务　联系电话：（0411）84710309
版权所有　侵权必究　举报电话：（0411）84710523
如有印装质量问题，请联系营销部：（0411）84710711

4TH EDITION PREFACE

第4版 前言

“财务管理案例”课程是应用财务基本理论解决现实财务问题的财务管理专业课程。本书第二版2016年被评为浙江省普通高校“十二五”优秀教材。第三版自2017年出版以来，继续受到读者的肯定与好评，本书累计发行量已逾8万册，数十所高校将本书作为课程教材或相关课程主要参考教材。由本书主编主持、以本书为主要教学参考书的MPAcc课程“财务管理理论与实务”获评浙江省优秀研究生课程。为进一步提升教材质量，改善教学效果，编者决定对本书进行修订。第四版具体变化包括以下三个方面：

1.对案例的理论依据与分析部分做了较大幅度的修订。我们根据多年的案例教学经验，增加了对案例的相关概念介绍和关键概念辨析，对案例相关的理论做了更新和拓展，如在“蒙牛吸引PE投资”的案例中引入了关于双重股权结构和对赌协议的讨论等。

2.对部分案例内容进行了改写。我们根据后续掌握的案例资料和研究文献，对部分案例内容进行了改写，如关于雷士照明的案例、关于蒙牛的案例等，使之更加符合案例教学的主题。

3.根据典型性、趣味性与新颖性的原则调整了个别案例。我们用关于格力电器不分红事件的案例替代了之前用友网络的分红案例。

本书第四版由浙江工商大学裘益政教授、柴斌锋副教授制定修订提纲并组织编写。其中，第1章至第6章由裘益政教授修订，第7章至第9章由柴斌锋副教授修订。最后，由裘益政教授完成对全书的修改和定稿。

在本书的修订过程中，编者参阅了国内外诸多文献资料，在此，向这些文献资料的作者表示衷心的感谢！书中的不妥或错误之处，敬请读者批评指正。

编　者

2021年12月

第1版 前言

1ST EDITION

“财务管理案例”课程是应用财务基本理论解决现实财务问题的财务管理专业课程。《财务管理案例》一书主要运用在初级、中级和高级财务管理课程中所学的财务管理理论，解释和预测企业的财务管理工作。全书共分为9章，由21个案例组成，分别从财务管理基础、公司治理、筹资管理、投资管理、营运资金管理、利润分配管理、企业并购、企业集团财务管理、财务失败与重组等方面对企业财务管理实务进行分析评述。

本书从结构和内容的安排上，主要体现出三个特点：

1. 与财务管理系列课程（财务管理、高级财务管理等）紧密结合，能够使学生在学习财务管理基本理论之后，更为深入地思考我国企业财务管理的现实问题，并掌握财务管理理论分析方法。

2. 在财务案例选择上，其一，充分考虑其典型性，尽可能综合利用财务理论；其二，考虑案例原创性和新颖性，以最新发生的财务事件为基础，设计原创性的财务案例，如通钢重组中的理财目标、蒙牛吸引风险投资等；其三，尽可能体现财务理论的发展，即尽量运用较新的财务理论来解释财务现象。

3. 本书在写作上充分考虑了案例教学的特点，采用了全新的案例写作模式，将案例分解成案例摘要、案例主题、思考问题、分析思路、理论依据、相关背景及建议课堂计划等部分，这种写作方式更有利于实施财务案例的启发式教学和提高案例教学效果。

本书既可以作为高校财务管理、会计学专业的财务管理案例研究教材或者学习初级财务管理、中级财务管理和高级财务管理的课外参考书，给学生提供更多关于财务管理的知识；也可以作为实际财务管理者和会计工作者的参考读物，为管理人员的工作指明方向，提高企业财务管理的效率与效益。

本书由浙江工商大学财务与会计学院裘益政副教授、竺素娥教授制定写作大纲并组织编写。具体编写分工如下：第1章和第5章由裘益政副教授执笔，第7章和第9章由竺素娥教授执笔，第2章、第3章、第4章、第6章和第8章分别由柴斌锋博士、涂必胜副教授、张超博士、祝立宏副教授以及徐丽芬老师执笔。最后，由裘益政和竺素娥完成对全书的修改和定稿。

在本书的编写过程中，参阅了大量的国内外文献资料，在此，向这些文献资料的作者表示衷心的感谢！书中的不妥或错误之处，敬请读者批评指正。

编　者

2010年9月

PREFACE

Contents

目录

目录

Contents

目录

Contents

目录

Contents

第1章

财务管理基础案例

财务管理案例

Cases in Financial Management

案例1

五粮液公司的关联交易与实际理财目标①

摘要

股东财富最大化是西方企业的理财目标，“为股东创造价值”也往往是我国上市公司的理财目标，但是在我国资本市场制度尚不完善的制度背景下，这种理财目标往往被异化为实际控制人利益最大化。本案例从五粮液公司的巨额关联交易入手，揭示五粮液股份有限公司通过关联交易向五粮液集团输送利益，损害其他利益相关者利益的行为，说明五粮液公司的实际理财目标是“实际控制人利益最大化”，这种异化的理财目标使中小股东的利益受到损害，对于我国证券市场的发展是有害的。本案例对理解我国上市公司的实际理财目标及其对应的理财行为具有借鉴意义。

关键词

五粮液　关联交易　理财目标

案例正文

一、引言

五粮液股份有限公司（000858，简称“五粮液”）号称“中国酒王”，是著名的白酒类上市公司，1994年至2005年，五粮液连续11年稳坐中国酿酒行业头把交椅，规模、效益均居同行业之首。长期以来，“五粮液”也一直是中国资本市场绩优股的代名词。

然而，透过五粮液的经营管理，我们看到了不少匪夷所思的现象：一是五粮液将本已供不应求的五粮液酒的销售权让渡给了五粮液集团下的销售公司，还美其名曰“销售环节受淡季影响是有风险的，我们不想承担这样的风险”；二是五粮液尽管每年均有丰厚盈利，但是它的投资者却很少能够从中获得分红，即使在股东大会上很多小股东强烈要求分红，上市公司也丝毫不为所动。2001年2月20日，五粮液的股东大会上演了“堂吉诃德战风车”的一幕。部分中小股东试图阻止拥有75%股权的第一大股东所操控的五粮液股份有限公司的分配预案。在两个多小时的会议中，中小股东和大股东势如水火。在此起彼伏的质询声中，董事会秘书几次将监票人请进场内意欲表决了事。最终分配方案以近乎强行表决的方式被通过②。

这些匪夷所思的现象为何发生？它与五粮液公司的理财目标有何内在关联？

---

① 除非特别声明，本书的案例研究对象均为上市公司，案例中引用的所有数据均来自该公司的公告。另外，本书的所有案例只供课堂讨论之用，并无意暗示或说明某种管理行为是否有效。

② 资料来源：根据中证网相关资料整理获得。

二、公司简介

（一）五粮液集团简介

1998年，四川省宜宾国资委将五粮液酒厂的部分核心资产拿出来上市，形成了已经上市的五粮液股份有限公司，而将其他周边产业组建成目前的五粮液集团有限公司（简称“五粮液集团”）。

五粮液集团下辖15家子公司。五粮液集团大力实施“一业为主、多元发展”战略，形成了以五粮液及其系列酒的生产经营为主，以生产经营精密塑胶制品、成套小汽车模具为辅，多元发展生物工程、药业、相关服务业的现代企业集团。2011年，其实现销售收入487.29亿元，实现利税139.18亿元，位居“中国企业500强”第204位、“中国制造业500强”第100位、“中国企业效益200佳”第72位。五粮液集团的股东是四川省宜宾市国资委。

（二）五粮液简介

五粮液是1997年8月19日经四川省人民政府批准（川府发〔1997〕295号文），由四川省宜宾五粮液酒厂独家发起，采取募集方式设立的股份有限公司，发起人所持资产可折合为24 000万股股份，占公司总股份的75%，同时其发行了8 000万股流通股，发行价格为每股14.77元，筹得资金11.816亿元，并于1998年4月在深圳证券交易所上市。五粮液的第一大股东为宜宾市国有资产经营有限公司，经过历年配股分红、股权分置改革、支付流通股股东对价，截至2009年年末其持股比例为56.07%，仍处于绝对控股地位，第二大股东仅持股0.61%。

（三）五粮液与五粮液集团的关系

宜宾市国有资产经营有限公司是宜宾市国资委的全资子公司，因此五粮液集团与五粮液并非母子公司关系，而是拥有共同控制人的关联企业。2009年，两者之间的关系如图1-1所示。

尽管五粮液与五粮液集团并无股权关系，但是由于地方政府已经将五粮液托管给五粮液集团，五粮液集团取得了对五粮液的实际控制权。这种控制权突出地表现在五粮液集团对五粮液的人事控制上。

事实上，这两家公司的管理层系同一个领导班子，五粮液的前任总经理王国春兼任五粮液集团董事长、党委书记，时任五粮液董事长唐桥兼任五粮液集团的总裁、董事和党委副书记。2009年，在五粮液的20位高管中，有7位是在五粮液集团兼职的（见表1-1）。

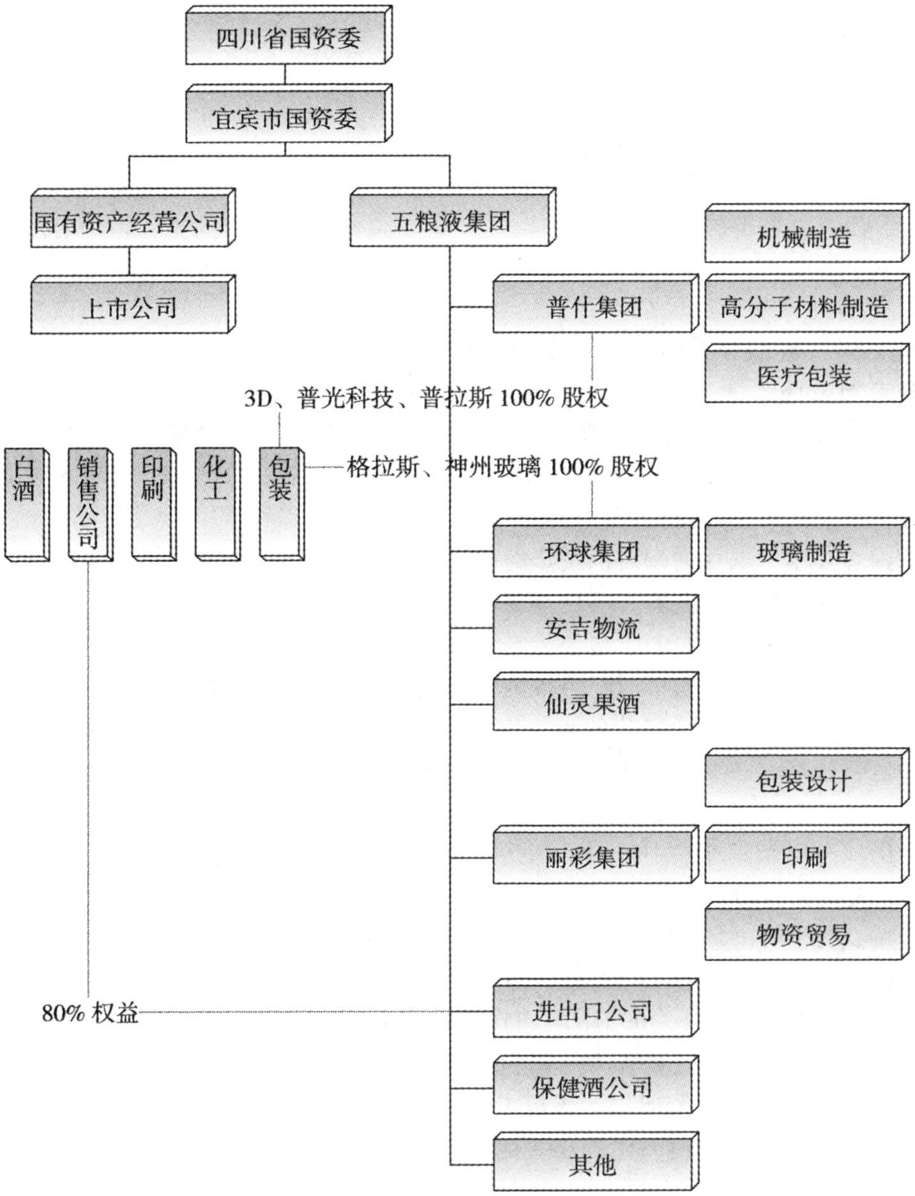

图1-1 五粮液与五粮液集团关系图[①]

表1-1 五粮液与五粮液集团高管的兼职情况

人员	在五粮液的职位	在五粮液集团的职位
唐桥	董事长	总裁、董事、党委副书记
王国春	董事	董事长、党委书记
陈林	董事、总经理、总工程师	董事、党委委员
郑晚宾	董事、副总经理、财务总监	董事、党委委员
龙文举	监事会主席	党委委员、纪委书记、工会主席、监事会主席
叶伟泉	副总经理	董事、党委委员
刘中国	副总经理	董事、党委委员

① 路倩文. 五粮液"迷途"[J]. 农村经济, 2009 (2).

三、主题内容

（一）五粮液两代当家人

■ 1.前任董事长王国春

王国春，1946年12月出生于四川，中国酿酒大师。1998年至2007年担任五粮液集团党委书记、董事长、总裁，五粮液董事长。2007年3月，卸任五粮液董事长和五粮液集团总裁职务，仅担任五粮液董事。实际上，从1985年至2007年，王国春一直是五粮液的当家人。他凭借品牌买断的经营模式使五粮液从一个地方中等规模的国有企业变身为国内白酒业老大，使五粮液实现年均40%的增长，连续十多年全国产销量第一，累计为国家上缴98亿元税金，使公司的资产达到了160亿元，使公司的品牌价值达到了306.82亿元。

王国春开创了五粮液发展的黄金时代。在中国白酒“迅速蹿红”的多年前，王国春就预见到未来优质白酒资源必然短缺，并不惜投入大量资金购建原材料储备库、尝评勾兑中心、质量管理中心、包装生产线等。经他之手，五粮液在产能上所具有的优势，是以后与对手茅台竞争时不可或缺的筹码。

五粮液从一家几万元产值的小作坊发展成产值超过200亿元的大企业，离不开王国春的运营管理，在五粮液集团内部的组织架构中，大多数重要管理者也都是和王国春一起“打江山”的人。五粮液二把手——总经理陈林以及负责销售的副总经理、五粮液进出口公司总经理刘中国，也都是王国春一手培养并提拔上来的。

■ 2.时任董事长唐桥

唐桥，1954年6月出生于四川，2007年“空降”至五粮液，接替王国春出任五粮液董事长，并兼任五粮液集团总裁、董事、党委副书记。

唐桥为人低调稳重，2000年就任宜宾市副市长，主抓工业。他不仅有一定的政府就职经历和背景，而且在资本运作上积累了丰富的经验。唐桥上任后，外界对其进行公司治理创新寄予很大期望。唐桥走马上任当天，他发布其任内首个年度报告时，其承诺要逐步收购“与白酒生产相关度较高的资产”。这显示了唐桥对解决公司治理顽症的决心。然而，该上市公司名义上为唐桥所掌控，但在解决一系列具体问题时必须与集团公司进行协调。唐桥新接帅印，开展工作的难度可想而知。如何应对2009年证监会的调查，如何解决关联交易、酒类资产整体上市、股权激励等历史遗留问题，成为新任董事长面临的严峻考验。

（二）五粮液的理财目标：本质、表现形式与实施过程

■ 1.五粮液理财目标的本质：实际控制人利益最大化

根据法人治理结构的设计原则，股东是企业的所有者，对企业的经营决策和财务决策具有最终的决策权或投票权，同时也具有对公司董事和其他高级管理人员的任免权，因此管理层在进行理财决策时对股东负责，以股东财富最大化为公司理财目标似

乎天经地义。

然而，上市公司五粮液的实际运营却偏离了股东财富最大化这一目标，更多地表现为“实际控制人利益最大化”这一目标，其证据有两个方面：一是非股东的托管人五粮液集团成为五粮液的实际控制人，并利用巨额关联交易通过五粮液向五粮液集团输送经济利益。据了解，五粮液通过原材料采购与产品销售、商标使用费支付以及资产置换等方式，从1998年到2003年，共向五粮液集团支付了97.17亿元现金，平均每年超过16亿元，远远超过五粮液上市以来累计实现的净利润（41亿元）及累计从资本市场募集的现金（18.1亿元）。二是五粮液尽管年报业绩优良，却一直吝于分红（见表1-2），严重地损害了中小股东的利益，在股东大会上遭到了中小股东的集体抗议，引发了以“堂吉诃德战风车”而知名的“五粮液分红事件”。

表1-2　五粮液1999—2009年股利分派情况

年度	股票股利（股）	现金股利（元/股）	每股收益（元/股）	股利支付率（%）
1999	转0.5	—	1.450	0
2000	—	—	1.600	0
2001（中期）	送0.4转0.3	0.1	0.940	10.64
2001	送0.1转0.2	0.03	0.942	3.18
2002	转0.2	—	0.540	0
2003	送0.8转0.2	0.2	0.520	38.46
2004	—	—	0.305	0
2005	—	0.1	0.292	34.25
2006	送0.4	0.06	0.432	13.89
2007	—	0.05	0.387	12.92
2008	—	0.05	0.477	10.48
2009	—	0.15	0.855	17.54

五粮液在拥有充足现金流量的同时，进行了大规模的投资。即使一些投资项目的发展前景并不被看好，五粮液也不愿意支付现金股利。尽管五粮液大股东也没有拿到现金股利，但通过管理者之手，五粮液集团实际直接控制着公司全部货币资金的使用权。由于实际控制人未持有五粮液股权，所以五粮液集团从五粮液所获得的全部货币资金使用中获得的满意度显然大于来自现金股利形式的部分现金使用所获得的满意度。因此，不分配现金股利而采用股票股利的方式对五粮液集团控制五粮液的货币资金是十分有利的。

■ 2.五粮液理财目标的表现形式：关联交易

五粮液以实际控制人（五粮液集团）利益最大化作为理财目标，其表现形式是五粮液与五粮液集团之间的巨额关联交易。关联交易的具体形式包括原材料采购与产品销售、资产置换以及由五粮液向五粮液集团支付商标使用费等各种费用。五粮液与五粮液集团之间的利益输送为何集中地表现为关联交易？其原因主要有三个方面：一是关联交易与股利等理财行为相比较，更符合五粮液集团的利益；与直接侵占货币资金相比，手段更加隐蔽。二是五粮液和五粮液集团的业务经营特征使得关联交易似乎具有天然的“合理性”。三是五粮液高管人员的任职和考核制度是其巨额关联交易能顺利实施的重要原因。

（1）对五粮液集团而言，通过关联交易获取的收益要远远高于通过上市公司股利分配获取的收益。假设五粮液发放现金股利100万元，由于五粮液集团不持有五粮液的股份，因此其反映在报表上的直接收益是0，但是如果作为实际控制人的五粮液集团设计一笔交易，将畅销的五粮液酒低价销售给五粮液集团，那么五粮液集团因此获得的转卖收益为100万元。上述两种五粮液的理财行为，对于上市公司而言，都意味着利益流出100万元，但是前者的利益流入上市公司的股东手里（包括中小股东），后者则全部流入上市公司的实际控制人五粮液集团手中。

在利益输送过程中，有些上市公司的实际控制人，包括控股股东，直接挪用上市公司资金，或者利用上市公司为实际控制人的公司提供担保。与上述利益输送的形式相比，关联交易可谓更加隐蔽。在中国证监会严厉打击“控股股东占用上市公司资金”行为的相关法律出台之后，挪用上市公司资金的行为在中国资本市场已经显著减少，但是关联交易作为隐蔽的利益输送形式仍然有其生存空间。

（2）五粮液和五粮液集团的关联交易有其天然“合理性”。这种“合理性”表现为双方在业务经营中的相互依赖。前已述及，在五粮液酒厂分拆上市的方案设计中，是将白酒生产业务放在五粮液上市公司，而将其他业务均剥离到五粮液集团，这就使得五粮液的业务结构不完整，其自身没有独立的采购部门和销售部门，与五粮液集团发生关联交易“自然”是天经地义的。经过多年的高速发展，五粮液集团及其下属子公司已建成一个为酒类生产企业提供配套产品和服务的产业链群体，具备大规模生产塑胶瓶盖、瓶子、商标、包装物品、原辅材料，提供物流运输和后勤保障服务等能力，这就更使得其与五粮液的关联交易欲罢不能。需要指出的是，这种所谓的合理性是由上市公司业务安排的“不独立”所引起的，是五粮液上市公司的先天缺陷。

（3）五粮液和五粮液集团之间的交叉任职现象十分普遍，五粮液的全部执行董事都由五粮液集团领导担任，五粮液集团对五粮液的实质控制，为关联交易和利益转移提供了便捷的操作空间。而且，由于在业绩考核方面，国资委只对五粮液集团进行考核，导致了公司高管更加看重五粮液集团的利益。其年报显示，五粮液与五粮液集团2008年关联交易数额高达64.82亿元，其中，向集团及其下属单位采购货物及接受劳务金额约为23.17亿元，销售货物及提供劳务金额约为41.65亿元。全部下游业务中，对五粮液进出口公司（以下简称“进出口公司”）的销售金额达41.33亿元，占比超过99%。

3.五粮液与五粮液集团关联交易的实施过程

（1）原料采购与产品销售。

2006年，公司采购货物等关联交易金额达到24.93亿元，占主营业务成本34.93亿元的71.36%，2007年与2008年的比重略有下降，但关联交易金额仍然占主营业务成本的五成以上。2009年关联交易比重下降近一半，其主要原因是五粮液收购了五粮液集团旗下为其提供包装、酒瓶等配套产品的子公司（3D公司、普光公司、普拉斯公司、神州玻璃以及格拉斯公司），大幅度降低了关联交易金额，但并没有完全免去采购货物及接受劳务的关联交易。2009年，五粮液该部分关联交易仍然占到主营业务成本的1/4以上，见表1-3。

表1-3　五粮液2006—2009年原料采购关联交易情况

年度	2006	2007	2008	2009
采购货物及接受劳务关联交易额（元）	2 493 311 866	2 340 818 244	2 132 500 944	1 045 745 498
主营业务成本（元）	3 493 996 530	3 377 979 573	3 618 072 871	3 860 659 982
关联交易额比重（%）	71.36	69.30	58.94	27.09

五粮液半数以上的采购和销售是通过和关联方的交易完成的，交易量巨大。2007年，销售货物等关联交易金额为41.72亿元，约占主营业务收入73.29亿元的56.93%（见表1-4）。一直以来，五粮液的产品只有不到一半由上市公司控股的供销公司进行销售，更多的是由集团控股的进出口公司销售。2009年，进出口公司的酒类销售占同类交易的44.51%，2008年为52.92%。尽管在五粮液近几年年报中，监事会认为公司所发生的重大关联交易事项都是公平合理的，然而五粮液关联交易价格真的是公允的吗？事实上，五粮液关联交易价格并不如公司所宣称的那样公允。五粮液与进出口公司的交易价格为成本加成30%（相当于这部分的毛利率为30%），而2007年公司毛利率为53.9%，2008年为54%，2009年则高达65%。五粮液的利润直接被进出口公司吸收，这是集团公司实现利益转移的第一条途径。

表1-4　五粮液2006—2009年产品销售关联交易情况

年度	2006	2007	2008	2009
销售货物及提供劳务关联交易额（千元）	3 577 100	4 171 861	4 164 863	4 602 541
营业收入（千元）	7 397 006	7 328 556	7 933 069	11 129 221
关联交易额比重（%）	48.36	56.93	52.50	41.36

（2）向集团支付巨额费用。

五粮液每年分别要向五粮液酒厂、五粮液集团支付超过1亿元的商标及标识使用费，且有的商标使用费为相应销售收入的数倍。此外，五粮液每年还要向五粮液酒厂、五粮液集团支付诸如警卫消防、环卫绿化、维修服务、房屋物业管理及其他项目等综合服务费。1999年、2000年两年，共向五粮液酒厂支付综合服务费1.09亿元左右，2004年、2005年，共向五粮液集团支付综合服务费2.55亿元左右，且从2006年以来，一直维持在1.1亿元左右。按其2009年年报披露数据计算，五粮液从五粮液集团租赁的经营区域每平方米的租金高达89.89元/月，五粮液向五粮液集团支付的警卫消防、环卫绿化、维修服务、房屋物业管理等综合服务费高达1.17亿元，按照租赁面积（经营区域面积+厂房面积）计算，相当于其物业管理费高达129.63元/平方米·月。五粮液在年报中披露综合服务费的定价依据为协议价，这类软性费用的定价权完全掌握在控股股东手中，这使得五粮液非常容易沦为控股股东向自己输送利益的工具，这是实现利益转移的第二条途径。

（3）资产置换。

通过查阅五粮液历年的年报可以发现，2000年该公司与五粮液酒厂进行了一次资产置换：五粮液将所属的“宜宾塑胶瓶盖厂”的全部资产与五粮液酒厂所属的“酿酒生产车间”的资产进行置换，换出资产的评估值为3.88亿元，净值为3.61亿元，换入资产的评估总价值为20.18亿元，置换差额为16.57亿元，五粮液将差额以货币资金的形式分批支付给五粮液酒厂。

2001年，在五粮液的公告中，其对这一问题做了进一步说明：经双方协商，本公司实际应向五粮液酒厂支付置换补差款15.59亿元，根据本公司的货币资金情况，截至2001年6月30日已支付10.50亿元，余额5.09亿元拟于2002年4月28日前全部付清。

但是，2001年五粮液公司经营活动现金净流量为10.73亿元，投资活动现金流入仅为0.19亿元，显然，自有现金流入难以支撑如此大的现金流出。那么，五粮液公司是怎么做的呢？2001年，五粮液公司股权筹资部分较重要的一项是配股募集资金7.8亿元，扣除发行等费用后，实际募集资金6.15亿元，其正好可弥补资产置换事项的资金余缺。在此次资产置换过程中，评估价格和置换差价的变化也值得关注。根据广发证券有关此次资产置换的独立财务报告书披露的信息，四川新源资产评估事务所对五粮液公司所属的“宜宾塑胶瓶盖厂”的资产评估采用的是重置成本法，而对五粮液酒厂所属的“酿酒生产车间”的资产评估则采用收益现值法，后者的价格通常会高于前者。换入资产的评估总价值为20.18亿元，而其账面价值仅为9.02亿元，评估溢价高达124%。虽然五粮液公司一再声称无论是配股还是资产置换，都是为了维护非关联股东特别是中小股东的利益，但事实上，五粮液集团通过此次资产置换直接从上市公司获益15.59亿元，这是集团公司实现利益转移的第三条途径。

案例使用说明

一、教学目的

本案例的教学目的是使学生了解上市公司通过关联交易进行利益输送的行为，正确理解公司的实际理财目标及其在企业经营中的重要地位。

二、启发思考题

1.五粮液的实际理财目标是什么？有何依据？五粮液的实际理财目标是通过哪些理财行为实现的？

2.我国上市公司的理财目标应该是什么？

3.为何五粮液的理财目标发生了异化？这种异化带来的后果是什么？

4.要使五粮液的实际理财目标回归至最优理财目标，需要采取哪些具体措施？

三、关键概念与理论依据分析①

（一）关键概念辨析：大股东、控股股东、实际控制人

大股东与控股股东：上市公司大股东是指持有上市公司5%以上股份的股东，控股股东是指股票占比大到足以影响公司的日常经营运作和重大事情的决策的股东。控股股东还分为绝对控股（占比超过50%）和相对控股（低于50%，但大于30%）。控股股东一定是大股东，但大股东却并不一定是控股股东。在五粮液案例中，四川宜宾市国资委持股56.07%，为五粮液上市公司的控股股东，也是该上市公司唯一的大股东。

实际控制人是指持股50%以上的控股股东，或虽不是公司的股东，但通过投资关系、协议或者其他安排，能够实际支配公司行为的人。五粮液案例中，五粮液集团并不是上市公司的股东，但是它通过托管方式实现了对五粮液上市公司的控制，因此成为上市公司的实际控制人。

（二）财务管理目标理论

对于财务管理目标流行的观点有：利润最大化、股东财富最大化、企业价值最大化。

■ 1.利润最大化

根据经济学原理，利润表示新创造的财富。企业利润越大，表明企业所创造的财富越多，整个社会财富亦会因此而增加。所以，利润往往作为评价企业管理当局经营管理业绩的依据。随着我国经济体制改革的不断深入，经济体制从高度集中的产品经济转向商品经济，企业的经营权限不断扩大，企业的经济利益得到确认，这使得企业不得不关心市场和利润。在经济体制改革过程中，把利润作为考核企业经营情况的指标，把企业职工的经济利益同实现利润的多少联系在一起，这样追求利润最大化就很合理了。另外，企业如果追求利润最大化，就必须讲求经济效益，加强管理，改进技术，提高劳动生产率，降低产品成本。但利润最大化作为财务管理的目标也有其缺点：（1）没有考虑投入资本的多少。（2）没有考虑利润取得的时间。（3）没有考虑获取利润与所承担风险的关系，这可能会使财务人员不顾风险，片面追求更多的利润。（4）利润是按照会计期间计算出来的短期阶段性指标，追求利润最大化容易导致企业财务决策带有短期行为的倾向。

■ 2.股东财富最大化

股东财富最大化是指通过财务上的合理经营，为股东带来最多的财富。这种观点

① 王化成．企业分配理论模式研究［J］．会计师，2005（4）．

认为，股东投资企业的目标是以获得高额回报来增加财富，作为企业的投资者，企业价值最大化就是股东财富最大化。因此，企业应把股东财富最大化作为财务管理目标。其优点是：（1）考虑了获取利润所承担的风险。风险的高低会对股票市价产生影响。（2）在一定程度上能够克服企业在追求利润最大化时的短期行为。因为股市不仅体现的是企业现在的经营情况，更重要的是能够使投资者看到企业未来的经营前景。（3）容易量化。其缺点是：（1）股东的权益通过市价体现，但影响股价的因素很多，如企业业绩、经营品种、国家的经济政策、政治环境、投资者心理预期等。这导致在股东的权益衡量上很难有一个系统、客观的尺度。（2）只强调股东的利益，而忽视企业其他关系人的利益，不利于充分调动企业经营者和广大职工的积极性。

■ 3.企业价值最大化

企业价值不是账面资产总价值，是企业全部财产的市场价值，它反映了企业潜在的或预期的获利能力。企业价值最大化目标的优点是：（1）强调货币时间价值和投资风险价值，有利于合理制定长、短期规划，合理选择投资方案，有效筹措资金，合理制定股利政策。（2）反映了企业资产价值的增值。（3）有利于资源的有效配置。（4）注重在企业发展中与各方的利益关系，在注重协调企业与股东关系的同时，关心企业职工的利益，加强与债权人的联系，讲求信誉，注重社会形象。但是，其在应用时也存在着许多缺点：（1）企业价值这个概念不明确，可以进行多种解释：从性质上看，企业价值有企业经济价值、企业社会价值、企业人文价值之分；从时间上看，企业价值有过去价值、现在价值和未来价值之别。这里所讲的企业价值究竟指的是哪种，并不十分清楚。（2）企业价值的计算复杂而不确定。如果按“企业未来报酬的现值”的概念来理解企业价值，那么企业未来报酬本身就具有极大的不确定性，贴现所使用的贴现率同样难以确定；如果按“资产评估值”来理解企业价值，那么进行资产评估也会是一项庞大的工程。（3）企业价值最大化目标在实际运行时可能导致企业所有者与其他利益主体间产生矛盾。

（三）上市公司关联交易侵害中小股东利益的表现形式

在控股股东控制上市公司理财决策和资本市场制度不完善的背景下，控股股东往往利用与上市公司的关联交易实现利益的转移，其有以下几种较为常见的表现形式：

■ 1.控股大股东与上市公司进行不公平的资产买卖

不公允的关联交易已屡屡成为大股东掠夺中小股东利益的一种隐蔽手段，其主要有两种情况：上市公司向控股股东输出资产和控股股东向上市公司注入资产。据资料统计，在关联方之间进行的资产买卖中，上市公司向控股股东输出资产的比例达到78%，并且输出的资产大多是以低价出售的优质资产，很少能真正地把其劣质资产处理掉，而控股股东向上市公司注入的资产的比例只有22%，且注入的大多是以高价出售的劣质资产。

■ 2.上市公司为控股股东提供担保

这种担保不是以相互间存在互惠条件为前提，而是由处于控股地位的多数股东利用其表决权优势而取得的，它不仅使公司徒增经营风险，也使中小股东的权益增加了受损的可能性。据深圳证券交易所统计，在深交所上市公司中，2006年为大股东担保的有155家，占总数的30.1%，上市公司为大股东或其下属公司提供担保总金额近300亿元，占相关上市公司净资产的10%以上。一旦出现借款到期无法偿还的问题，担保人和债务人都要承担连带责任，中小股东的利益就可能受到损害。

■ 3.上市公司向控股股东付费

控股股东利用向上市公司输出商标使用权、出租厂房设备、输出管理技术等方式向上市公司收取各种形式的费用，而这些费用的定价往往由控股股东确定，很难评价其公允性。

■ 4.大股东挪用上市公司配股筹来的资金或无偿拖欠上市公司货款

上市公司配股筹来的资金，应按配股说明书予以使用，但有的却被其控股公司挪作他用。在上市公司与其母公司的关联交易中，也存在母公司拖欠上市公司货款而不付逾期违约金的情况，该货款在公司的账簿中长期体现为应收款项。这些不公平的关联交易，必然损害其他中小股东的利益。

当上市公司经营业绩下滑，不符合上市或配股条件时，母公司通过关联交易向上市公司输入利润，实现“保牌”“配股”，然后通过关联交易将从中小股东那里募集的资金套回集团公司使用，这一过程中受损害最大的仍然是中小投资者。

四、分析思路

教师可以根据自己的教学目标（目的）来灵活使用本案例。这里提出本案例的分析思路，仅供参考：

1.我国上市公司的理财目标应当是企业价值最大化或股东财富最大化。这里的股东财富最大化尤其应当强调对中小股东的利益保护。没有对中小股东的利益保护，就不会有上市公司的良性发展，更不会有整个资本市场的健康发展。建议学生思考投资者利益保护与资本市场发展的关系。五粮液的实际理财目标是实际控制人利益最大化，它是通过关联交易等理财行为由五粮液向五粮液集团输送利益实现的。建议学生进一步寻找五粮液集团从五粮液获取利益的证据。

2.五粮液的理财目标由股东财富最大化异化为实际控制人利益最大化，是由于上市公司尚未建立起较为完善的治理结构。其后果是使五粮液的中小股东利益受到损害，公司市场价值远远落后于同类酒业上市公司。建议学生对五粮液的市场表现进行评价。

3.要使五粮液的实际理财目标回归至股东财富最大化，首先必须建立较为完善的公司治理结构；此外，还应当减少关联交易的发生。建议学生运用发散式思维，讨论如何纠正其不当的理财目标，同时收集资料，观察五粮液自中国证监会调查事件之后所发生的事项，评价这些事项对公司理财目标的影响。

五、背景信息

五粮液后来发生的情况：

（1）为了减少采购关联交易，2008年7月30日五粮液实施酒类相关资产整合（即购买五粮液集团所属四川省宜宾普拉斯包装材料有限公司、四川省宜宾普什3D有限公司、四川省宜宾普光科技有限公司、四川省宜宾环球格拉斯玻璃制造有限公司、四川省宜宾环球神州玻璃有限公司各100%的股权）。交易标的经过审计评估，经国资部门批复同意，并经本公司股东大会批准，2009年4月13日、2009年4月21日，五粮液合计支付现金260 000万元（占应付总金额381 777.36万元的68.10%），其余款项在2009年度内已全额付清。上述五家公司的收益自2009年4月1日起并入本公司会计报表。本次交易后五粮液集团中为五粮液提供配套产品的产业链群体进入五粮液，降低了五粮液的采购成本、管理成本等，产业链一体化经营的协同效应将得到充分发挥，见表1-5。

表1-5　　五粮液近年原料采购关联交易情况

年度	2010	2011	2012	2013	2014
采购货物及接受劳务关联交易额（千元）	786 809	566 074	657 881	666 577	632 421
主营业务成本（千元）	4 863 190	6 895 411	8 015 724	6 610 411	5 772 029
关联交易额比重（%）	16.18	8.21	8.21	10.08	10.96

为了减少销售方面与五粮液进出口公司间的关联交易，2009年7月五粮液与五粮液集团共同出资设立宜宾五粮液酒类销售有限责任公司。2009年12月五粮液单方对该酒类销售公司增资1.5亿元使该酒类销售有限责任公司注册资本由原来的5 000万元增加至2亿元，其占该公司95%的股份，而五粮液集团仅占该公司5%的股份，由此大大减少了销售环节的大额关联交易，见表1-6。

表1-6　　五粮液近年产品销售关联交易情况

年度	2010	2011	2012	2013	2014
销售货物及提供劳务关联交易额（千元）	413 902	502 173	694 184	596 649	164 223
营业收入（千元）	15 541 301	20 350 594	24 718 589	27 201 046	21 011 492
关联交易额比重（%）	2.66	2.47	2.81	2.19	0.78

（2）表1-7显示了五粮液2009年以后的股利分配情况。结合表1-2和表1-7不难看出，五粮液在2009年之前不愿意支付现金股利，而自2009年之后，五粮液每年的现金分红力度在不断增强，2012年实现了每10股派现金股利8元（含税）的高红利

利润分配方案。通过发放高额的现金股利，满足了股东的利益诉求。

表1-7　　五粮液2010—2014年股利分配情况

年度	现金股利（元/股）	每股收益（元/股）	股利支付率（%）
2010	0.3	1.158	25.91
2011	0.5	1.622	30.83
2012	0.8	2.617	30.57
2013	0.7	2.100	33.33
2014	0.6	1.537	39.04

（3）五粮液原控股股东宜宾市国有资产经营有限公司依据四川省政府国有资产监督管理委员会《关于宜宾五粮液股份有限公司国有股东所持股份无偿划转有关问题的通知》（川国资产权〔2012〕88号）、国务院国有资产监督管理委员会《关于宜宾五粮液股份有限公司国有股东所持股份无偿划转有关问题的批复》（国资产权〔2012〕889号），于2012年10月10日将其持有的本公司761 823 343股股份无偿划转给四川省宜宾五粮液集团有限公司。

对本次股权进行无偿划转后，宜宾市国有资产经营有限公司仍持有五粮液约36%的股份（即1 366 548 020股），为五粮液第一大股东；四川省宜宾五粮液集团有限公司持有五粮液20.07%的股份（即761 823 343股），为五粮液第二大股东。在股权划转前后，公司与实际控制人之间的产权及控制关系变化如图1-2所示。

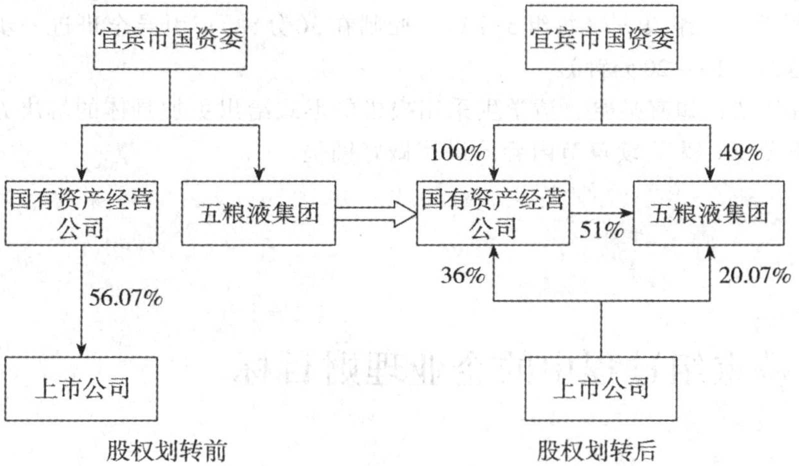

图1-2　股权划转前后五粮液与五粮液集团关系变化图

六、关键要点

1.理解五粮液的实际理财目标是实际控制人收益最大化，其形式是实际控制人五粮液集团通过设计五粮液与五粮液集团的关联交易，向五粮液集团进行利益输送。

2.理解五粮液向五粮液集团利益输送的方式：（1）提高采购价格及降低产品销售价格，实现利润转移；（2）通过租赁、支付商标使用费等方式支付巨额费用；（3）通过提高换入资产评估价值实现利益侵占。

3.理解五粮液实际理财目标的异化对公司价值产生的影响，理解外部投资者对五粮液实际理财行为做出的反应。

4.理解上市公司完善公司治理结构、加强对中小投资者利益保护的重要性；理解企业理财目标应如何向企业价值最大化或股东财富最大化转变。

七、建议课堂计划

本案例可以用于专门的案例讨论课。以下是按照时间进度提供的课堂计划建议，仅供参考：

整个案例课的课堂时间控制在80～90分钟。

1.课前计划：提出启发思考题，请学生在课前完成阅读和初步思考。建议学生在上课前阅读以下文献：

（1）刘峰，贺建刚，魏明海．控制权、业绩与利益输送——基于五粮液的案例研究［J］．管理世界，2004（8）.

（2）裘益政．论企业理财新目标——剩余索取权价值最大化［J］．财会通讯，2005（1）.

（3）王简，徐艳霞．五粮液进行利益输送行为浅析［J］．财务与会计，2007（9）.

2.课中计划：简要的课堂前言，明确主题（2～5分钟）；分组讨论（30分钟），告知发言要求；小组发言（每组5分钟，控制在30分钟）；引导全班进一步讨论，并进行归纳总结（15～20分钟）。

3.课后计划：如有必要，请学生采用报告的形式给出更加具体的解决方案，包括具体的职责分工，为后续章节内容的讲授做好铺垫。

案例2

通化钢铁重组过程中的企业理财目标

摘要

本案例从建龙钢铁二次“牵手”通钢失败入手，阐述建龙入主后通钢集团实际理财目标的变化，以及这种理财目标变化所带来的致命后果。本案例揭示了企业价值最大化目标对于我国企业的适用性，以股东财富最大化为目标的企业应当注重企业的长期股东利益，在这两种理财目标下，我国企业理财均应当关注职工利益。本案例对企业设定最优理财目标具有借鉴作用。

关键词

重组　股东利益　员工利益　理财目标

案例正文

一、引言

2009年7月24日，吉林省通化市一下子成为海内外舆论关注的焦点。就在这一天，该市吉林通钢集团通化钢铁股份公司的职工因反对企业重组而大规模聚集，一度造成工厂内7座高炉停产，建龙集团派驻通化钢铁股份公司总经理陈国军被殴打，不治身亡。“通钢因国企改制闹出了人命”这一爆炸性新闻迅速成为各个媒体报道的焦点。事件发生后，政府高度重视，当晚便紧急叫停了这桩重组并购。

建龙钢铁牵手通钢集团，曾为中国钢铁业跨区域、跨所有制重组树立了一个典范，但“通钢事件”让其重新归零，陈国军命案使通钢的股权改革染上了悲剧的色彩。这场染血的改革突出地反映了并购方建龙集团作为大股东和管理层与通钢员工之间的尖锐矛盾，反映了企业在重组和发展过程中忽视员工利益所带来的惨重后果。

二、公司简介

（一）通钢集团简介

通化钢铁集团股份有限公司（简称“通钢集团”）是吉林省最大的钢铁联合企业、吉林省工业提速增效十强企业、国务院振兴东北老工业基地重点支持的钢铁企业。其总部位于长春市，下辖通化钢铁、吉林钢铁、通钢矿业、磐石钢管、四平制品、通钢网航、通钢国贸等7家子公司，具备年产钢700万吨的生产能力。

2008年，通钢集团在“中国企业500强”中排名第244位，“中国制造业企业500强”中排名第128名，“中国企业纳税200佳”第195名。通钢集团是一家老牌的国有企业，主要经营黑色金属采矿、选矿、钢铁冶炼、压延加工、金属制品、炼焦、冶金设计，与主营有关的原材料采购及产品销售、机械加工及化工产品、运输、仪表电器及汽车修理、水泥及其制品、技术咨询、进出口贸易等。

（二）建龙钢铁简介

建龙钢铁控股有限公司（简称“建龙钢铁”或“建龙集团”）始于燕山脚下的唐山建龙实业有限公司，总部位于北京市丰台区总部基地（ABP），是集钢铁、矿业、化工、水泥、工程、科研、经贸于一体的大型钢铁联合企业。公司主要涉足钢铁、资源和相关产业等三大产业，其中钢铁产业拥有唐山建龙、承德建龙、黑龙江建龙、抚顺新钢铁四个控股子公司和宁波钢铁、通钢集团两家参股公司。

从5万元起家，到拥有数百亿元资本，张志祥和他的建龙集团，被业内称为“传奇”。十年时间，建龙以“并购重组”顺利扩张，成就钢铁梦。至2006年底，企业总资产为229亿元，名列“中国企业500强”第214位，“中国盈利企业500强”第78

位，中国钢铁企业第17位，全球钢铁企业第49位，2006年度被评为“中国最具社会责任20强企业”。

三、相关背景

2005年，随着振兴东北老工业基地的国家战略与中国钢铁业重组浪潮的兴起，816户吉林地方国有及国有控股工业企业被要求在年内完成改制，通钢集团正在其中。通钢集团如果达不到千万吨规模，极有可能被并入其他省的钢铁集团，吉林省从而会失去为本地钢铁业布局的主动权。为了把握主动权，吉林省国资委希望通过引进有实力的投资者，对通钢进行改制，而建龙集团作为有实力的钢铁民营企业（并有成功改制明钢的经验），成为吉林省国资委的重点引进对象。

当年的评估资料显示，以2005年9月30日为基准日，吉林建龙经评估，流动资产账面价值为20.05亿元，固定资产账面原值为10.82亿元，固定资产账面净值为8.45亿元，在建工程账面价值为6 868万元，无形资产账面价值为4 750万元，净资产账面价值为11.69亿元。通钢集团的评估结果是，净资产为28.36亿元。2005年12月27日，浙江建龙以持有吉林建龙的全部股权和8亿元现金（共作价14.0458亿元）为代价，参与通化钢铁集团的重组。重组完成后，建龙持有通钢集团36.19%的股权，华融资产持有14.60%的股权，吉林省国资委持有46.64%的股权，通钢2002年至2004年期间的经营管理者持有2.57%的股权。

新通钢集团重组完成后，吉林省国资委仍然是第一大股东，其总资产139亿元，注册资本达38.81亿元，形成国有、民营、金融机构、经营管理层共同出资的多元产权结构和法人治理结构。新通钢集团董事会由7人组成，其中，原通钢集团3人，建龙钢铁2人，华融资产管理公司1人，企业管理层1人，董事长由原通钢集团董事长安凤成出任。通钢总部搬至长春，而位于通化市的钢铁厂作为集团子公司更名为通化钢铁股份有限公司。

四、主题内容

（一）建龙集团掌门人——张志祥

1994年，张志祥在浙江上虞供销社做了5年钢铁贸易业务后，从父亲手里借款5万元成立了一家钢铁贸易公司。1998年12月1日，张志祥在浙江创办的杭州忠祥物资有限公司租赁遵化世盟钢铁有限公司（建龙前身）全部资产，从此开始了他的淘金之旅。2000年9月15日，由张志祥、张伟祥、陶忠海共同出资，注册资本共1亿元的唐山建龙实业有限公司正式注册成立，其成为日后“建龙系”的发端。2002年，上海复星产业投资和复星高科投资唐山建龙，共持有30%的股权。

2008年的胡润富豪榜上，张志祥以200亿元身价位居中国钢铁业富豪第二位，但其对日常生活要求之低令人惊讶。在遵化，张志祥并未购置房产，仍住在曾经是他办公室的一间十几平方米的宿舍里。他没买过任何豪华轿车，对名牌几乎一无所知，一双皮鞋穿到破洞仍不在意。但张志祥为人谦和的特点却让与之接触的人印象深刻，公司前台的员工帮他拎包，他会连声说“谢谢”；与人握手，他会用双手，时常让对方感到受宠若惊。一位当年参加遵化市政府表彰大会的人回忆说，或许是因为第一次上台，带着大红花站在领奖台上的张志祥显得有些拘谨，“好像手都不知道该往哪儿放”。张志祥生活简朴，但其管理能力却有着过人之处，其快速压缩成本的核心能力让人赞叹不已。“只需3个月，一家由我们梳理之后的企业和原来比，在原料成本上要比以前减少1/3。”一位建龙高管如是说。

（二）建龙入主通钢后的理财目标：股东财富最大化

建龙入主通钢后实行了一系列改革措施，如“减员增效，降低成本”、新的薪酬体系、管理严格化等，这都是其追求股东财富最大化目标的体现。不可否认，在改制后的3年中，建龙的严格化管理使通钢实现了跨越式发展。2008年，在总结通钢50年成绩时，通钢集团董事长安凤成说，改制后通钢的年生产能力由2005年的300万吨达到2008年的700万吨，这3年的增长速度是前3年（2003—2005年）的4倍。他当时预计2008年底通钢的利润将达到30亿元，比2007年底的12.7亿元增长了1倍多。对于一个独立经营、自负盈亏的民营企业而言，追求经济效益是其天性，这似乎并没有错。

然而这些漂亮的数字背后，却是对员工利益的损害。对通钢的普通工人来说，他们作为企业主人翁的精神世界因建龙的到来而改变。“现在人与人之间互相戒备，年轻人‘研究’老辈人，同辈的担心其他人会‘整’自己。”通钢人事干部痛心地说，“建龙入股后，通化钢铁厂的工艺、设备，基本都是老样子。他们的管理就是‘整人’。”通钢的员工这样认为。如此种种，都体现了通钢员工对建龙的管理方式和企业文化的反感。建龙这种罔顾员工利益，一味追求股东财富最大化的行为，最终酿成了一场以生命为代价的悲剧。

（三）侵害员工利益，追求股东财富最大化的行为表现

1.减员增效

国有企业最为常见的一个问题就是冗员、效率低，建龙作为市场经济条件下追求利益最大化的民营企业，在重组谈判时就提出裁员。但是，通钢刚刚完成社会职能移交和辅业剥离，已经剥离了1.4万人，余震还未平息，而且没有顺理成章的政策依据。为了顺利完成改制，有人把2004年吉林省人民政府《关于实施国有企业妥善处理下岗职工劳动关系促进再就业试点工作的指导意见》（吉政发〔2004〕29号）拿了出来，其中有一条是：截至2003年12月，距法定退休年龄不足5年或工龄满30年，实现再就业有困难的下岗职工，有条件的企业可以实行企业内部退养。然而为了顺利实现重组，“有条件”的选择措施变为事实上的“一刀切”，甚至还进一步扩大了内退范围。当时的标准是工龄满30年的全部辞退，其中只有约50%的人出于自愿，结果是有的员工只有46岁就下岗了。“最惨重的是，由于这个工龄段的工人大部分属于经验丰富的技术工人，这造成了技术工人的大批流失。改制前，通钢技师以上的职

工有1 000多人，改制后仅剩下300多人了。”通钢员工如是说。

建龙进入通钢后，裁员增效的力度骤然加大，内退的标准被再次提高，甚至将其变成了一把裁员的“砍刀”。2006年后，第二大股东建龙集团的管理人员基本把持通钢的关键管理职位，并从2006年下半年开始主导并继续裁员。这一次轮到了通钢的33名处级干部，他们被安排到当地二道江区政府工作，年龄最小的不到50岁，最大的57岁，每月扣除社会保险后拿到手里的工资只有800元。

建龙集团进入通钢的几年间，通钢工人由36 000多人锐减至13 000人，裁员减薪风潮席卷整个通钢。减员增效固然无可厚非，但不顾员工意愿擅自更改标准，侵害员工利益，也为建龙和通钢职工之间的矛盾埋下种子。

2.“不公平”的薪酬体系

在此次的通钢事件中，员工和管理层收入差距过大是反映较为集中的一个问题。很多工人都抱怨，自建龙集团来了以后收入锐减。建龙推行的薪酬改革的核心是多劳多得，并提高管理层薪酬标准，通过“ABCD”打分决定薪水的多少，高者（如总经理）年收入可超百万元，而业绩差的底层工人，月收入只有三四百元。这些“正常”的市场化改革手段却让通钢很多老员工难以接受。一位一线员工说，此前他每月的收入是2 500元，但建龙参与重组后，在效益并没有减少的情况下，原来100个人干的活，现在30人干，结果工资却降到千元以下。与工人低工资形成鲜明对比的是，个别高层和中层管理干部的工资却一下提高了好几倍，高管和普通员工工资收入差距悬殊，高管年薪可以达到40多万元，中层管理人员年薪也在10万元以上。

一位通钢集团的退休干部说，过去，管理层和普通员工的收入差距只有两倍，现在都快有上百倍了，员工心气怎么能顺？过去，通钢职工在本市地位很高，令人羡慕。重组以后，通钢人的优越感消失殆尽，其随时有下岗之虞，这都让职工心生不满。差别化的薪酬体系在现代企业中随处可见，但对于刚从国企改制过来的吃“大锅饭”的通钢职工而言，这种骤然的改变必然对其心理造成巨大冲击。然而，建龙只是单纯地推行新的薪酬体系，对员工观念的转变却不在意，不被员工认可的薪酬体系又怎能真正起到激励的作用？最终其带来的结果只能是适得其反。

3.员工权利边缘化

（1）企业重大经营决策的不透明性

金融危机背景下的2009年3月，正值通钢生产经营形势严峻时期，眼见“形势不妙”的建龙集团提出从通钢撤资。对于建龙的撤资，有通钢员工激动地放鞭炮庆祝。然而在谈判期间，钢铁行业出现转机，通钢也在2009年6月份盈利4 279万元。在这当口，省国资委与建龙集团达成新的协议，由建龙集团控股通钢。根据新方案，建龙集团以10亿元现金及其持有的通钢矿业公司股权，向通钢增资控股，持股66%，省国资委直接持有通钢的股权降至34%。

建龙的重新归来对本已欢呼雀跃的通钢职工而言完全是“突然打击”。也正是这一纸协议的签订，被一些原本就对建龙集团管理方怀有敌意的通钢职工视为“当初背信弃义、如今又来摘桃子”的不义之举。何况从吉林省国资委与建龙集团谈“分手”到再同意其控股通钢的“重组游戏”绕开了通钢职工，完全激起了员工心中的怒火。

2009年7月24日，陈国君代表建龙集团到通钢进行接管时，被通钢员工殴打致死。

在此次事件中，受到广泛质疑的是股权调整决定的突然性。这种突然性不仅仅让很多普通职工没有思想准备，即使是通钢集团的一些高层，也觉得事发突然，以至于网上出现通钢集团四个高层听说此消息后当即决定辞职的传言。那为什么不就此事事先召开职工代表大会征求职工意见？按照吉林省国资委的说法，这属于单纯的股权结构调整，是在通钢集团已经实施改制，员工身份全部转换，各股东协商一致的情况下，履行的相关审核、审批手续。按照《中华人民共和国企业国有资产法》的规定，股权调整方案没有涉及职工安置和裁员等问题，且已分层次召开多个座谈会，向大家宣传、解释实施方案的必要性。方案的实施符合国家法律法规，不需要征求职工意见。

绕开职工代表大会，对建龙集团而言显然是避免了许多“麻烦”。然而即使真如国资委所言，这种程序是合法的，但如此大的改制，把企业体制从国有主导变为民营主导必然涉及每个职工的利益，虽然暂时可能并不涉及职工安置等切身利益问题，但职工肯定会从个人今后命运的角度进行猜想，难免会有一些担忧和顾虑。作为切实利益的受损者，员工没有任何发言权，甚至连知情权都没有，在没有正常的权益诉求渠道的情况下，通钢职工选择以一种暴力的手段行使了对这一决定的参与权。

(2) 改制后职工维权渠道的丧失

通钢与建龙并不是第一次重组，已有3年多的改制经历。这3年中，职工究竟怎么看待重组？职工对建龙是什么态度？这些思想层面的东西应该引起管理层和政府部门的重视，在再次重组中将其纳入考虑。遗憾的是，这些一直都被建龙所忽视。

建龙在“减员增效、降低成本”的过程中，还通过精简把宣传委、团委、工会等党群工作部门和许多科级干部并入生产部门，使其成为一般工人。“通钢的党群工作职能已经无从发挥，科级干部大量流失。处在改制中的通钢失去了‘缓冲器’，所以，问题的解决稍有失误，矛头将会直接对准改革操作者。”一些通钢集团职工表示，过去有困难找工会，但现在他们心里积累的怨气找不到释放和解决的出口，不知道向谁诉说，有苦没处说，或者说了也没用，这些想法和意见只能压在心里，从而导致了惨案的发生。通钢事件闹到这个地步也不是工人们想看到的，职工们只想维护自己的权益，也不想通过极端方式去表达，发生这样的惨剧，应该说是出乎所有人意料的。归根结底，还是建龙忽视员工利益一味追求经济效益所致。降低成本是企业保持竞争力的重要手段，但并非什么“本”都能降，建龙为以牺牲员工利益来增加企业利润的行为付出了“血”的代价。

案例使用说明

一、教学目的

本案例的教学目的是使学生理解民营企业重组国有企业过程中的实际理财目标，反思民企重组国企后应如何进行有效整合。

二、启发思考题

1.建龙入股通钢后其实际理财目标是什么？这种理财目标是否合理？

2.为什么建龙追求股东财富最大化的目标导致了重组的失败？

3.民企在整合国企的过程中，应树立怎样的理财目标？应如何处理经济目标与员工利益之间的关系？

4.阅读下列浙江传化集团的相关材料，思考民营企业应如何保障员工利益：

传化集团创建于1986年，是中国知名的多元化民营企业集团，主要业务领域覆盖化工、物流、农业和投资。2008年，集团实现营业收入106.5亿元，利润22.28亿元，上缴税金10.22亿元，位列“中国大企业集团竞争力500强”第71位，“中国民营企业500强”第82位。集团下属各产业板块和成员企业均在各自专业领域稳健成长，成为国家级、省级高新技术企业或国家行业示范基地，且多年被评定为AAA级信用企业、诚信纳税企业、财务管理优秀企业等。在传化集团取得这些不俗成绩的背后，其盈利模式创新和业务创新固然功不可没，然而，传化集团和谐的劳资关系，及其对员工利益的关注和重视同样贡献巨大。

一是建立职工利益保障体系。首先，设计合理的员工薪酬结构。集团董事长徐冠巨认为，企业发展的同时也应该使员工的收入不断提高，其提出要把企业的一部分利润分配给员工的理念。在此理念影响下，管理层提出“传化集团不应该有年工资低于3万元的员工”；基层员工的收入在2008年普遍提高15%的基础上，2010年再次提高15%。同时，传化集团基层员工每2年上涨基本工资50%的薪酬，全面提供“五险二金”保障，此外还有依据工作业绩进行的奖金分配。传化集团充分保障了员工的休息时间，基层员工加班时间少，实施严格的一周五天、一天八小时工作制以及法定节假日休息制度。

其次，提供强有力的工会组织保障。一方面，工会代表全体职工与资方签订集体工资协议，为员工利益撑起一把大的保护伞；另一方面，传化集团工会在2004年建立了“困难员工帮扶基金”，初始经费共100万元，由企业资助50万元、工会经费50万元组成。每年从该帮扶基金中取出一部分资助困难职工，然后通过企业员工募捐增加帮扶基金。帮扶基金设立5年后，累计已有280多人享受了共58万元的资助，而且该基金现有余额已经达到130万元，帮扶基金制度增强了传化集团员工的互助意识和集体归属感。

二是建立企业的日常沟通机制。传化集团工会与经营组织协同开展的合理化建议活动成为管理层与基层职工日常交流的重要平台。2009年，传化集团合理化建议多达3 244条，职工平均参与率达31.8%。经评审共采纳建议1 752条，实施建议1 442条，实施率为82.3%。一些员工结合岗位实际和工作经验提出的合理化建议，产生了显著的经济效益，也因此获得了经济上的奖励。如供应部俞文军提出的“化纤油剂部分原料替代”建议，据统计已为公司累计降低成本119 000元，预计年成本将降低高达30万元，效果显著。供应部俞文军因提出合理化建议而获“特别奖”，被给予4 000元的奖励。合理化建议活动使企业的基层员工不仅仅成为企业大机器的螺丝钉，而且成为了一个个充满活力和创造力的“健康人”“阳光人”。企业也由于员工主观能动性与创造性的发挥提升了经济效益。

三是建立完善的员工成长通道。传化集团秉承“事业以人为本，发展以人为先”的人才观，高度重视员工的培养与职业发展。1995年，传化集团首度引进应届大学生，通过精心培养和大跨度轮岗，使他们从普通的基层员工一步步走向成熟，大多已在各大板块担任要职，甚至有些还进入了公司的管理层。2008年以来，为全面加强保证集团人才发挥作用的组织机制建设，传化集团更为员工提供了多重职业发展通道，加强队伍的专业化与职业化建设。传化集团自主构建了任职资格管理体系，将近千个岗位梳理归类，分为了6大职类、61个职种，并设置了相应的职业发展“跑道”，制定了任职资格标准作为员工的行动指导，构建了系统化的培训体系帮助员工提升职业能力。自2008年实施任职资格管理体系以来，传化集团化工板块的营销队伍共有2名资深客户经理、18名高级客户经理产生，其在历届营销峰会上接受了公司高管的正式聘任。优秀的专业工作者再也不必为有限的管理岗位而发愁，在自己擅长并喜欢的技术、营销、工程等专业领域一样可以有所发展，代表自己能力提升的职位晋升同样可以换来丰厚的物质激励和精神激励。而且，一些具备管理潜质的专业工作者还可以通过骨干学习班的培训进入后备经理人队伍，真正实现了职业发展的双通道。

总之，传化集团董事长“使员工分享企业利润”“让企业经济效益与员工收入同步增长”的理念，集团合理的薪酬结构，强有力的工会组织保障，良好的日常沟通机制，完善的员工成长通道，使传化集团的员工不再成为泰罗科学管理理论统治下的以标准化作业为导向的“机器人”，而是成为充满工作热情的、有着体面工作的“阳光人”。传化集团提出在以下五个方面对员工进行激励，正为其和谐劳资关系翻开新的篇章：以文化理念激励人，以发展前景激励人，以工作氛围激励人，以工作薪酬激励人，以福利保障激励人。

三、关键概念与理论依据分析

（一）关键概念

1.相关者利益最大化

相关者利益最大化是企业理财目标的一种观点。持这种观点的人认为，“股东财富最大化”目标没有将更多的利益集团考虑进去，比如债权人、职工、社区等，而公司的价值是这些利益集团共同作用和相互妥协的结果。相关者利益最大化目标有利于企业长期稳定发展。这一目标注重企业在发展过程中考虑并满足各利益相关者的利益关系。王化成等学者（2013）认为，给出一定的约束条件后，股东财富最大化与相关者利益最大化可以协调一致，两者都是对公司价值最大化的追求。约束条件是：

①公司的债权人、员工及政府的利益受到完全的保护。

②没有社会成本。公司在追求股东财富的过程中所耗费的成本都能够归结于公司并由公司负担。

■ 2.公司社会责任

公司社会责任（Corporate Social Responsibility，CSR）是指公司在创造利润，为股东承担财富创造责任的同时，还要承担对员工、消费者、社区和环境的责任，企业的社会责任要求企业必须超越把利润作为唯一目标的传统理念，强调要在生产过程中对人的价值的关注，强调对环境、消费者、对社会的贡献。1976年经济合作与发展组织（OECD）制定了《跨国公司行为准则》，要求公司加强保护利益相关人士和股东的权利，提高透明度，并加强问责制。2002年，联合国正式推出《联合国全球协约》（UN Global Compact）。协约共有9条原则，联合国要求公司对待其员工和供货商时都要尊重该原则。我国《公司法》规定，公司从事经营活动，必须遵守行政法规，遵守社会公德、商业道德，诚实守信，接受政府和社会公众的监督，承担社会责任。

关于公司社会责任与企业价值的关系，存在着两种观点。一种观点是企业承担社会责任会损害企业价值，将浪费资本和其他资源，与那些不从事CSR活动的公司相比，公司在竞争中会处于劣势；另一种观点是企业承担社会责任会提高公司价值，如果公司不能满足股东之外的利益相关者的需求，将产生市场恐惧，并提高公司的风险溢价，最终导致更高的成本或丧失盈利机会。满足关键利益相关者（例如，雇员、客户等）的隐性需求，会提高公司声誉，进而对公司业绩产生积极的影响。

（二）分配的原则

企业是契约的集合，企业收益分配应该包括企业对众多合约关系人的收益分配，包括股东、债权人和企业的劳动者。企业收益的分配方式、分配格局和分配机制等牵动企业各方面的经济利益关系。分配是否合理，影响各方面的积极性和主动性，最终影响企业经营效率、发展状况和企业价值。合理地处理分配关系具有重要意义，企业收益分配应遵循以下原则：

■ 1.发展优先原则

企业的分配应有利于提高企业的发展能力。从长期来看，只有企业不断发展，各方面利益才能最终得到满足。为此，在进行分配时，必须正确处理积累与消费的关系，保证企业的健康成长。在进行分配时，要防止两种错误倾向：一是积累的比例太大，使各利益相关者得不到实惠，积极性受到伤害，影响企业的长远发展；二是消费比例过大，使积累能力有所削弱，不利于企业自我发展及其承担风险能力的加强，从而使其难以在市场竞争中获胜。这样，有关方面虽然在近期得到实惠，但却难以为继，实际上将损害其长远利益。

■ 2.注重效率原则

在规范的市场经济条件下，企业将在市场竞争中求生存、求发展，在市场竞争中实现优胜劣汰。这就必然要求企业重视效率，视效率为生命。效率的实质是最大限度地发挥企业潜力，实现各种资源的有效配置，不断提高企业的竞争力。在分配中体现注重效率的原则，主要应处理好以下几方面的问题：一是要充分调动出资者的积极性，使其所投资本的贡献能被合理评价，并在企业分配中得到合理的体现；二是要调动企业管理者的积极性，使其管理才能以及所面临的风险能被合理评估，并在企业分配中得到合理体现；三是调动企业一般职工的积极性，使其劳动技能能够被合理评估，并在企业分配中得到合理体现。这样，才能有效地调动各方面的积极性，从而有利于企业的长期稳定发展。

■ 3.制度约束原则

企业分配涉及多个利益集团的利益，各方面的利益虽然有统一的一面，但矛盾冲突却时刻存在。这就要求在分配时必须遵循相关制度，以便合理地规范各方面的行为。这里所说的制度是广义的制度，它包括以下三个层次：一是国家的法律，如公司法、税法等都对企业分配提出了相应的规范要求；二是政府的各种规定，如企业财务通则、企业财务制度等对企业分配提出了相应的要求；三是企业内部的各种制度或规定，如企业奖励办法等对分配问题提出了相应的要求。有了制度的约束，才能保证分配的合理合法，才能调和各方面的矛盾，才能保证企业的长期稳定发展。

（三）分配受益者

分配受益者是指通过企业分配活动能够获得一定收益的组织或个人。根据前面确定的分配依据，分配受益者主要有以下三种：（1）资金的提供者。我们知道，在商品经济条件下，企业要从事商品生产必须拥有一定数量的资金，有了资金才能购买生产资料，没有资金就不可能从事商品生产和商品经营，企业的收益也就无法获得。因此，资金的提供者对企业收益的产生具有一定贡献，应该参与企业分配。当然，根据资金提供者的权利、义务的不同，可以把资金提供者分为债权人和所有者，这两类资金的提供者承担的风险不一样，参与分配的方式也应有重大区别。（2）劳动的提供者。劳动的提供者就是企业的职工。从理论上讲，一切新增加的价值都是由劳动创造的，没有职工的劳动，就不可能产生收益，因此，职工必须要参与企业收益的分配。当然，根据提供劳动方式的不同，企业职工分为一般职工与公司高管及技术骨干两种类型。在实际工作中，这两类人员参与分配的方式也不完全一样。（3）社会服务的提供者。各级政府为企业提供了公共交通、文化教育、体育卫生等方面的社会服务，对企业收益的增加也有一定贡献，因此，其也应参与企业收益的分配。当然，在规范的市场经济条件下，政府参与企业收益的分配主要是通过征收各种税款来实现的。

（四）分配的顺序

解决了分配依据、分配受益者的问题后，接下来要解决的就是分配顺序问题。分配顺序是指参加收益分配的各方在收益分配中的先后次序。决定分配顺序的因素主要是风险因素，当然，这种风险的高低是企业同有关利益集团事先约定的。根据双方风险的高低，可以分为以下三类分配方式：（1）企业风险较高，分配受益者的风险较低的分配方式。在此种分配方式下，不管企业经营好坏，分配受益者可以取得固定收益，在分享企业收益时排在前面，例如，劳动的提供者可以优先分得固定工资，资金的提供者可以优先分得固定利息，社会服务的提供者（政府）可以优先分得固定的税费。（2）企业风险较低，分配受益者风险较高的分配方式。在此种分配方式下，分配受益者取得变动收益，分享顺序排在后面，当企业经营状况好时，他们获得较高收益，当企业经营状况不好时，他们分得的收益较低甚至分不到收益，此时，劳动的提供者可以只采用分享制分得相关报酬，资金的提供者可以通过投资股票来获得股利收入，政府可以通过征收所得税来获得财政收入。(3) 企业风险一般，分配受益者风险也一般的分配方式。在此种分配方式下，分配受益者一般先获得较低的固定收益，然后获得一部分变动收益。劳动提供者既拿固定工资又分享企业收益，如采用工资加利润分享制度或工资加奖金制度；资金提供者既获得固定利息又分享收益，如采用可参与债券或收益债券等方式；政府既获得一部分稳定税源又参与企业剩余收益的分配，如政府既征收流转税又征收所得税，现在很多国家正是这样做的。

四、分析思路

教师可以根据自己的教学目标（目的）来灵活使用本案例。这里提出本案例的分析思路，仅供参考：

1.建龙入主通钢后的实际理财目标是股东（短期）财富最大化，这种理财目标违反了利益相关者治理理论的基本假设，因此，在股东财富最大化目标与相关者利益最大化目标之间产生了尖锐的矛盾，损害了企业的长期利益和股东价值。

2.建龙在并购后没有重视员工利益，员工利益成为改制过程中民企追求经济利益的牺牲品。

3.民企在整合国企的过程中，应体现企业价值最大化的理财目标。只有注重社会责任，维护利益相关者的利益，自身才能达到效用最大化。

4.传化集团维护员工利益从建立职工利益保障机制、建立良好的沟通机制和建立完善的员工成长机制三个方面展开。

五、背景信息

通钢后来发生的情况：

（1）2009年7月24日陈国君去世后，吉林省国资委当即宣布建龙永不参与通钢改制。2009年7月26日，通钢钢产量创造单日最高纪录。通钢7月份超额完成月度盈利目标，据初步统计，已经超过1亿元。

（2）2009年8月5日，吉林省国资委调整了通钢集团主要领导，安凤成通钢集团董事长和党委书记的职务被免，通化市主管工业的副市长巩爱平出任通钢集团董事长。

（3）建龙退出后，吉林省国资委曾主动找到鞍钢、首钢和湖南华菱钢铁，希望重组通钢。但由于对重组条件存在分歧，鞍钢和华菱钢铁先后退出。据证实，首钢总公司于2010年7月16日与吉林通化钢铁集团股份有限公司正式签约重组。

六、关键要点

1.理解忽视员工利益，单纯追求经济利益的理财目标是导致通钢重组失败的根本原因。

2.国企改制过程中，地方政府应树立正确的角色定位，引导企业树立正确的理财目标，保障职工的合法权益。

3.通钢重组后对职工利益的侵害包括“减员增效”、“不公平的薪酬体系”和“职工权利的边缘化”。

七、建议课堂计划

本案例可以用于专门的案例讨论课。以下是按照时间进度提供的课堂计划建议，仅供参考：

整个案例课的课堂时间控制在80~90分钟。

1.课前计划：提出启发思考题，请学生在课前完成阅读和初步思考。建议学生在上课前阅读以下文献：

（1）王建军．通钢悲剧的逻辑［J］．瞭望新闻周刊，2009（32）．

（2）王慧，吴剑．论职工在公司治理中的地位和作用——由“通钢事件”引发的思考［J］．法制与经济，2010（2）．

（3）王化成．企业分配理论模式研究［J］．会计师，2005（4）．

2.课中计划：简要的课堂前言，明确主题（2~5分钟）；分组讨论（30分钟），告知发言要求；小组发言（每组5分钟，控制在30分钟）；引导全班进一步讨论，并进行归纳总结（15~20分钟）。

3.课后计划：如有必要，请学生采用报告形式给出更加具体的解决方案，包括具体的职责分工，为后续章节内容的讲授做好铺垫。

思政园地

第2章

公司治理案例

财务管理案例

Cases in Financial Management

案例3

周益明掏空四川明星电力

摘要

本案例从周益明通过虚假的审计报告构建明伦集团，从而收购明星电力，最终依靠其控股地位掏空明星电力的整个过程入手，描述了周益明套取银行贷款，违规变更用途用于股权投资，利用控制权在关联公司间进行频繁的资金拆借，恶意对外投资造成上市公司巨额亏损等，说明了上市公司治理不善可能引发的严重后果。本案例有助于学生了解改善上市公司治理的重要性和紧迫性，学生还可以通过本案例发现公司治理的重点。

关键词

明伦集团　明星电力　掏空

案例正文

一、引言

明伦集团是深圳一家以生产化工产品及油制品为主的生产贸易型企业。明星电力前身是以龙凤电站和小白塔电站为主体的遂宁电力公司，集电力发、供、建、管于一体，1993年2月13日更名为四川明星电力股份有限公司，1997年6月27日公司股票正式在上海证券交易所挂牌上市。上市期间，该公司在我国证券市场上树立起了良好的绩优蓝筹股形象，成为一只名副其实的水电明星股。2003年3月，明伦集团出资3.8亿元现金收购明星电力28.14%的法人股份，成为明星电力第一大股东。2006年12月1日，四川省遂宁市中级人民法院认定深圳明伦集团和明星电力原董事长周益明犯合同诈骗罪。明伦集团被判处罚金500万元；周益明被判处无期徒刑，剥夺政治权利终身，没收个人全部财产，成为中国资本市场上第一个被以合同诈骗罪判处无期徒刑的上市公司高管人员。

二、公司简介

1988年3月8日，根据四川省人民政府川府发〔1988〕36号《关于扩大全民所有制大中型企业股份制试点的意见》的精神，经遂宁市人民政府遂府函〔1988〕3号文批准，由遂宁电力公司独家发起设立“遂宁电力股份有限公司”。1993年2月13日，公司更名为“四川明星电力股份有限公司”，公司根据国家和省、市有关文件精神，对本公司的股份制改革进行了规范，并于1993年12月获国家体改委〔1993〕269号文批准，成为向社会公开发行股票的股份制试点企业。

三、相关背景

2003年3月20日，周益明与明星电力股东遂宁市兴业资产经营公司、遂宁市电力物资公司签订了股份转让协议，受让明星电力21.07%的国有股和7.07%的法人股，成为第一大股东。在控股明星电力后，明伦集团在归还3家银行2.765亿元贷款的过程中，违规使用明星电力资金2亿元，而未归还的部分贷款加上明伦集团未成立前在银行的贷款共1.71亿元左右，由明星电力提供担保。

明伦集团曾假借其他目的从银行套取贷款违规变更用途用于股权投资。此外，明伦集团入主明星电力后，利用其专权在关联公司间进行频繁的资金拆借，并以明星电力提供担保的名义，继续向银行套取资金，恶意对外投资造成投资风险2.55亿元、对外违规担保责任1.91亿元、虚假贸易造成资金风险1.48亿元。据四川省证监局调查，仅2003年至2004年，明星康桥和明星商社（两者均为明星电力的子公司）对外拆借资金的发生额就高达9亿多元，但这些行为并没有获得控股公司“明星电力”董事会或经理层的书面批准。明星电力在短短2年时间内被违规侵占、挪用的资金高达10亿多元，最终造成明星电力业绩下滑，上市公司资金损失4.76亿元。

四、主题内容

（一）四川明星电力实际控制人——周益明其人

1974年，周益明出生在宁波慈溪。父亲周祥乞原来是农民，在改革开放第一股春风的吹拂下开始做电子产品生意，于是周益明从小就跟着父亲走南闯北。也许是从小受到商业熏陶的原因，周益明在青少年时期便表现出高超的商业智慧。据他的邻居说，周益明从小就很聪明，很精干，小时候就跟着父亲出门，帮着做电子产品生意。后来，在做生意过程中，他看到了知识的重要性。于是，周益明在1991年进入宁波甬江财经学校主修会计及金融专业。

1995年，从甬江财经学校毕业的周益明带着满腔抱负和两个同乡一起在北京合伙做电子进出口贸易，从此正式步入商海，历任北京盛源科贸有限公司业务助理、总经理。随后其瞄上“汽车防雾灯”生意，获取利润超千万元。周益明随后便使用第一桶金注册成立了深圳明伦光电技术有限公司，也就是后来“鼎鼎有名”的明伦集团的主体企业。

在1997年明伦光电成立后，周益明先后收购、创办了10多家企业。周益明在深圳企业界中被称为“聪明人”，他对资本运作有着天生的洞察力，好像是一个患了“多动症”的小孩，四处出击，进行令人眼花缭乱的资本运作：控股广州致美斋食品有限公司，收购香港主板上市公司联大集团，参股深圳金融租赁公司，而且还在太光电信收购战中从容进退。2002年12月，周益明组建明伦集团时，其注册资金为5 750

万元，为5年前的5倍有余。2003年，年仅29岁的周益明以10亿元身家名列2003年的胡润百富榜第83位，2005年又跻身《福布斯》中国内地富豪榜，列第207位，成为内地最年轻的上榜富豪之一，被外界称作“钻石王老五”。

2006年12月1日，四川省遂宁市中级人民法院认为，周益明及其控制的明伦集团通过合同诈骗方式取得明星电力公司控股权和经营权，鲸吞上市公司利益，以合同诈骗罪依法判决周益明无期徒刑，并处没收个人全部财产。

（二）明伦集团收购明星电力的过程

一幅“民营企业家”掏空国有上市公司的犯罪流程图跃然纸上：第一步，中介机构疯狂造假，一夜之间虚构出周益明27亿元的身价；第二步，银行高管出谋划策，让周益明用贷款收购股权；第三步，国有股权转让决策草率，引狼入室；第四步，国企高管内外勾结，放任周益明大肆侵吞国有资产。

■ 1.11万元买来27亿元身价

明星电力是遂宁市380万人口水、电、气的主要供应商。2002年8月，周益明得知明星电力欲转让28.14%的国有股，价值3.8亿元。当时的明星电力没有外债，企业流动资金达1亿元，良好的资产状况引起了他的强烈兴趣。

周益明立即着手成立深圳市明伦集团与遂宁接洽，但当时他的净资产实际为负数，而按照规定，收购上市公司的资金不能超过集团公司净资产的50%，周益明和他的明伦集团根本没有资格和实力收购明星电力股份，这似乎是个“不可能完成的任务”。

为了达到收购资格，2003年3月，周益明让人找到深圳市中喜会计师事务所，要将公司净资产做到10亿元以上。而在拿到公司资料的第二天，这家事务所就为其做出了一份总资产27亿元、净资产12亿元的2002年度资产审计报告。更离谱的是，由于收购上市公司需要连续2年的财务审计报告，中喜会计师事务所又补充了一份2001年度的虚假审计报告。

周益明一夜之间从“负翁”变成了“身价27亿元的富翁”，而付出的代价仅仅是给中喜会计师事务所11万元业务费。中喜会计师事务所所长吴光影承认，整个审计报告出炉过程中，事务所根本没有派人到明伦集团进行资产核对，在此之前他甚至都没听说过有明伦集团这么一家公司。事实上，这家于1995年成立的会计师事务所曾因违规受到过警告处分，后于2005年更名，同年又因违规被注销。多年来，这样一个屡次违规的会计师事务所一直活跃在这一行业，据公安机关透露，中喜会计师事务所2年内出具的虚假审计报告竟然多达5 000份！

■ 2.银行高管出谋划策，贷款成为收购资金

在明星电力案中，银行内部“潜规则”被周益明利用得淋漓尽致，他不仅用银行贷款组建了集团公司，还凭借与几个银行高管的“深交”，违法获取贷款直接用作收购资金。

据遂宁市公安机关侦查，2002年8月，周益明得知明星电力部分股权将转让的消息时，他的企业还只是深圳市明伦实业有限公司，周益明一边虚构明伦集团与遂宁市

洽谈收购事宜，一边临时组建所谓的集团公司。他先以10万元买来深圳某公司，用8 000万元银行贷款进行反复倒账，虚增母公司及7个子公司的注册资本金3亿元，直到2002年12月，明伦集团才正式完成了工商注册。

此时的周益明可谓“万事俱备，只欠东风”。虽然顶着“27亿元身价”的光环，但他仍拿不出一分钱来收购明星电力股权，于是他又盯上了银行贷款。而按证券市场管理的有关规定，银行贷款严禁用于上市公司收购，这似乎又是个“不可能完成的任务”，但这时周益明与银行高管的“深交”发挥了关键作用。

据公安机关侦查，周益明与当时的华夏银行广州分行行长郭俊明和上海浦东发展银行深圳罗湖支行行长韩茂胜等人“交情匪浅”。郭俊明曾接受了周益明的两辆高级小轿车，逢年过节还收受银行卡等“过节费”，周益明还曾许诺送他一栋别墅。而韩茂胜曾为了增加银行存款业绩，找周益明帮过不少忙，韩也在其中得到了“政绩”和“实惠”。

据郭、韩等人交代，2003年周益明向他们明确提出收购明星电力资金上有缺口，希望他们能“支持一下”。但银行贷款不得用于上市公司收购，为了规避监管，华夏银行广州分行、浦发行深圳罗湖支行及广发行深圳分行春风路支行都提出采用“过桥贷款”的方案：以向企业提供流动资金的名义向周益明放贷，使得他获得了3.8亿元资金，从而完成了“空手套白狼”式的资本运作。

■ 3.“两面”取得对董事会及公司的控制权

周益明是以现金收购股权的方式进入明星电力的。2003年3月，周益明控股的深圳市明伦集团有限公司分别与明星电力两大股东遂宁兴业资产经营公司、遂宁电力物资公司签订了国有股、法人股转让协议，以高出净资产30%的价格，即每股7.969元，击败了包括四川省电力公司在内的竞争对手，投入3.8亿元收购了明星电力28.14%的股份，成为公司第一大股东。

明伦集团入主明星电力后，周益明本人也成为明星电力的董事长。面对明伦入主明星电力是否“来者不善”的质疑，周益明信誓旦旦地表示不会改变公司主业。明伦集团也于2003年4月3日发布公告，除了表示“本次收购后，明星电力仍将保持自身现有的业务和优势，利用公司的品牌影响力和融资优势向周边地区进行扩张，立足于遂宁、服务于遂宁，并逐步向四川省其他区域及全国市场延伸”外，还称“将明伦集团的生物制药新技术、新产品注入明星药业，并在遂宁建造‘西部光谷’，进一步促进明星电力的快速发展”。

然而，在周益明及明伦集团虚伪承诺的背后，周益明以“两面”的手法加速取得了上市公司的控制权。

（1）一面是控制董事会

明伦集团虽然只持有明星电力28.14%的股份，但在公司董事会11名成员中由其提名的董事就有8名，包括4名独立董事，而执行董事中有4名具有明伦背景。同时，明伦集团占据了董事长、副董事长、财务总监和副总经理等主要职位（见表2-1和表2-2）。如此安排，可以顺利通过有利于控股股东的各项议案，控制资金，为控股股东提议在深圳设立子公司并随意出借和占用资金提供了便利。

表2-1 四川明星电力主要高层变动情况表

变动项目	变动前	变动后
董事长	张廷安	周益明
副董事长	张万富、蒋志明	赖学军
副总经理	李加贵	王峰、赖学军、刘功勋
董事	薛居树、张仁全、陈德、张玉明、刘晖、李家贵	刘学琼、唐振尧、王峰
独立董事	张燕生、唐光兴	朱方明、余厚全、黄勇、朱丹
监事会主席	李玉常	张万富
监事	张晓耕、卢赐华、向志明、邓正忠	税国民、袁和平、郭忠、陶明
董事、财务总监	刘学琼	赵丽萍

表2-2 2003年12月31日主要高层受周益明控制情况表

姓名	在四川明星电力担任的职务	是否受周益明控制
赖学军	副董事长、副总经理	是。原为明伦集团财务顾问和明伦集团（香港）有限公司副总经理
王峰	董事、副总经理	是。原为明伦集团总裁助理，负责办理收购明星电力公司股权事宜
刘学琼	董事、财务总监	是。原为深圳市明伦集团有限公司总会计师
朱方明	独立董事	是。由周益明提名
余厚全	独立董事	是。由周益明提名
黄勇	独立董事	是。由周益明提名
朱丹	独立董事	是。由周益明提名
郭忠	监事	是。曾在明伦集团工作

（2）一面是修改公司章程中的董事会投资决策权限

2003年5月30日的董事会上，大股东明伦集团提出《深圳市明伦集团有限公司关于修改公司章程部分条款的提案》，要求将“董事会在不超过公司上一年度末净资产总额的8%的权限内行使投资决策权”修改为“董事会在不超过公司上一年度净资产总额的30%的权限内行使投资决策权”。虽然董事会对该方案持不同意见，但该项修改方案还是在稍后2003年7月1日召开的股东大会上以99.977%的通过率顺利“过关”。公司2002年年报显示，明星电力净资产为10.8亿元，那么不超过净资产30%的投资限额则为3.24亿元，这极大地提高了控股股东明伦集团仅仅通过董事会就可以实现挪动资金的权限，为后来明伦集团大肆掏空明星电力大开方便之门。

（三）“血淋淋的三刀”掏空明星电力

周益明入主明星电力后又开始了其擅长的运作，通过不断地进行关联交易将资产转移出来，以独占明星电力的资产。至2003年底，明星电力公司净资产约12亿元，但在周益明的主持下其将净资产的1/3投资到子公司。从当年报表来看，其他应收款由原来的3 000多万元增长至2.43亿元，增幅达709.74%（具体见表2-3），短期借款也有很大的增幅（具体见表2-4）。但是，从年报中我们了解到，明星电力在刚刚开始涉足的房地产板块业绩良好，成果喜人，给人以公司盈利情况良好的假象。

表2-3　**明星电力2003年其他应收款**　金额单位：元；币种：人民币

账龄	年初金额	比例（%）	坏账准备	年末金额
1年以内	8 670 762.59	28.88	43 353.81	218 942 558.00
1~2年	6 236 800.65	20.78	1 147 840.03	7 252 702.05
2~3年	1 505 032.58	5.01	301 006.52	4 865 507.01
3年以上	13 606 970.96	45.33	5 442 788.38	12 018 361.77
合计	30 019 566.78	100.00	6 934 988.74	243 079 128.83

表2-4　**明星电力2003年短期借款**　单位：元；币种：人民币

借款类型	年初数	年末数	备注
抵押贷款	—	43 353.81	
担保贷款	2 000 000 000.00	280 000 000.00	
信用贷款	43 000 000.00	240 430 000.00	
合计	2 043 000 000.00	520 430 000.00	

在接下来的2年中，由于周益明都是通过关联交易来暗度陈仓，再加上巧妙地通过报表来掩饰，其行为没有被大家怀疑。2005年，由于国家加大了对银行贷款的监管，而明星电力大部分业务都是靠银行贷款在维持，所以公司出现了资金链断裂的情况，被迫计提对外投资产生的高额亏损。2006年，周益明因挪用明星电力资产被判入狱。由于周益明的非法操作，明星电力损失了5.5亿元，给公司带来了严重的损失(见表2-5)。

表2-5　**明星电力2003—2006年主要财务数据**

年份	2003年	2004年	2005年	2006年
净利润（万元）	10 324.27	8 413.96	−31 957.01	−20 164.47
总资产（万元）	2 294 33.84	2 586 96.79	2 211 93.35	1 982 67.02
股东权益（万元）	1 141 69.48	1 220 69.52	911 54.01	710 92.15
每股收益（加权）（元）	0.452	0.451	−1.1609	−0.76
扣除非经常性损益后的每股收益（元）	0.452	0.415	0.2343	0.237
每股净资产（元）	6.72	5.99	3.44	2.68
每股经营活动产生的现金流量净额（元）	1.07	1.13	0.57	0.20
净资产收益率（%）	9.27	7.12	−33.74	−28.36

■　1.通过关联交易非法占用公司资产

明星电力作为母公司，旗下主要有两个关联子公司，分别是明星康桥投资有限公司和明星综合商社。明星电力集资4.2亿元人民币有目的和有预谋地对关联子公司进行投资。由于明星康桥公司有三个前景很好的房地产项目，分别为航天大厦、捷美中心和康桥三期，赢得了明伦集团董事会的关注，进而获得巨额资产注入。明伦集团2003年的相关公告指出，目前，明星康桥投资有限公司正在进行的房地产项目均进展顺利，其中：航天大厦正在施工，有关销售前期策划已定稿，并且开始向广大消费者发售；捷美中心前期准备充分，法律手续、开挖与桩基已完成；康桥三期前期的设计工作相关法律手续已完成。目前看来，明伦集团所做的种种行为，只不过是为了掩饰其恶意投资，以顺利地转移上市公司的资产。

明伦集团在对关联子公司增资后不久，针对三个房地产项目，分别做出了以下处理：

（1）针对航天大厦：通过出售其拥有的价值3 000多万元的航天大厦股权，获利2 800万元。随后航天投资公司以项目做抵押向明星电力借款5 800万元。于是，从账面上看，明伦集团收益2 800万元，但是现金却又流回航天投资公司。航天投资公司通过一卖一借，获得了8 800万元现金。

（2）针对捷美中心：明伦集团注入3.25亿元，计入长期投资。然而，在查阅了2004年《上海证券报》刊登的《关于中国证监会四川监管局〈限期整改通知书〉所提问题整改报告的公告》（临2004-18）等大量文件资料的基础上，发现捷美中心的房地产项目仅仅完成了前期工作，没有充足资金保障后期的开发正常进行，且有关捷美中心的房地产产权未能如期办理相关手续，所以明星康桥投入的3.25亿元资金的权益不能得到有效保证。

（3）针对康桥三期：康桥三期房地产项目开发所需要的地皮已经转让给一家刚刚成立的房地产公司。

综上所述，加上原始投资2.7亿元，明星电力有将近7亿元资金被转移出去，明星电力旗下最大的子公司明星康桥公司早已成为空壳公司，实际已成为周益明的私人控制公司。

■　2.为关联公司进行大量违规担保

周益明不断地进行关联担保致使明星电力对外承担巨额担保责任，责任金达1.91亿元。其中，2004年2月，明星电力旗下子公司——深圳市明星康桥投资有限公司欲借银行贷款，找明星电力为其提供担保，在周益明的支持下明星电力向其提供了1亿元的担保。但是该子公司由于投资失败，资金周转不灵，根本没有流动资金来偿债，明星电力被迫承担连带责任。依据相关财务政策规定，明星电力将该损失划为预计负债。到2005年12月31日，明星电力因大量的违规担保计提预计负债2.91亿元，约占明星电力净资产的32%，其中关联担保2.33亿元（见表2-6）。

■　3.违规挪用上市公司资金

周益明在成为明星电力第一大股东后，不断地巧立名目，疯狂地与其集团子公司进行关联交易。周益明经过巧妙的运作，成功地转移并占用了明星电力的巨额资产。

相关资料显示：截至2005年12月31日，明星电力被明伦集团及其子公司违规占用资金额达10 183.36万元（见表2-7）。而且在其子公司与明星电力发生往来业务欠款的时候，明伦集团的身份是担保者。最后明伦集团承担连带责任累计担保金额达37 994.55万元（见表2-8）。其中，2005年，周益明的子公司香港力亿和天津杰超共欠明星电力子公司业务往来款1.43亿元。2005年，明伦集团子公司升达实业向银行申请承兑汇票，申请额为1.58亿元。明星电力的子公司明星商社为其提供了质押金。但是由于升达实业未能按时履约，银行因明星商社负有连带责任扣除了质押金，这又是一个蓄意侵害母公司资产的行为。

表2-6　明星电力重大关联担保事项（截至2005年12月31日）

担保对象	担保金额（万元）	担保类型	担保期限	担保是否已经履行完毕	是否为关联方担保
深圳市明星康桥投资有限公司	10 000.00	连带责任担保		否	是
深圳市明伦光电技术有限公司	3 350.00	连带责任担保		否	是
深圳市索祺实业发展有限公司	2 000.00	连带责任担保		否	是
深圳日汇盛实业发展有限公司	3 800.00	连带责任担保		否	是
深圳市明伦光电技术有限公司	1 950.00	连带责任担保		否	是
深圳日汇盛实业发展有限公司	2 000.00	连带责任担保	2005.4—2005.9	否	是
深圳市索祺实业发展有限公司	4 000.00	连带责任担保	2005.10—2006.10	否	是
深圳市明伦集团有限公司	2 000.00	质押担保	2005.9—2006.9	否	是
报告期末担保余额合计	29 100.00				
公司担保总额情况（包括对控股子公司的担保）	29 100.00				
担保总额占公司净资产的比重（%）	31.90				
其中：为股东、实际控制人及其关联方提供担保的金额	23 300.00				

表2-7　　　　　　　　2005年度控股股东及其他关联方占用资金情况

大股东及其他关联方名称	资金占用金额（元）	资金占用方式	资金占用原因
深圳市明伦集团有限公司	270 000.00	往来款	非经营性
深圳市明伦光电技术有限公司	420 000.00	往来款	非经营性
深圳市明伦电脑技术有限公司	151 719.70	往来款	非经营性
深圳市升达实业有限公司	53 000 000.00	质押扣款	非经营性
深圳市溢时丰实业有限公司	47 991 897.37	质押扣款	非经营性
合计	101 833 617.06		

表2-8　　　　　　　　明伦集团公司及其关联公司就其欠款向明星
电力公司承担连带责任担保明细

名称	金额（元）	欠款原因
中安经贸发展有限责任公司	105 000 000.00	股权转让款
香港力亿有限公司	102 310 434.22	被挪用的货款
深圳市银龙视野有限公司	57 186 559.00	质押扣款
遂宁市电力物资公司	47 748 466.65	往来款
天津杰超进出口贸易有限公司	41 000 000.00	被挪用的货款
宁波华能通信设备有限公司	7 000 000.00	往来款
四川国伦投资有限公司	14 000 000.00	往来款
深圳市申润康实业发展有限公司	5 700 000.00	往来款
合计	379 945 459.87	

案例使用说明

一、教学目的

本案例的教学目的是使学生了解控股股东通过行使其控制权，借助各种“隧道挖掘”行为，掠夺上市公司财富，获取控制权私有收益的全过程及应如何健全相关法律法规，规避制度漏洞，降低改革风险。

二、启发思考题

1.如何加强上市公司董事会的独立性？加强其对公司管理层的监督？股东大会应该如何考核董事和监事的工作成果？

2.会计师审计、银行监督等在国有产权转让过程中应当发挥何种作用？在这个案例中为何没有发挥作用？

3.鉴于从周益明包装明伦集团开始，到收购明星电力成功，再到大量掏空上市公司的一系列行为，如何加强对国有资产的监管，从根本上杜绝这种现象的发生？

4.股市监管制度漏洞百出。一个与千千万万个股民利益相关的公众公司，却被一个所谓的资本操盘手拖入陷阱，千万双雪亮的眼睛居然没有看到其中存在的风险。如何才能让各股监管力量有效发挥监督作用？

三、关键概念与理论依据分析

（一）关键概念

1.大股东控制

在资本市场上，股东（包括大股东和中小股东）是公司所有者，所有股东都关心公司的收益。具体到股东内部，大股东投入资本较多，相对其他股东有更强的动机来保护自己的利益，更关心公司经营状况和回报。从股东持股的目的来说，拥有控制权是各股东追求的目标，大股东更想控制公司的经营决策。

在我国，《公司法》将控制权赋予大股东，并实行一股一票和简单多数通过的原则[①]。第一大股东，无论是绝对控股，还是相对控股，其在股东大会上对公司的重大决策及在选举董事上都拥有绝对的控制权，这一现象也被实践所证实。大股东控制并积极行使控制权来管理企业，对中小股东利益来说并非有害，因为中小股东可以用相对较低的成本获取收益，得到“搭便车”的好处。但是，大股东往往会利用其垄断性的控制地位做出对自己有利而有损中小股东利益的行为，这就是我们常说的大股东控制问题。

2.内部人控制

内部人控制是指在现代企业中所有权与经营权（控制权）相分离的前提下形成的，所有者与经营者利益的不一致，导致经营者控制公司，即“内部人控制”的现象。在这样的情形下，筹资权、投资权、人事权等都掌握在公司的经营者，即内部人手中，股东很难对其行为进行有效的监督。由于权力过分集中于“内部人”手中，因此，股东利益将会受到不同程度的损害。国有资产流失、会计信息失真是我国国企改革过程中的内部人控制的主要表现形式。一般认为，内部人控制问题的主要表现有：过分的在职消费；信息披露不规范，而且不及时，报喜不报忧，随时进行会计程序的技术处理；短期行为；过度投资和耗用资产；工资、奖金等收入增长过快，侵占利润；转移国有资产；置小股东利益和声誉于不顾；大量拖欠债务，甚至导致严重亏损等。

3.控制权收益

控制权收益（Private Benefits of Control），是指高管人员利用其对企业的实际控制权所获得的报酬，是企业发生控制权之争的真正动因。控制权收益分为控制权共享收

① 2019年3月1日，上交所发布的《上海证券交易所科创板股票上市规则》中明确允许设置差异化表决权的企业在科创板上市，这是A股对于“特殊投票权机制”的首次实践。

益和控制权私有收益。前者是控股股东控制权作用于公司绩效而产生的增量收益，后者是控股股东通过对中小股东的侵害而获取的隐性利益。获取控制权收益必须有两个前提：一是存在委托-代理关系；二是信息不对称。

控股股东由于改善经营管理和监督所引起的公司价值提高称为“控制权共享收益”。这一价值提高的好处并非由控股股东独享，而是由所有股东共同享有。控制权私有收益是指由拥有控制权的大股东利用控制权进行自利性交易（如关联交易、定向增发、股利政策变更等）等行为而获取的有损中小股东利益的收益。当存在控股股东的情况下，控股股东的利益和其他股东的利益并不完全一致，两者之间经常出现严重的利益冲突。控股股东可能通过“隧道挖掘”转移公司资产和利润以获取私有收益。

在现实的上市公司治理实践中，持有不同股权比例的股东对公司治理有着不同程度的参与动机和参与能力，由此可能形成不同股东间的利益冲突，进而对公司治理产生重大影响。一个较为普遍的例子是，上市公司控股股东与中小股东之间在利益上存在分歧。在控股股东治理模式下，一方面控股股东的管理和监督使中小股东同样能分享控制权并共享收益，另一方面由于控股股东的利益未必与中小股东一致，控股股东就有倾向去侵害中小股东的利益，此时就会产生中小股东无法分享控制权并共享收益的情况。在绝大多数国家，如何约束这种利益侵害行为已经成为公司治理的重要问题。

我国上市公司控制权结构呈现出控股股东单方向高度集中及内部人控制程度高的现象。与之相伴的是，我国上市公司中控股股东滥用股权，侵害中小股东利益的现象十分普遍，且表现形式多种多样，具体包括股票发行中的虚假出资行为、关联交易下的利益转移、利润分配中的股权滥用和操纵上市公司业绩行为等，严重影响了公司治理。

（二）公司治理理论

公司治理（Corporate Governance）又称公司管治、企业管治和企业管理，经济合作与发展组织（OECD）在《公司治理结构原则》中给出了一个有代表性的定义：“公司治理结构是一种据以对工商公司进行管理和控制的体系。”公司治理结构明确规定了公司的各个参与者的责任和权利分布，诸如董事会、经理层、股东和其他利益相关者。公司治理涉及诸多利益相关者间的关系，主要包括股东、董事会、经理层的关系，这些利益关系决定企业的发展方向和业绩。公司治理讨论的基本问题，就是如何在使企业的管理者在利用资本供给者提供的资产发挥资产用途的同时，承担起对资本供给者的责任。利用公司治理的结构和机制，明确不同公司利益相关者的权利、责任和影响，建立委托人、代理人之间激励兼容的制度安排，是提高企业战略决策能力，为投资者创造价值的大前提。公司治理的核心是在所有权和经营权分离的条件下，由于所有者和经营者的利益不一致而产生的委托-代理关系。公司治理的目标是降低代理成本，使所有者不干预公司的日常经营，同时又保证经理层能以股东的利益和公司的利润最大化为目标。一般的公司治理的结构图如图2-1所示。

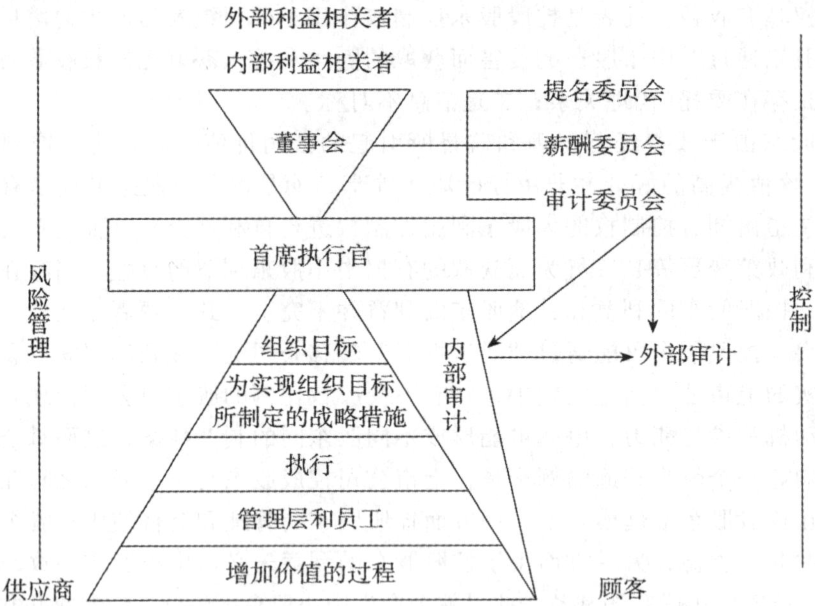

图 2-1 公司治理结构图

（三）隧道理论

Johnson，La Porta，Lopezo-de-Silanes 和 Shleifer 于 2000 年发表了“Tunneling”一文，开始使用“Tunneling”一词来专门描述大股东利用控制权侵占公司及其他股东利益的行为，标志着隧道理论的正式诞生。掌握了上市公司控制权的大股东，常常会通过各种渠道和方式将上市公司的资源从小股东手中转移到自己控制的企业中去（Pagan 和 Roell，1998），出现控股股东掠夺小股东利益的现象（Shleifer 和 Vishny，1997）。隧道行为可以分为以下三类：

第一，信息优势型隧道行为。所谓信息优势型隧道行为，是指大股东主要凭借作为内部人而拥有的信息优势，实施的隧道行为。它的完成并不直接依靠大股东对控制权的行使。

第二，控制权优势型隧道行为。所谓控制权优势型隧道行为，是指大股东主要凭借控制权优势而直接实施的隧道行为，此时大股东可以通过直接行使控制权来达到从企业攫取私人利益的目的。

第三，制度缺陷诱发型隧道行为。从产生机理看，其大部分诱因来自外部制度缺陷。

隧道行为的常见表现形式包括：（1）大股东无偿占用上市公司资金；（2）以上市公司的名义借款或进行贷款担保；（3）关联交易；（4）利用资产重组掏空上市公司。

（四）独立审计监督

独立审计，即由注册会计师受托有偿进行的审计活动，也称为民间审计。我国注册会计师协会（CICPA）发布的《独立审计基本准则》中指出：“独立审计是指注册会计师依法接受委托，对被审计单位的会计报表及其相关资料进行独立审查并发表审计意见。”独立审计的风险高，责任重，因此，审计理论的产生、发展及审计方法的变革通常围绕独立审计展开。

独立性是审计监督的最本质的特征，是区别于其他经济监督的关键所在。有效的独立审计监督有利于维护社会主义市场经济秩序，保护社会公共利益，促使政府转变职能，吸引外资，促进现代企业制度的完善。但是，如果注册会计师在实施独立审计监督时，没有保持应有的独立性，甚至帮助企业造假，就会严重扰乱社会主义市场经济的秩序，影响企业的公平竞争，损害中小股东的利益。

四、分析思路

教师可以根据自己的教学目标（目的）来灵活使用本案例。这里提出本案例的分析思路，仅供参考。

1.缺乏监督的大股东控制

上市公司在大股东控制的背景下，如果缺乏适当的监督机制，如董事会监督、监事会监督、外部审计监督和政府监督等没有发挥作用的情况下，上市公司大股东与中小股东之间的代理问题较为严重，容易出现大股东掏空上市公司、中小股东利益受损的情形。

2.董事会独立性不强，控制权的配置和行使严重失衡

公司治理结构应强调治理的有效性而不是规范性，虽然明星电力设立了由股东大会、董事会、监事会和经理层所组成的各司其职、互相制衡的组织结构，但从实际情况看，董事会独立性不强。

由于董事会由大股东操纵，且公司经理层与董事会高度重合，或者执行董事在董事会中占优势，经理层得不到严格有效的制约和监督，从而导致“内部人控制”的产生和强化。此案例中，董事长周益明一人几乎掌握了公司所有的决策权，明伦集团入主明星电力后，在董事会的换届选举中，明星电力的11名董事会成员中，具有明伦背景的执行董事有4人，和明伦有关联关系的独立董事有4人，明伦集团人员占据了董事长、财务总监、副总经理等主要职位，财务总监所执行的完全是对周益明负责的行为，导致控制权的独占。同时，董事和高级管理人员出现决策失误、经营不善等问题，也得不到相应的处罚。董事会对经理的工作成果缺少明确的考核办法和考核指标，没有行之有效的约束和激励手段。

3.监事会虚设，监督职能弱化

公司的内部监督机制包括两个方面：一是股东（股东大会）、董事会对经理人员的纵向监督和制约；二是监事会、独立董事对董事会、经理人员的横向监督。监事会是股份公司的常设监督机构。监事会的监事由股东大会选举产生，代表股东大会执行监督职能。监事会作为股份公司的内部监督机构，其主要职权是：监督检查公司的财务会计活动；监督检查公司董事会和经理等管理人员执行职务时是否存在违反法律、法规或者公司章程的行为；要求公司董事和经理纠正其损害公司利益的行为；提议召

开临时股东大会；执行公司章程授予的其他职权。

监事会对股东大会负责。对公司财务以及公司董事、高级管理人员履行职责的合法性进行监督，维护公司及股东的合法权益。监事会发现董事、经理和其他高级管理人员存在违反法律、法规或公司章程的行为，可以向董事会、股东大会反映。

明星电力的监事会纵然设了6个监事，且有职工监事2名，在此案例中却几乎没发挥作用，主要表现有以下两个方面：（1）与董事会平行的公司监事会仅有部分监督权，而无控制权和战略决策权，无权任免董事会或经理层的成员，无权参与和否决董事会与经理层的决策，监事会没有足够的权力，无法彻底履行其职责。（2）监事大多来自公司内部，由于受公司董事会和经理的领导，很难对其进行监督。

4.外部审计人员的悖德行为

案例中，周益民之所以可以从“负翁”变成“身价27亿元的富翁”，是因为中喜会计师事务所缺乏客观公正的职业精神。审计人员在进行审计工作时，最重要的是保持客观公正，这要求审计人员在从事审计工作时必须按照事物的本来面目，不在工作中加入任何个人主观臆断，从而得出正确的审计结论。但是中喜会计师事务所在出具审计报告时，没有经受住周益民的金钱诱惑，在没有考察的情况下就为周益民编造了审计报告，这为周益民有资格收购明星电力披上了完美的伪装。

外部审计人员的这种悖德行为不仅导致明星电力被掏空，国有资产大量流失，更重要的是它会影响政府、公众对审计结果的信任，导致审计行业的信任危机。因此，审计人员必须重视职业道德的培养，加强思想道德教育，全面提高审计人员的自身修养，保证审计质量的提高。

5.政府监管力度不够

案例中，明伦集团采取了虚构事实、提供虚假收购方案和虚假资产报告等一系列手段：以10万元买来深圳某公司，用8 000万元银行贷款进行反复倒账，虚增母公司及7个子公司的注册资本金3亿元；用11万元买来深圳市一会计师事务所出具的2001年、2002年两份虚假的审计报告，内容显示公司总资产27亿元、净资产12亿元。而实际上，2002年尚未完成工商注册的虚构明伦集团中的核心企业明伦光电纳税额仅为3 145元，其纳税最少的一家子公司仅纳税200元，而这些假象没有被政府和证监会识破。

五、背景信息

四川明星电力后来发生的情况如下：

（1）12月1日，四川省遂宁市中级人民法院认为，周益明及其控制的明伦集团通过合同诈骗方式取得明星电力公司控股权和经营权，鲸吞上市公司利益，以合同诈骗罪依法判决周益明无期徒刑，并处没收个人全部财产；深圳市明伦集团被处以5 000万元的罚金；王峰、赵丽萍等6名被告，分别被判处3~5年的有期徒刑，周益明案宣告结案。

（2）受遂宁市中级人民法院的委托，四川晨曦拍卖有限公司于2006年9月25日以公开增价拍卖方式拍卖了深圳市明伦集团有限公司持有的明星电力股份74 53.68万股，占公司总股本的28.138%，四川明珠水利电力股份有限公司以2.069亿元的最高应价竞得该部分股权。

六、关键要点

1.理解周益明的“致富流程图”。其发财致富的“三部曲”为：第一步购买空壳公司，并成立集团公司。第二步运用银行贷款，通过母公司贷款由子公司担保、子公司贷款由母公司担保，套取银行资金。第三步利用银行贷款收购上市公司，并维持资本的运作。

2.理解国有资产转让程序：一是决议，即确定转让方主体；就转让方案形成决议；就转让方案形成的决议向主管部门申请批准。二是决定或批准。三是清产核资及财务审计。四是必须经有资质的评估机构评估。五是公告。六是选择受让方，即经公告产生两个以上受让方时，以拍卖或招投标方式进行产权交易。七是签订合同，即转让成交后，转让方和受让方签订国有资产转让合同，取得产权交易机构出具的产权交易凭证。八是审批备案。九是产权变更登记。在此基础上，确定该如何避免国有资产流失。

3.明星电力控股股东在获取控制权后，掏空上市公司的一系列行为包括：采用修改公司章程、改组董事会等方式控制上市公司的经营，并采用虚假贸易、恶意对外投资等方式，占用上市公司的资金。

4.上市公司明星电力被掏空的直接原因是大股东周益明利用其控制权获取私有收益；深层次公司层面原因是公司尚未建立健全规范的治理结构和良好的内部控制体系，体制原因包括投资者保护的法律法规尚未健全、审计监督和政府监管缺位等。

七、建议课堂计划①②

本案例可以用于专门的案例讨论课。下面是按照时间进度提供的课堂计划建议，仅供参考。

整个案例课的课堂时间控制在80~90分钟。

1.课前计划：提出启发思考题，请学员在课前完成阅读和初步思考。

2.课中计划：简要的课堂前言，明确主题（2~5分钟）；分组讨论（30分钟），告知发言要求；小组发言（每组5分钟，整体控制在30分钟）；引导全班进一步讨论，并进行归纳总结（15~20分钟）。

3.课后计划：如有必要，请学员采用报告形式给出更加具体的解决方案，包括具

① 由于本案例的研究对象为上市公司，本案例中引用的所有数据均来自该公司的公告。

② 本案例只供课堂讨论之用，并无意暗示或说明某种管理行为是否有效。

体的职责分工，为学习后续章节内容做好铺垫。

八、参考文献

[1] 陈怡佳. 从明伦事件剖析我国民营上市公司治理问题 [J]. 财会学习，2008 (6)：64-66.

[2] 陈申．周益明：黑手“掏空”明星电力 [J]．资本市场，2006（1）：80-82.

[3] 冯根福．中国公司治理基本理论研究的回顾与反思 [J]．经济学家，2006 (3)：13-20.

[4] 符蓉，黄继东．企业费用异常增长与企业业绩变化的探讨——基于ST明星电力的案例分析 [J]．统计与决策，2008（1）：172-173.

[5] 马媛媛．“低调”周益明，富翁变负翁 [J]．新财经，2008（8）：18.

[6] 王琦赟．“明星”陨落引发的思考——关于内部控制的一场讨论 [J]．财务与会计，2007（11）：27-29.

案例4

雷士照明的控制权之争

摘要

本案例通过对雷士照明引入风险投资、雷士照明与风险投资冲突以及雷士照明创始人吴长江最终丧失企业控制权的过程描述，阐述了企业引入风险投资以及公司可持续发展需要注意的关键问题。案例重点关注了企业创始人与风险投资人进行博弈的过程，揭示出创始人与风险投资冲突的原因与后果以及社会资本对于控制权之争的重要作用。本案例对上市公司创始人防范引入风险投资的风险以及风险资本维护合法权益，促进上市公司可持续发展均具有重要借鉴价值。

关键词

创始人　控制权之争　风险投资　社会资本

案例正文

一、引言

2016年12月22日，惠州市中级人民法院通报称，雷士照明（中国）有限公司（以下简称“雷士照明”）原法定代表人、董事长吴长江因挪用资金罪、职务侵占罪，被判有期徒刑14年，处没收财产50万元，并责令吴长江退赔人民币370万元给重庆雷士照明有限公司。2017年1月5日，德豪润达发布公告称，公司于近日收到《广东省珠海市中级人民法院通知书》。根据通知书，因吴长江等未履行生效法律文书确定的义务，法院决定，拍卖被执行人吴长江所持有的德豪润达1.3亿股股票。此次拍卖德豪润达股份，也是对吴长江审判的收尾“工程”。

持续了2年多的雷士照明控制权争夺案尘埃落定。雷士照明创始人吴长江，意欲引入多方资金做大雷士照明品牌和资本，最终的结果却是控制权旁落、身陷囹圄。吴长江与风险投资的冲突可谓一波三折，过程中吴长江更是三退两进掌握公司控制权，与其争斗的风险资本一度进退维谷。

创始人缘何失去企业控制权？创始人与风险投资冲突的原因是什么？社会资本在控制权之争中扮演了什么角色？这些问题似乎都可以从这个案例中得到启示。

二、公司简介

雷士照明由吴长江、杜刚和胡永宏于1998年底创立，经过多年的发展壮大，成为业务遍及全球的专业化照明企业，业务涉及包括办公、建筑、商业、工业、光源电器等在内的各个领域，一度在商业照明领域拥有领导地位。2010年5月20日，雷士照明在香港联交所主板市场上市，股票交易代码为2222.HK。

作为一家致力于照明的龙头企业，雷士照明产品曾被广泛应用于各种重大项目，包括北京奥运会、上海世博会、天津地铁、上海虹桥交通枢纽等著名项目。另外，雷士照明还成为2010年广州亚运会的灯光照明供应商。

三、相关背景

（一）吴长江其人

吴长江，1965年出生于重庆铜梁农村，毕业于西北工业大学飞机制造专业。1998年，其创办惠州雷士照明有限公司。关于吴长江，有三个关键词，分别是诚信、重感情（讲义气）、做事执着。吴长江认为：“情感高于利益。”吴长江的所谓“义气”，使他得到雷士照明员工的支持，也让经销商难以割舍。雷士区域运营中心负责人以及大的经销商都和吴长江合作多年。吴长江为其分担风险，还为其提供银行信用担保。吴长江是2009年广东省十大经济风云人物之一，获得过“中国首届照明行业十大杰出人物”“中国十大创业新锐”“中国优秀民营企业家”等殊荣。

（二）主要股东

■　1.毛区健丽

毛区健丽女士于2002年创立了亚盛投资公司。亚盛投资是一家关注中国企业的投资及财务顾问公司，致力于提供国际化的优质财务顾问服务。

毛区健丽自2005年底就开始与吴长江接触。她了解雷士照明股东纠纷的整个背景，也知道吴长江在创始人纠纷后极度缺钱的状况。她的团队对雷士照明提供了全方位的金融服务，包括帮助吴长江在境外设立离岸公司、搭建离岸股权结构、引进资本方、设计融资交易结构等，外界戏称她为雷士照明的“金融保姆”。

■ 2.赛富亚洲

软银赛富基金成立于2001年，2009年更名为赛富亚洲基金，是亚洲最大的风险投资和成长期企业投资基金之一。其主要从事私募投资及与股权相关的投资，其投资领域包括亚太地区的信息技术、媒体和电信产业。2006年8月，在毛区健丽的牵线搭桥下，软银赛富正式投资雷士照明。而后通过增资，成为雷士照明第一大股东。

■ 3.高盛

高盛集团（Goldman Sachs），一家国际领先的投资银行和证券公司，向全球提供广泛的投资、咨询和金融服务，拥有大量的多行业客户，包括私营公司、金融企业、政府机构以及个人。高盛集团成立于1869年，是全世界历史最悠久及规模最大的投资银行之一，总部设在纽约，并在东京、伦敦和中国香港设有分部，在23个国家拥有41个办事处。2008年8月，高盛正式投资雷士照明，成为其主要股东之一。

■ 4.施耐德

施耐德电气是法国的工业先锋之一，世界500强企业，全球顶级电工企业。其为100多个国家的能源及基础设施，工业、数据中心及网络，楼宇和住宅市场提供整体解决方案，在能源与基础设施、工业过程控制等领域处于世界领先地位，在住宅应用领域也拥有较强的市场能力。2011年7月，施耐德作为战略性投资者成为雷士照明第三大股东。

■ 5.德豪润达

广东德豪润达电气股份有限公司（以下简称“德豪润达”）是雷士照明第三次公司控制权之争中的主角。2012年，通过与雷士照明签署附带生效条件的股权转让协议，实现间接控制雷士照明，曲线进驻雷士照明董事会。德豪润达于1996年5月创立，总部设在珠海，2004年6月在深交所上市。德豪润达全资及控股企业共计50余家，员工10 000余人，建成了珠海、中山等研发与制造基地，主要生产小家电、LED系列产品，拥有庞大的国内外销售网络。

四、主题内容

（一）控制权之争

■ 1.第一次控制权之争

雷士照明的第一次控制权争夺战可以追溯到2002年，发生在吴长江与另外两位创始人——杜刚、胡永宏之间。

1998年底，吴长江联合杜刚、胡永宏共同出资创立了惠州雷士照明有限公司（其中，吴长江出资45万元，占股45%；杜刚与胡永宏各出资27.5万元，各占股27.5%），企业性质为合伙企业。随着雷士照明的不断壮大，吴长江、杜刚和胡永宏之间的“有控制权但又被限制”的股权结构，导致各位股东的心态发生悄然转变，裂痕随即产生。

2002年，吴长江与杜刚、胡永宏之间的经营分歧逐渐变大，股东之间的矛盾不断恶化。为了平衡公司内部关系，稳定公司发展，经协商，由吴长江分别向杜刚、胡永宏转让5.83%的股份，进行股份转让后形成持股比例为33.4%、33.3%、33.3%的均衡格局，其工资、分红也完全均等。

2005年，因公司经营理念存在差异，杜刚、胡永宏二人利用手中66.6%的雷士股权在董事会上通过了罢免吴长江职务的决议，拉开了雷士第一次控制权之争的序幕。面对此项决议，吴长江采取了“以退为进”的策略，向杜刚、胡永宏两位股东提出，愿以8 000万元的价格出让自己的全部股份，彻底离开雷士。杜、胡欣然同意，随即签署协议。

然而，在吴长江被迫离开雷士不到一周，雷士照明的全体商品经销商、配件供应商聚集到雷士总部，集体“倒戈”，支持吴长江重返雷士，否则就终止与雷士照明的合作关系。在经销商、供货商的集体支持下，吴长江重新执掌雷士照明，而另两位创始股东——杜刚和胡永宏则被迫离开，他们各分得8 000万元，此时吴长江持股比例达到了100%，成为雷士唯一股东。

虽然吴长江在创始人纠纷的风波后获得了雷士照明100%的股权，但与此同时，他也冒了极大的风险。资料①显示，在付清首笔1亿元后，公司账面只剩几十万元资金，运转随时可能出现问题。回首当时的情况，吴长江将其描述为“救命要紧，我要保命”。为买下两位创始人的股份，吴长江几乎尝试了所有可能的筹资办法。因此，从2006年6月起，直到2011年7月止，吴长江在筹资过程中，进行了多次的股权结构调整，详见表2-9。

表2-9　**股权结构调整情况表**

时间	股权所有者	股权占比（%）	出资额
2006年6月	吴长江	70.00	
	毛区健丽	20.00	5 940 000美元
	陈金霞、吴克忠、姜丽萍	10.00	4 000 000美元
2006年8月	吴长江	41.79	
	毛区健丽	12.86	
	陈金霞、吴克忠、姜丽萍	6.43	
	赛富	35.71	175 340 000元
	叶志如	3.21	15 940 000元
2008年8月（第一次）	吴长江	34.40	
	毛区健丽	9.61	
	赛富	36.05	68 620 000元
	高盛	11.02	250 874 720元
	其他	8.91	

① 资料来源：傅若岩. 创业者敌不过投资方　吴长江不明不白失控雷士照明［J］. IT时代周刊，2012（14）.

续表

时间	股权所有者	股权占比（%）	出资额
2008年8月（第二次）	吴长江	29.33	
	毛区健丽	7.74	
	赛富	30.73	
	高盛	9.39	
	世纪集团	14.75	配发326 930股
	其他	8.06	
2010年5月（除其他）	吴长江	22.33	450 000元
	赛富	23.40	199 680 000元
	高盛	7.15	228 134 400元
	世纪集团	11.23	
	IPO	23.85	1 165 600 000元
2011年7月（除其他）	吴长江	15.33	
	赛富	18.48	
	高盛	5.65	
	世纪集团	9.04	
	施耐德	9.22	1 055 700 000元

2006年6月27日，毛区健丽得知吴长江向联想寻求投资，便抢在联想做出投资意向之前，以从“涌金系”掌门人魏东的妻子陈金霞、优势资本总裁吴克忠、个人投资者姜丽萍三人处募集的400万美元，加上自有资金494万美元，应收取的融资顾问费100万美元，合计994万美元，购买了雷士30万股股份，占比为30%。入股交易达成后的第二天，即2006年6月28日，毛区健丽随即把雷士10%的股份（10万股）转手兑现给了出资400万美元的陈金霞等三人。

2006年8月，在毛区健丽的牵线搭桥下，软银赛富正式决定投资雷士。8月14日，软银赛富投入的2 200万美元到账，购买了雷士约55.5万股股票，占雷士股权比例的35.71%。

值得一提的是，资本大鳄带来的不仅是“钱袋”，更有一系列附加条款。其中一项为，“如果雷士照明未能在2011年8月1日前上市，那么软银赛富有权要求吴长江回购投资股份，并支付投资累计利息”。也许是迫于协议压力，又或者是因为吴长江所说的“想优化股东结构”，雷士照明在2008年开始下一轮融资时引进了更有来头的资本大鳄——高盛。高盛和软银赛富联合投入4 656万美元，吴长江失去第一大股东地位。

经过多次融资和对世通投资有限公司（世纪集团）的收购，雷士照明无论资本还是规模都得到进一步壮大。即使在受金融危机影响的2009年，其依然实现了3.06亿美元收入，1 470万美元净利润。终于，2010年5月20日，雷士照明登陆港交所，发行6.94亿股新股（占发行后总股本的23.85%），发行价为2.1港元/股，共募集14.57亿港元。三个大股东持股比例随之再次降低，但位次不变。到2011年7月，吴长江持股比例下降到15.33%，同期软银赛富持股达到18.48%，赛富与高盛、施耐德合计持股比例超过33%。

■　2.第二次控制权之争

尽管上市后吴长江已经不再是雷士第一大股东，但是其仍不改原来“唯一股东”对企业“独裁”的行为方式，在许多问题上无视董事会和上市公司规则，如私自将公司总部迁往重庆、发放公司高管奖金等，因此，受到了以软银赛富等为代表的投资者的指责，创始人与投资者之间的矛盾逐渐加深。

2012年5月25日，雷士照明在发布的公司公告中称，公司的创始股东吴长江现“因个人原因”已经辞任雷士照明董事长、执行董事兼首席执行官等职务，并辞任在雷士照明全部附属公司所任的一切职务。雷士照明的董事长由软银赛富合伙人、雷士非执行董事阎众接任，雷士照明首席执行官则由施耐德的张开鹏接任。一时间吴长江的突然离职，引起了外界诸多猜测。

在吴长江的辞职公告发布后的两三周时间内，吴长江和阎众均对外宣称创始人、董事会及股东之间不存在任何矛盾。直到6月19日，雷士照明才宣布对吴长江涉及中国政府机关调查一事展开调查，吴长江也才对外透露“不想下船，但被逼下船”。

2012年7月9日，阎众对吴长江的重归雷士提出了三项要求：第一，必须向股东和董事会解释清楚被调查事件；第二，处理好所有上市公司监管规则下不允许的关联交易；第三，必须严格遵守董事会决议。

面对阎众的“三项条件”，吴长江即刻予以回应，表示当初“不该同意让过多的不懂行业、没有实战经验的人进入雷士董事会，让外行领导内行一定会出问题”。双方还就“民营企业做不大”之说展开了激烈争论。雷士照明的第二次控制权争夺大战由此拉开了序幕。

2012年7月12日，雷士照明在重庆召开集团高管会，员工、高管人员、经销商、供应商表达了强烈的不满，提出让吴长江重返公司。随后，出现了高管辞职、员工罢工、经销商停止进货、供应商停止供货等情况。雷士照明的员工在全国范围内进行了大罢工，公司的经销商也停止了对产品的订购，供货商则停止向雷士供货。上述三方表示，如果不允许吴长江重掌雷士，将与吴长江联手“自立门户”，其中，供应商更是大方地表示，愿意免费向新品牌供货半年，以支持新品牌的发展。

最终，在当地政府协调下，三方代表向董事会提出了四点书面诉求：第一，吴长江应被重选为公司董事长及执行董事；第二，董事会要任命管理层和分销商代表为公司额外的董事；第三，董事会授予管理层及相关核心人员期权；第四，应该更换雷士照明现有管理团队的某些成员。

7月19日，董事会态度软化。雷士照明非执行董事、施耐德中国区总裁朱海表示，希望吴长江回归雷士，让雷士重回正常的运营轨道，雷士现任CEO张开鹏也表明愿意离开来平息罢工事件。但一周后，投资性股东的态度再次发生变化，董事会审议吴长江回归雷士无果，众多经销商意欲联合吴长江、供应商创立新品牌，成立新的照明公司，并在现有雷士照明渠道中销售，“只留给施耐德一个空壳”。对此，吴长江表示不会支持经销商另立新品牌的举动，也不会参与新品牌的运营管理。

8月9日，阎众表示吴长江重归雷士的三项要求维持不变。由于董事会迟迟未对吴长江的回归做出准确答复，雷士照明的核心供应商宣布停止向雷士照明供货，雷士照明再度陷入危机。随后，雷士照明董事会披露了对吴长江在关联交易、私人财物和不恰当行为方面的调查报告，认为“再次委任吴长江先生出任本公司董事长及董事并不妥当”；同时，作为对经销商的部分妥协，“施耐德系”的两名高管李瑞和李新宇辞去在雷士照明的相关职务。

面对董事会的强硬态度，吴长江开始调整对抗策略：一方面，在8月20日，吴长江与超过40家供应商在重庆召开了交流会，动员供应商重新恢复对雷士的供货，部分供应商也在交流会上表示会响应吴长江的号召，有条件地向雷士照明恢复供货；另一方面，吴长江开始筹划召开特别股东大会，由全体股东投票决定其去留。

9月4日，以软银赛富阎众等为代表的控股股东在各方利益相关者的持续压力下，成立了雷士照明临时运营委员会。该运营委员会是由吴长江、朱海、张开鹏、穆宇、王明华与谈鹰组成的，其中吴长江担任临时委员会的负责人。通过出任临时运营委员会负责人的方式，吴长江得以重返雷士。

9月29日，作为雷士三巨头的吴长江、软银赛富的阎众以及施耐德的朱海集体亮相，共同表示已达成和解。11月25日，雷士照明进行高管和董事会的人员调整，来自施耐德的张开鹏辞任雷士照明首席执行官及临时运营委员会成员的职务。

2013年1月11日，吴长江正式回归雷士，出任雷士的首席执行官。同一天，雷士照明举办了针对董事会及运营商的见面会，在见面会上正式重新任命吴长江为雷士照明的CEO。吴长江重新掌舵雷士，为这场创始人和投资者之间的控制权斗争画上了句号。

■ 3.第三次控制权之争

（1）德豪润达入股

尽管吴长江成功回到了雷士，并出任公司的CEO，但受到相关职位及股权比例的影响，吴长江失去了对雷士照明的控制权。为了规避在企业经营恢复稳定后再次遭到驱逐的风险，吴长江转而寻找“白衣骑士”——广东德豪润达电气股份有限公司（以下简称“德豪润达”）。

2012年12月26日，德豪润达在董事长王冬雷的带领下，向雷士投资16.5亿港元，收购雷士照明约20.05%的股权，其中包括收购吴长江手中11.81%的雷士股权，德豪润达超过软银赛富成为雷士第一大股东；与此同时，德豪润达向吴长江定向增发1.3亿股非公开发行的德豪润达股票，使吴长江成为其第二大股东。吴长江与德豪润达在雷士照明的治理结构中已成为利益一致的行动人，两者所持股份比例高达26.84%，形成对赛富基金的有效制衡。

2013年1月11日，雷士照明在深圳举行董事会及运营商的见面会。在见面会上，除了再次宣布吴长江重任雷士CEO一职外，还发布了德豪润达董事长兼总裁王冬雷出任雷士非执行董事的消息。

2013年4月5日，软银赛富的阎众辞任雷士照明董事长与非执行董事职务，由王冬雷接替阎众出任雷士照明董事长一职。6月21日，吴长江被重新委任为雷士照明的执行董事，代表德豪润达的王冬明（王冬雷之弟）成为雷士照明的执行董事。在新确立的董事会成员中，王冬雷、吴长江、穆宇、王冬明、吴玲统一战线，使吴长江在重返雷士后，能够在董事会上掌握主导权。

（2）第三次争斗回顾

尽管合作之初，王冬雷与吴长江二者惺惺相惜，互相视对方为知己，但随着股权的变动，雷士控制权的易主，二者之间隐藏的矛盾也开始慢慢浮出水面。最终，2014年4月，爆发了雷士照明创始人与投资者的第三次控制权大战，此次的争斗主体变成了吴长江和德豪润达的王冬雷。

2014年4月，德豪润达增持雷士照明的股份，使其持股比例上升至27.1%；随后的5月，雷士照明董事会重组，德豪润达话语权大增；紧接着，7月14日，雷士照明发布公告，对雷士旗下11家子公司的董事会进行“大换血”，将吴长江、吴长勇、穆宇等人踢出董事会，王冬雷率众接盘。

2014年8月8日，雷士照明发布公告称，董事会通过了罢免吴长江雷士照明首席执行官职务的决议，雷士首席执行官一职由王冬雷接任。同时，也通过了罢免吴长勇以及穆宇、王明华雷士照明副总裁职务的决议。

随后，王冬雷带领众人到雷士重庆办公室进行了重庆总部公章的抢夺。王冬雷带领员工到雷士重庆总部办理移交工作时，雷士员工之间发生肢体冲突。其中，雷士照明的其他两大股东（赛富和施耐德），也和德豪润达坚定地站在了一起。随后，一封以王冬雷签名的《员工告知书》，被发到雷士员工的邮箱中。在邮件中，王冬雷以雷士董事长兼CEO的身份，详细描述了吴长江私下进行公司品牌授权的行径，并指出吴长江涉嫌利益输送、侵占挪用诈骗公司资金，因此，董事会才罢免其职务。

8月9日，吴长江通过媒体称，此次其职务被罢免，是雷士照明董事长兼德豪润达董事长王冬雷一手策划的，双方交恶起因于德豪润达的“利益输送”行为被他阻止。他解释称，王冬雷试图将雷士照明的核心产品转移到德豪润达进行“利益输送”，双方因此发生冲突。

王冬雷随即予以否认。他说，转移资产需要董事会所有成员决议通过，吴长江的说辞纯属子虚乌有。王冬雷表示，因在三周前知道了三件事，让他彻底改变了对吴长江的信任，并深感震惊。第一，吴长江嗜赌成性，并欠下了4亿元赌债；第二，吴长江计划瓦解公司的供应商链条；第三，吴长江隐瞒董事会与三家公司签署长达20年的协议。

吴长江随即对王冬雷的控诉进行了否认，声称这是王冬雷在阻碍自己进行项目融资。

随后，两人马不停蹄地借助媒体，隔空对垒，互斥对方进行利益输送，试图掏空公司。8月11日，两人分别在重庆和北京召开记者发布会。王冬雷更是公布了一段吴长江承认欠下4亿元赌债、每月利息超过千万元的录音，以证明吴长江有利益输送的动机。一周后，雷士照明暂停重庆总部的运作，并在惠州办公室建立临时总部。与此同时，王冬雷紧锣密鼓联系各地经销商，其中，19家经销商与王冬雷签订协议，表示支持王冬雷。

8月25日，雷士照明发布律师声明称，免除吴长江的相关职务已经生效，其无权代表雷士照明对外从事任何活动或签署任何文件。而吴持有相关财务章、银行印鉴章等对外从事的活动，均属侵害雷士照明公司利益的行为，将依法追究其擅自代表公司做出上述行为的责任。

为了应对雷士的经销商纷纷向王冬雷倒戈的局面，吴长江恢复了雷士重庆万州基地的生产，恢复了雷士重庆总部的运营，以挽回民心。这样一来，吴长江和王冬雷分别在万州和惠州各建了一个“雷士”，双方进入拉锯战。

8月29日，雷士照明公司在香港召开了临时股东大会，投票审议“罢免吴长江的董事职务及其在任何董事会下属委员会的一切职务”的议案。会上，超过95%的股东投下了“罢免吴长江”的赞成票。29家省级经销商签署声明表示支持公司决议。之后，雷士照明和经销商共同成立了下属运营委员会协助公司运营，并设立独立调查委员会对吴长江进行调查。

9月18日，广东省珠海市中级人民法院对吴长江所持有的股份进行司法冻结，冻结期限为2年。10月22日，惠州市公安局认为吴长江等人涉嫌经济犯罪，对其挪用资金情况进行立案侦查，不过当时吴长江并未被采取强制措施。11月3日，王冬雷接管重庆雷士，取得了雷士照明的相关印章和执照原件。11月19日晚间，雷士照明发布公告称，2013年至2014年10月期间，在现任董事会毫不知情的情况下，吴长江代表雷士与三家国内银行重庆分行订立了五份质押协议，为五家重庆企业进行了违规担保。12月16日，雷士照明创始人吴长江因涉嫌挪用资金罪，被惠州警方依法刑事拘留。2015年1月5日，雷士照明创始人吴长江因涉嫌挪用资金罪，正式被广东省惠州市人民检察院批准逮捕。至此，雷士照明长达一年之久的股权争夺终于落下帷幕。

（二）控制权之争的结局

控制权之争带给雷士照明巨大的损失，除了股价腰斩、股票停牌，公司业绩也大幅下滑。从表2-10可以看出，雷士照明在2008年至2011年期间（除2009年受全球金融危机影响外）各项财务指标稳步增长，但从2012年开始，其各项财务指标显著下滑，毛利率由25.64%降至21.52%，税前利润由6.29亿元降至1.16亿元，下降了81.5%，本年利润从5.78亿元降至0.49亿元，净利润率跌至1.39%。2014年，在收入和毛利变化不大的情况下，税前利润和本年利润为-3.15亿元和-3.28亿元，这表明第三次控制权之争对雷士照明的盈利能力造成很大影响。

表2-10　**雷士照明2008—2016年财务指标变化情况**　金额单位：亿元

项目	2008年	2009年	2010年	2011年	2012年	2013年	2014年	2015年	2016年
收入	17.48	20.9	31.29	37.4	35.36	37.74	34.71	38.46	38.06
毛利	4.3	5.74	9.08	9.59	7.61	7.97	7.42	9.01	10.21
毛利率（%）	24.60	27.46	29.02	25.64	21.52	21.12	21.38	23.43	26.83
税前利润	1.37	1.37	5.44	6.29	1.16	3.54	−3.15	2.03	2.54
税前利润率（%）	7.84	6.56	17.39	16.82	3.28	9.38	−9.08	5.28	6.67
本年利润	1.23	1.02	4.91	5.78	0.49	2.82	−3.28	1.28	1.79
净利润率（%）	7.04	4.88	15.69	15.45	1.39	7.47	−9.45	3.33	4.70

案例使用说明

一、教学目的

本案例旨在引导学生关注企业创始人与风险资本的利益冲突及后果。根据本案例资料，其一，学生可以了解到公司内部治理问题对企业融资造成的影响；其二，学生可以思考PE、VC这些融资渠道可能带来的利好或弊端；其三，通过分析企业创始人与投资人进行博弈的过程，学生可以更好地理解上市公司利益相关者在追逐各自利益时发生的摩擦，及其最终对企业价值产生的影响。

二、启发思考题

自吴长江从创业伙伴手中夺回股权，到因为引入资本失去第一大股东地位，被迫离开和曲线回归雷士董事会，失去控制权，再到得到控制权，最后入狱的结局，雷士照明的股权之争带给人们太多启示，引发人们太多思考。本案例的侧重点在于：雷士照明创始人吴长江失去企业控制权的原因、过程和表现形式。请重点思考如下问题：

（1）吴长江在企业初创期能够以退为进，最终掌握企业控制权的原因是什么？

（2）吴长江为何频频吸引赛富、高盛和施耐德等资本投资？

（3）吴长江在公司上市后与赛富等资本存在利益冲突的原因是什么？

（4）在第二次控制权之争中，什么原因使被解聘的吴长江重归雷士？

（5）第三次控制权之争中，吴长江被迫离开雷士董事会的根本原因是什么？

（6）分析控制权之争对上市公司经营业绩和企业价值产生的影响。

（7）分别从投资者、创始人的视角讨论雷士照明的控制权之争的启示。

（8）分析社会资本在创始人与外部资本控制权之争中扮演的角色。

三、关键概念与理论依据分析

（一）关键概念

■ 1.股权结构

股权结构是指股份公司总股本中，不同性质的股份所占的比例及相互关系。股权即股票持有者所具有的与其拥有的股票比例相应的权益及承担一定责任的权利。股权结构是公司治理机制的基础，它决定了股东结构、股权集中程度以及大股东身份，导致股东行使权利的方式和效果有较大的区别，进而对公司治理模式的形成、运作及绩效有较大影响。换句话说，股权结构与公司治理中的内部监督机制直接发生作用。

■ 2.风险投资

广义的风险投资（Venture Capital，VC）泛指一切具有高风险、高潜在收益的投资；狭义的风险投资是指以高新技术为基础，对生产与经营技术密集型产品的投资。根据美国全美风险投资协会的定义，风险投资是由职业金融家投入到新兴的、迅速发展的、具有巨大竞争潜力的企业中的一种权益资本。

风险投资一般采取风险投资基金的方式运作。风险投资基金的法律结构是采取有限合伙的形式，而风险投资公司则作为普通合伙人管理该基金的投资运作，并获得相应的报酬。在美国有限合伙制的风险投资基金，可以获得税收上的优惠，政府也通过这种方式鼓励风险投资的发展。

■ 3.社会资本

根据拥有者的不同，可以将社会资本划分为个人社会资本与组织社会资本。其中，个人社会资本是在个人中心社会网络差序结构下形成的强连带和弱连带关系，个人能够从连带关系网络中获得的各种现实和潜在的资源。赵晶等（2014）指出，组织社会资本是组织关系网络衍生出的各种资源集合，该关系网络具有相互认可性和相对持久性；其中组织关系包括企业与地方政府、银行金融机构以及上下游企业等多方关系。按照Adler和Kwon的标准，可将组织社会资本进一步划分为两类：一类是由信任和组织内部关联构成的组织内部社会资本；另一类是组织外部社会资本，组织间连带关系和组织中关键人员的个人关系网络都能够形成组织外部社会资本。本案例中企业社会资本的界定为广义范畴，即企业社会资本既包括了企业具备的组织层面上的社会资本（比如组织间的同盟关系），也包括企业组织中个人拥有的社会资本（比如企业家等人的社会资本）。由于企业家是企业中最重要的个体成员，并且出于利益协同，其拥有的个人社会资本一般也愿意交予企业使用，因此，企业家的个人社会资本往往是企业社会资本最为主要的组成部分。一些研究指出，在大多数的小型企业中，企业社会资本基本上可以等同于企业家的社会资本。

（二）股权结构的控制权可竞争性理论

在控制权可竞争的股权结构模式中，剩余控制权和剩余索取权相互匹配，大股东就有动力向经理层施加压力，促使其为实现公司价值最大化而努力；而在控制权不可竞争的股权结构模式中，剩余控制权和剩余索取权不相匹配，控股股东手中掌握的是廉价投票权，其既无压力也无动力实施监控，而只会利用手中的权利谋求自己的私利。所以对一个股份制公司而言，不同的股权结构决定了股东是否能够积极主动地实施其权利和承担其义务。

股权结构还在很大程度上决定了董事会的人选，在控制权可竞争的股权结构模式下，股东大会决定的董事会能够代表全体股东的利益；而在控制权不可竞争的股权结构模式下，由于占绝对控股地位的股东可以通过垄断董事会人选的决定权来获取对董事会的决定权，因而在此股权结构模式下，中小股东的利益将无法得到保障。股权结构对监事会的影响也是如此。

股权结构对经理层的影响在于是否在经理层存在代理权的竞争。一般认为，股权结构过于分散易造成“内部人控制”，从而使代理权竞争机制无法发挥监督作用；而在股权高度集中的情况下，经理层的任命被大股东所控制，从而削弱了代理权的竞争性；相对而言，相对控股股东的存在比较有利于经理层在完全竞争的条件下进行更换。

总之，在控制权可竞争的股权结构下，股东、董事（或监事）和经理层能各司其职，各行其能，形成健康的制衡关系，使公司治理的内部监控机制发挥作用；而在控制权不可竞争的股权结构下，则相反。

（三）股东资源异质性理论

股东资源的概念源自管理学中的资源依赖理论。资源依赖理论认为，资源是企业经营和战略实现的基础，包括企业用以构建和实施其战略的有形和无形资产，具体“包括但不限于工厂、设备等有形资产，技术知识、知识产权等无形资产，以及人力资源和其他贡献于公司内外活动的内外部利益相关者”。沿用这一视角，股东资源是股东个体所拥有并投入公司，用以提升公司竞争优势与增长价值的所有要素，包括股东的财务资本、社会资本、人力资本等各种资源要素，它具有资源概念的基本属性，如有价值、稀缺、不可模仿、不可替代等。在引入外部股东的民营企业中，除财务资本外，各股东所连带投入的“非财务资源”非常多元，股东资源组合更具异质性：（1）创始股东。创始股东集创业者与管理者于一体，是财务资本、社会资本与人力资本（管理资本）的集合体。创始股东的社会资本包括个人关系资本、组织内关系资本（如组织内的横向关系与能力）、组织间关系资本（战略联盟、上下游公司间的纵向关系）等多种类型，它们综合体现了创始股东在社会结构、社会关系中所建立的信任、权威、关系等资源优势和能力。创始股东的人力资本体现为创业者的经营才能、创新能力、管理经验等，这类资本不仅稀缺，而且“专用性”程度高、风险难以分散。相关研究表明，创始股东的私有资源越多，对外部股东的吸引力就越强。（2）外部股东。外部股东的非财务资源因股东专业属性、能力等的不同而不同，如投资银行、股权投资基金等外部股东的资源优势，主要在于其丰富的公司治理经验，及帮助公司打通资本市场通道的能力；产业投资者则兼具财务资本和其他诸如管理、技术、市场网络等各方面的资源优势，可帮助公司提升技术、营销、管理、国际化进程等方面的能力。所有这些均构成外部股东相对创始股东的独特资源优势和能力。

(四) 社会资本的资产专用特性

Williamson首次提出了资产专用性的概念，它指的是在不牺牲生产价值的条件下，资产在不同用途和不同使用者之间的利用程度具有差异性。价值性、稀缺性、无法模仿性以及不可替代性是专用资产的四个基本特征。Williamson根据资产专用性强弱，将资产分为非专用资产、中等专用资产以及高度专用资产三类。社会资本是一种内嵌于企业或个人同各方行动者的关系网络之中的资产，一旦离开某一方或者多方行动者，关系网络就不再完整，社会资本也就无法存在。Coleman指出，只有当一个群体形成封闭的网络后，网络内部才会形成稳定的义务、期望关系，才能有效地执行奖惩，封闭性才能使得义务、期望和规范等社会资本形式成为群体的专用资产，因而封闭性是社会资本的重要特性。

在现实的资源配置和生产中，企业能够优于个体是因为其拥有稳定的客户源、经销渠道，以及有组织的职工群体，这些因素难以简单复制，是属于企业自身的专用资源。同样，对于个人而言，自身的精神、经验、权威以及良好的社会关系网络，也难以简单传承和转换。因此，社会资本本质上是专用程度较高的一种资产。

四、分析思路

教师可以根据自己的教学目标（目的）来灵活使用本案例。这里提出本案例的分析思路，仅供参考。

1.吴长江吸引风险投资的重要原因是在偿付其他合伙人后，企业资金极度紧张；吸引风险投资后可以有效缓解企业财务困境。

2.社会资本在企业控制权之争中的作用。

作为社会资本的重要组成部分，个人社会资本与企业社会资本在大多数情况下都互有交织，尤其在小型企业和初创企业中，甚至可以将创始人的社会资本等同为企业的社会资本。在个人社会资本与企业社会资本高度重合的状态下，一旦创始人离开企业，会造成个人社会资本的剥离，企业无法运用原先可以顺畅运用的社会资本，这一过程可以视为企业社会资本的断裂。在随后的发展中，企业不依赖于原有个人，重新建立起社会资本，这一过程可以视为企业社会资本的重构。

雷士照明案例中一共发生了三次控制权争夺事件，社会资本均发挥了重要作用。在第二次控制权之争中，创始人吴长江离开雷士照明，导致了企业社会资本与创始人个人社会资本的断裂。由于新入股权投资者未认识和遵循社会资本的重要性和运动规律，使创始人利用个人社会资本成功夺回控制权。在第三次控制权之争中，新入股权投资者德豪润达高度重视社会资本的重要性，依次逐步重构企业社会资本，使企业成功摆脱对创始人个人社会资本的依赖，在控制权争夺中获胜。

3.改善民营上市公司治理。

只有在民营企业中建立起透明、高效的公司治理制度才能有效避免民营企业家和投资人之间的矛盾。其实，资本的进入可以促进民营企业的合规运营和增强透明度，民营企业家必须意识到建立良好的公司治理结构，确保董事会对公司进行战略性指导和有效监督的重要性。尤其是已经上市的民营企业，企业家应该时刻铭记，公司不再是个人的，是由多个利益相关者共同拥有的。因此，企业家在做决策和进行管理时，要为投资人及其他股东创造回报，并使他们明晰公司当下的优势与劣势，对企业家树立起信心。

五、关键要点

1.了解雷士照明引入风险资本的过程、动因及伴随而来的股权结构的变化。这里主要应了解雷士六次引入不同的风险投资者及每次融资后的股权结构变化。

2.风险投资者应对被投资企业进行尽职调查，典型的私募股权投资（包含风险投资）的基本流程如下：

（1）私募股权投资者在获得企业《信息备忘录》之后，了解企业的大量信息，决定是否跟进这个项目。

（2）报盘一旦被企业接受，双方便开始交换《意向书》。

（3）在正式的尽职调查时期，要考察企业是否对某些特殊风险具有应对能力。考察结果会影响投资决定，并会成为投资谈判的内容，使投资人可以就企业的股权定价提前做出判断，并商定其他交易细节。

（4）进一步商定交易结构，即交易的法律、纳税和财务结构，以及双方就融资细节所做的谈判，《尽职调查报告》和企业评价结果会成为谈判内容。

（5）签署投资协议。

3.雷士照明股权之争的实质——资本VS实业。雷士风波，表面上看是一场创始人与投资人的内部之争，但本质其实是公司治理结构求取平衡的过程。在华人社会的文化背景下，相比海外的创业企业，华人企业创始人多数倾向于绝对控制自己创设的企业，哪怕是已经上市的公众公司，他们仍然在情感上将其视为自己的企业。在企业发展过程中，需要融资不得不引入战略投资者，一旦创始人和投资人发生分歧，这种基于文化因素的控制欲望往往会导致冲突偏离商业契约，而作为战略投资者的PE/VC往往拥有西式思维，重视契约精神，双方隔阂与分歧就会进一步加大。

4.社会资本在雷士照明三次控制权之争中均发挥了重要作用，无论是企业经营方还是投资方，均应当高度重视企业的社会资本潜在的断裂风险。投资方应将社会资本断裂与重构方案作为投资风险控制的重要内容。

六、建议课堂计划

1.课后自行阅读资料：约3小时。

2.小组讨论并提交分析报告提纲：约3小时。

3.课堂小组代表发言、进一步讨论：约3小时。

4.课堂讨论总结：约0.5小时。

本案例可以采用小组式讨论。

课堂讨论总结的关键：归纳发言者的主要观点；重申其重点及亮点；提醒大家对焦点问题或有争议观点进行进一步思考；建议大家对案例素材进行扩展研究和深入分析。

七、参考文献

［1］黄焕娴. 雷士照明公司控制权争夺案研究［D］. 广州：广东财经大学，2013（9）.

［2］李四海，周泳彤. 中国创始人与控制权：王朝思维还是契约精神［J］. 清华管理评论，2016（10）：23-28.

［3］梁上坤，金叶子，王宁，等. 企业社会资本的断裂与重构——基于雷士照明控制权争夺案例的研究［J］. 中国工业经济，2015（4）：149-160.

［4］于新彤. 雷士照明企业控制权之争的案例研究［D］. 重庆：重庆大学，2016（5）.

［5］张慕濒. 机构投资者崛起、创业股东控制权博弈与公司治理——基于雷士照明的案例研究［J］. 华东师范大学学报：哲学社会科学版，2013（4）：144-156.

［6］张伟华，王斌，宋春霞. 股东资源、实际控制与公司控制权争夺——基于雷士照明的案例研究［J］. 中国软科学，2016（10）：109-122.

［7］章铁生，徐德信，周蕾. 关系资本与财务资本的博弈及其机制化难题——雷士照明控制权争夺的案例研究［J］. 安徽师范大学学报：人文社科版，2017（5）：623-629.

［8］赵晶，张书博，祝丽敏，等. 个人社会资本与组织社会资本契合度对企业实际控制权的影响——基于国美电器和雷士照明的对比［J］. 中国工业经济，2014（3）：121-133.

［9］赵晶，王明. 利益相关者、非正式参与和公司治理——基于雷士照明的案例研究［J］. 管理世界，2016（4）：138-150.

案例5

网宿科技的股权激励动因及效果①

摘要

为了解决企业中由于两权分离导致的代理问题，上市公司普遍采用了股权激励政策，不少公司甚至推出了多期股权激励计划。本案例以网宿科技股份有限公司（以下简称“网宿科技”）自2011年以来连续推出五期股权激励方案为背景，结合运用契约理论、代理理论、人力资本理论，研究网宿科技实施股权激励方案的动因及效果。通过对本案例的研究发现，网宿科技引领的商业模式、核心管理层与技术骨干的长期激励、闲置资金的有效利用是其实施股权激励方案的主要原因；网宿科技的股权激励方案总体而言产生了良好的经济效果，获得了管理层与投资者的高度认同，企业价值增长显著。本案例对我国其他公司股权激励方案的运用以及相关方案的设计具有借鉴意义。

关键词

股权激励方案　股权激励动机　股权激励有效性　网宿科技

案例正文

一、引言

网宿科技上市前的招股说明书上显示，网宿科技2008年、2007年营业收入分别增长100%、73%。然而，2009年上市后的网宿科技业绩却迅速“变脸”：2009年全年，网宿科技净利润为3 885.14万元，同比仅增长4.78%，在扣除非经常性损益后，净利润则同比下降4.79%。上市后第一年因为业绩不佳，网宿科技打破了上市不久刚刚创下的创业板成长“神话”，市场甚至把公司上市后业绩的变脸称为“网宿现象”。

网宿科技自2010年12月起，开始进行内部调整，连续推出了五期股权激励方案，引起了市场的广泛关注。我们此次案例选用网宿科技作为分析的对象，将理论与网宿科技的情况相结合对其进行动因以及有效性分析。

二、公司简介

网宿科技，全称为网宿科技股份有限公司，创立于2000年1月，于2009年10月在深圳证券交易所上市，股票代码为300017。

① 除非特别声明，本书的案例研究对象均为上市公司，案例中引用的所有数据均来自该公司的公告。另外，本书的所有案例只供课堂讨论之用，并无意暗示或说明某种管理行为是否有效。

网宿科技主要为客户提供全方位的互联网业务解决方案，属于高新技术行业，并在国内互联网业务平台行业中处于领先的位置。目前，该公司有员工1 500名左右，其中研发以及技术人员占总人数的3/5左右。另外，网宿科技在国内外有许多分公司和全资的子公司，并将其范围扩展到了国内的厦门以及美国的硅谷，成立了研发中心。

网宿科技在其创立之初，就首先推出了IDC服务；随着互联网的高速发展，网络带宽不足以及网络传输速度较慢等问题日益凸显，其又通过自主研发于2005年推出了CDN技术，并在2006年全面推广该技术。随着科技的进步，公司紧接着又推出了一系列与CDN技术以及IDC服务等相关的配套服务和增值服务，不断完善其服务功能，不断扩展其业务领域，公司服务的客户超过3 000家，涵盖政府、企事业单位，覆盖互联网行业、教育行业、金融业、制造业等领域，是市场同类公司中拥有客户数量最多、行业覆盖面最广的公司之一。

三、相关背景

股东关心公司的长期发展，而管理层则会以自身的利益为重，为了解决两者之间的矛盾（委托-代理问题），公司需要采取有效的约束措施或者激励机制，由此，股权激励应运而生。近年来，发布股权激励计划的公司不在少数，而备受关注的企业之一就是网宿科技。为了解决企业中由于两权分离导致的代理问题，上市公司普遍采用了股权激励政策，不少公司甚至推出了多期股权激励计划。

网宿科技在2009年上市后净利润同比仅增长4.78%，在扣除非经常性损益后净利润则同比下降4.79%。由于其上市后业绩有明显的下降，自2010年12月起，网宿科技开始进行内部调整，连续推出了五期股权激励方案，规定的行权门槛是：2011至2014年相对于2009年的净利润增长率分别不低于20%、40%、80%、100%。从此以后，网宿科技的业绩持续上升，在2011至2014年间，网宿科技的净利润增长率分别接近43%、90%、128%和87%，可以说是相当惊人的。与此同时，其股票价格也扶摇直上。

四、主题内容

（一）网宿科技股权激励方案

1.方案介绍（见表2-11）

股权激励方案的股票来源为向激励对象定向发行的股票。五期的行权指标分别以2009年、2011年、2013年、2014年、2014年作为基数。所要激励的对象中不含有占股5%以上的主要股东或实际控制人及其相关亲属，以上任一激励对象通过本计划获得的公司股票均未超过公司总股本的1%。

表2-11 网宿科技股权激励方案

方 案	期权数量（股）	占总股本	行权价格（元）	激励人数（人）	激励范围	行权条件		行权时间
						净利润增长率	净资产收益率	
第一期股权激励方案	5 000 000	3.24%	19.10	140	公司高级管理人员、核心技术（业务）人员	20%、40%、80%、100%		2011—2014年
第二期股权激励方案	6 000 000	3.89%	12.87	140	公司高级管理人员、核心技术（业务）人员	20%、40%、60%、80%	6%、6.5%、7%、7.5%	2012—2015年
第三期股权激励方案	1 540 000	0.98%	120.60	57	公司高级管理人员、核心技术（业务）人员	40%、70%、100%、130%	23%、23.5%、24%、24.5%	2014—2017年
第四期股权激励方案	14 590 000	2.09%	57.90	445	公司高级管理人员、核心技术（业务）人员	40%、70%、100%、130%		2015—2018年
第五期股权激励方案	9 964 000	1.41%	54.88	470	公司高级管理人员、核心技术（业务）人员	70%、100%、130%、160%		2016—2019年

2.股权激励要点分析

（1）行权条件

根据表2-11中的数据以及我们从网宿科技历年年报中获得的净利润的信息，就第一期股权激励方案来看，其2009年的净利润为0.3亿元，若达到方案的要求，则需要2014年的净利润达到0.6亿元；从第二期股权激励方案来看，在以2011年60%的增长率为基础的要求下，其在2015年的净利润需要达到0.7亿元；从第三期股权激励方案来看，其要求2015年的净利润达到3.4亿元。从中可以看出，网宿科技行权条件的实现有一定难度，对公司管理层具有激励效应。

（2）行权价格

行权价格是指发行人发行权证时所约定的，权证持有人向发行人购买或者出售标的证券的价格。在这里，我们以网宿科技2014年发布的股权激励方案为例：

此次网宿科技发布的股权激励方案的行权价格为60.23元，也就是说，未来的激励对象行权时，可以60.23元的行权价买入公司股票，从而得到约定的行权价格与市场股价的差额带来的收益。只要股票的市场价高于员工签订的行权价，所激励的员工就能够获得收益，这也在一定程度上促使管理层为公司的长远发展做贡献。

(3) 行权有效期限

行权有效期长度是衡量股权激励政策的激励性的关键因素。行权的有效期限越短，企业的高管就越有能力对短期的业绩进行操控，从而获得额外的奖励，达到行权条件行使权利。反之，行权的有效期限越长，虽然降低了公司高管对于公司业绩的操控性，但是对于高管来说，不确定性太大，会降低其积极性。因此，选取一个合适的行权有效期限是极其重要的。网宿科技历年公布的股权激励计划都有一年等待期，然后分四期行权，每期股权激励计划实施共需要五年时间，这样既避免了公司高管福利动机的操控，又能够保证其工作的积极性，对于公司的长期发展是有益处的。

(4) 激励对象

网宿科技五期股权激励方案共涉及1 252人，其系公司高管、核心技术（业务）人员，其激励人员的范围之广在一定程度上有效地维护了企业股东的长期利益。首期股权激励方案所提到的期权数量占当时总股本的3.24%，其中高管共占0.17%，其他138位核心技术（业务）人员占3.07%。从表2-12中我们可以发现，网宿科技除了对少数的公司高管进行股权激励之外，最重要的是对其关键技术人员给予良好的激励，其股权激励的对象涉及公司控制层从上到下的每个重要岗位。

表2-12 **网宿科技股权激励对象一览表**

股票期权在各激励对象间的分析	职　务	本次获授的股票期权份数（万份）	占本次授予期权总数的比重	占目前总股本的比重
刘洪涛	副总裁	20	3.64%	0.130%
黄琪	财务总监、董秘	7	1.27%	0.045%
其他核心技术（业务）人员共计138人		473	86%	3.067%
预留期权数		50	9.09%	0.324%
合　计		550	100%	3.566%

（二）网宿科技实施股权激励计划的动因分析

1.技术引领商业模式

根据网宿科技近年的年报，技术优势已经成为公司核心竞争力的最佳体现。通过技术优势发展新产品，促进收入和利润快速增长成为网宿科技商业模式的核心内涵。技术创新活动具有不可观察性，采取传统的以过程为导向的激励方式，如计时工资和计件工资制度都不能有效地激励科研创新活动。

股票期权激励制度是股权激励的一种特殊形式，它采取以结果或业绩为导向的激励方法，有效地避免了低效率或消极的外部监督以及不可实施的过程导向的激励。它通过将公司的利润在优秀的企业核心管理团队和技术团队间分享，极大地激发了管理团队与科技人员的创新积极性。

■　2.人力资本需求

核心的技术和管理人才对于企业正常运行十分重要，尤其是对于像网宿科技这样的高新技术企业，科研创新是企业的核心竞争力。近年来，网宿科技高管频频离职更是引起各方的担忧和猜疑。就其2010年年报公布的数据来看，公司前三位的高管在报告期内的报酬总额（税前）分别为38万元、34万元、33万元；而同行业的杰赛科技同职位高管的报酬则为30万元、56万元、70万元、174万元不等。和同行业相比较，网宿科技对于企业核心人才的吸引、挽留和激励政策是远远不及其竞争对手的。因此，采取有效的手段来激励企业的核心人才，促进企业中长期的发展，对于网宿科技来说是迫切又极为重要的环节。在这种态势下，网宿科技紧急在2010年12月19日出台股权激励第一套方案，其欲挽留人才的目的清晰可见。

■　3.闲置资金

网宿科技在2009年上市后，以发行股票的方式募集到的资金共51 266万元，超募27 022万元。在网宿科技的招股说明书中，说明了募集的资金主要用于公司核心技术平台的建设以及扩展，即IDC专用平台建设项目和CDN网络加速平台技术升级及扩建项目，剩余资金则用来补充公司流动资金，但是实际上，其资金的使用情况不尽人意。据网宿科技2009年年报反映，预计实施的CDN项目，在2009年末，共投入1 152.82万元，占公司全年规划投资总额的58.3%，但IDC项目并未按计划执行。并且通过观察网宿科技发布的重大事项以及相关资金募集方面的公告发现，直到2010年第三季度末，公司对于募集资金的使用情况都没有达到其出台的计划要求。在集资的一年后，网宿科技在IDC项目上共投入约650万元，约占预计总数的6%，这连预期投资进度的10%都没达到。而多募集的资金则被存入银行，降低了资金的使用效率。

此时出台股权激励计划，一方面通过发放现金股利，在一定程度上提高了资金的使用效率；另一方面，面对市场环境的恶化对原有投资造成的威胁，适度的股权激励能够促使管理层积极地寻找新的投资渠道，增加新的投资机会，从而促进了企业的科研创新，并有效促进了资金的使用。

（三）网宿科技实施股权激励有效性分析

■　1.技术创新能力提高

网宿科技的股权激励制度促进了企业核心技术人员的研发积极性，企业无形资产呈现显著增加趋势。我们分析了网宿科技2011—2016年的无形资产的明细数据（见表2-13）并发现，网宿科技的无形资产账面原值、账面价值每年都在增加，且大部分都集中在软件方面，在2013年以后，其无形资产全部属于软件方面，可见，研发支出的增加使得网宿科技的无形资产也逐渐增加。这在一定程度上可以说，发行股权激励方案起到了较好的作用，通过激励核心技术人员促进研发，提高了企业技术创新能力，从而增加了无形资产产出。

表2-13 网宿科技无形资产明细表 单位：万元

项目	2016年年报	2015年年报	2014年年报	2013年年报	2012年年报	2011年年报
一、无形资产账面原值	22 166	14 650	10 172	6 725	5 106	3 059
其中：软件	22 166	14 650	10 172	6 725	528	475
二、无形资产累计摊销	9 598	6 803	4 305	2 552	1 378	682
其中：软件	9 598	6 803	4 305	2 552	173	77
三、无形资产账面净值	12 568	7 847	5 867	4 173	3 728	2 377
其中：软件	12 568	7 847	5 867	4 173	355	—

■ 2.促进公司业绩稳定增长

除了无形资产的产出，我们还分析了网宿科技的业绩，我们选取了网宿科技从2011年到2016年的相关数据，并与行业中值进行比较（数据均来自同花顺数据库，其中行业中值选取的是GICS行业大类下互联网软件与服务的数据），整理并得出表2-14。我们发现，网宿科技自2011年实施股权激励以来，公司业绩保持持续稳定增长。

表2-14 网宿科技相关财务指标与行业中值对比表

指标 \ 年份	数据来源	2011年	2012年	2013年	2014年	2015年	2016年
营业收入（万元）	网宿科技	54 214	81 480	120 499	191 077	293 166	444 652
营业收入增长率	网宿科技	49.65%	50.29%	47.89%	58.57%	53.43%	51.67%
经营活动现金净流量（万元）	网宿科技	9 821	18 497	27 558	52 190	71 798	107 140
净利润（万元）	网宿科技	5 472	10 375	23 711	48 370	82 955	124 820
净利润增长率	网宿科技	42.97%	89.59%	128.55%	104.00%	71.50%	50.47%
	行业中值	24.21%	9.33%	9.16%	3.24%	106.93%	44.25%
销售净利率	网宿科技	10.09%	12.73%	19.68%	25.31%	42.94%	28.11%
ROE（算术平均）	网宿科技	7.02%	11.92%	20.83%	29.57%	33.21%	25.46%
	行业中值	13.55%	14.87%	11.57%	4.55%	52.35%	11.52%
ROA（算术平均）	网宿科技	6.44%	11.68%	20.89%	28.76%	31.49%	20.48%
	行业中值	12.17%	11.24%	9.12%	8.42%	8.90%	8.92%
流动比率（算术平均）	网宿科技	11.04	7.14	4.72	5.4	3.89	6.73
	行业中值	5.83	7.06	4.1	3.19	2.93	3.27
速动比率（算术平均）	网宿科技	10.75	6.63	3.47	5.35	3.82	4.12
	行业中值	5.22	6.3	3.52	2.6	2.35	2.60
权益乘数（算术平均）	网宿科技	1.08	1.13	1.22	1.21	1.39	1.17
	行业中值	7.37	2.41	2.14	1.96	2.14	1.86
总资产周转率（次）（算术平均）	网宿科技	0.67	0.89	1.01	1.13	1.07	0.73
	行业中值	0.67	0.68	0.67	0.7	0.84	0.75
销售收现率	网宿科技	100.63%	100.23%	92.39%	99.76%	140.47%	99.21%
公司市值（千元）	网宿科技	2 032 544	2 604 679	13 277 475	15 293 846	42 471 651	42 527 956

在盈利方面与同行业对比可见，营业收入和净利润都在逐年增长，网宿科技的营业收入几乎每年都以50%的比率增长，显然，如此大幅度的营业收入增长与其不断加大研发支出有关。在净利润方面，公司增长相比同行业显得更稳定，股权激励发挥了作用。此外，网宿科技销售收现率始终在1左右，可见网宿科技的营业收入现金含量很高，说明管理层对营业收入的操纵较少。

通过流动性分析发现，网宿科技的流动比率和速动比率几乎都在行业中值之上，权益乘数低于行业平均水平，说明公司总体流动性较好。网宿科技的总资产周转率从2012年开始也在行业中值之上，且接近于1，说明公司的营运情况良好。

■ 3.稳定高管队伍

经查阅网宿科技2009年至2016年的年报及股权激励计划，我们发现除2014年有董事会换届选举之外，公司的董事、监事、高级管理人员基本没有发生人员变动。我们认为，网宿科技的股权激励计划是较为有效的，网宿科技为了留住人才、创新产品以提高企业利润以及知名度而推出的股权激励计划得到了较好的实施，对于企业高管的吸引和挽留是有较大作用的。

案例使用说明

一、教学目的

本案例的教学目的是使学生了解股权激励在技术创新型上市企业中运用的动因及效果，反思股权激励对其他企业能提供哪些有益的借鉴。

二、启发思考题

1.网宿科技股权激励方案是什么？请对其要点进行简单分析。

2.网宿科技选择实施股权激励方案的动因是什么？请简要分析。

3.分析股权激励对技术创新型上市企业的效果及影响。

4.阅读以下材料，评价伊利股份2006年股权激励方案的有效性。

伊利股份的股权激励方案及其实施情况

（一）伊利股份股权激励方案的内容

伊利股份是全国乳品行业龙头企业，第一大股东为呼和浩特投资有限责任公司，所占股权比为9.97%，终极控股股东为呼和浩特市国有资产管理委员会（以下简称“国资委”），所占的控制权比为10.58%，现金流权比为8.5%。伊利股份的股权激励方案主要有如下内容：

1.股票期权激励的对象及分配情况。伊利股份股票期权激励计划拟授予的股票期权数量为5 000万份，涉及标的股票A股普通股数量为5 000万股，占当时股票总额的比重为9.681%。股票来源为定向发行5 000万股伊利股份股票。激励对象为公司总裁、总裁助理和核心业务骨干，具体包括：潘刚（总裁）、胡利平（总裁助理）、赵成霞（总裁助理）、刘春海（总裁助理）、其他核心业务骨干（29人）。激励对象的分配情况见表2-15。

表2-15 **激励对象的分配情况**

职位	姓名	激励数量（万股）	占本次激励总数比例（%）	占当时总股本比例（%）
总裁	潘刚	1 500	30	2.9043
总裁助理	胡利平	500	10	0.9681
总裁助理	刘春海	500	10	0.9681
总裁助理	赵成霞	500	10	0.9681
核心业务骨干	其他对象（29人）	2 000	40	3.8724
合计		5 000	100	9.6810

2.股票期权行权价格及确定依据。股票期权的行权价格为13.33元，即满足行权条件后，激励对象可以凭借获授的每份股票期权以13.33元的价格购买1股伊利股份股票。行权价格是依据下述两个价格中的较高者确定的：（1）股票期权激励计划草案摘要公布前一个交易日的伊利股份股票收盘价13.33元（除权后）；（2）股票期权激励计划草案摘要公布前30个交易日内的伊利股份股票平均收盘价12.30元。

3.有效期、授权日、可行权日及行权安排。伊利股份股权激励方案的有效期为自股票期权授权日起的8年内。授权日在中国证监会备案且中国证监会无异议、伊利股份股东大会特别决议批准后确定。自股票期权授权日1年后可以开始行权，激励对象应当在上市公司定期报告公布后第2个交易日，至下一次定期报告公布前10个交易日内行权。行权安排的内容为：自股票期权激励计划授权日1年后，满足行权条件可以在可行权日行权，激励对象应分期行权。激励对象首次行权不得超过获授股票期权的25%，剩余获授股票期权，激励对象可以在首次行权的1年后、股票期权的有效期内，选择分次行权或一次行权。除了要符合有关法规外，伊利股份设定的行权条件还包括：首期行权时，伊利股份上一年度的净利润增长率不低于17%，且上一年度主营业务收入增长率不低于20%。

（二）伊利股份股权激励方案的实施情况

1.股改复牌当日提出股权激励草案

伊利股份在股改复牌当日提出股权激励草案。按股改前非市场化价格确定：伊利股份股改前最后30个交易日的平均收盘价为16.49元，股改前最后一个交易日的收盘价为17.85元，因此，确定两者高者17.85元为股权激励行权价，经过除权除息之后行权价最后确定为13.31元。如按法律规定的股改后价格制定行权价，则伊利股份最早应该在股改之后第31个交易日颁布股权激励方案，可以确定的行权价为19.92元。比较非市场化行权价13.31元和市场化行权价19.92元，公司高管因此增加3.305亿元的巨额收益。

2.审核无异议的行权条款新生变更

伊利股份董事会以确定业绩考核指标计算口径为名，对股权激励的行权条件做出了有利于管理层的重大修改。伊利股份股权激励计划明确提出，激励对象首期行权时公司必须满足“上一年度扣除非经常性损益后的净利润增长率不低于17%，且上一年度主营业务收入增长率不低于20%”的要求，该计划经中国证监会审核无异议。但这一关键条款被董事会以确定业绩考核指标计算口径为名进行了修改，修改后的“扣除非经常性损益后的净利润增长率”为公司经审计的当年利润表中“扣除非经常性损益后的净利润”加上股票期权会计处理本身对净利润的影响数与上一年利润表中“扣除非经常性损益后的净利润”加上股票期权会计处理本身对净利润的影响数相比的实际增长率。

3.股权激励方案市场反应消极

从资本市场来看，2006年A股所有上市公司当年市场平均的主营业务增长率为48.92%，平均净利润增长率高达88.6%。通过横向比较我们发现，伊利股份的主营业务收入增长率超过20%，同时净利润增长率超过17%的第一批股权激励的行权条件较资本市场水平偏低。伊利股份的股权激励方案宣告与实施期间的市场反应表明，伊利股份的股权激励方案并没有得到市场投资者的认可，市场对股权激励方案的宣告与实施的反应较为消极。

对市场这种消极反应的一个合理解释是，市场投资者担心激励方案更可能成为伊利股份管理层寻租的手段。由于伊利股份的股权较为分散，国有大股东缺位，在目前法律等层面监控存在较大漏洞、约束机制不完善的情况下，实施股权激励可能为作为内部人的管理层将企业利益个人化提供了较大的操作空间，因股权激励而为管理层增加的寻租收益比减少的代理成本更大。

三、关键概念与理论依据分析

（一）关键概念

股权激励，也称为期权激励，是企业为了激励和留住核心人才而推行的一种长期激励机制，是最常用的激励员工的方法之一。股权激励主要是企业拿出部分股权用来激励企业高级管理人员或优秀员工的一种方法。一般情况下都是附带条件的激励，如员工需在企业干满多少年，或完成特定的目标才予以激励。当被激励的人员满足激励条件时，即可成为公司的股东，享有股东的权利，与企业形成利益共同体，促进企业与员工共同成长，从而帮助企业实现稳定发展的长期目标。

股权激励可以分为股票期权和限制性股票两种。股票期权是指公司授予激励对象的一种权利，激励对象可以在规定的时期内以事先确定的价格购买一定数量的本公司流通股票，也可以放弃这种权利。股票期权的行权也有时间和数量限制，且需激励对象自行为行权支出现金。在我国有些上市公司中应用的虚拟股票期权是虚拟股票和股票期权的结合，即公司授予激励对象的是一种虚拟的股票认购权，激励对象行权后获得的是虚拟股票。

限制性股票是指事先授予激励对象一定数量的公司股票，但对股票的来源、抛售等有一些特殊限制，一般只有当激励对象完成特定目标（如扭亏为盈）后，才可抛售限制性股票并从中获益。

（二）契约理论

契约理论是建立在一定的假设之上的理论，但实际上，它是不适用的。因为社会中不可能有完全理性的契约人存在，不可能做到信息的完全流通，更不可能实现市场的完全竞争。因此，股东与管理者之间订立的契约一定是不完全的。而契约理论中“剩余控制权”是指由于企业内部部分资产的权利在契约中无法界定或者界定成本很高，无法事先规定的资产控制权。这些未规定的资产本质上属于企业股东，但由于股东无法参与公司经营的所有方面，这些初始契约中未规定的资产具有一定的风险性，为了降低风险性，股东往往愿意与管理层共享剩余权益的分配，这也是为了企业的长期价值的实现。股权激励的本质就是利润分享，网宿科技利用股权激励，降低了公司经营的风险，维护了公司的长远利益。

（三）人力资本理论

人力资本理论是由美国的两位经济学家舒尔茨和贝克尔所创立的理论。该理论认为，物质资本是指有形物质产品上的资本，而人力资本则是体现在人身上的资本。人力资本管理就是一个管理人才的机制，把企业中的人当成资本进行投资和管理，不断地调整以应对市场的变化，争取使员工实现价值最大化。优秀的人力资源作为企业正常运行中的要素，同时也具有开放性、竞争性和极大的可变性，因此，股东在人力资源的投入中，必须承担起相应的风险，这是一项风险和收益并存的投资。为了留住优秀的人才，公司在人力投资中，应将员工的个人发展与企业的长期发展目标相融合，做到“双赢”。因此，股权激励是一个很好的决策，既能使投资者对剩余收益进行分配，又能使经营者有更大的动力去创造更多的收益。

（四）代理理论

随着企业的不断发展，经营权和所有权“两权分离”的情况使得代理问题出现。股东与管理者之间在经济利益以及目标上出现的偏差使得他们之间的委托-代理关系变得紧张。管理者为了自身利益，追求的大多是短期利益，他们为的是在其任期内能达到董事会的要求，从而获得他们的薪酬、奖励等。而在任期快结束时，他们可能会使出更直接的手段，使得他们的工作指标最大化。然而，这通常与公司的长久利益、与股东的利益相悖。因此，这就要求股东采取一定手段使得管理者在为了自身利益工作时，也要考虑股东利益，即减少代理成本。股权激励措施在一定程度上，可以减少管理者的短视行为，减少管理层和股东之间的利益冲突。

(五)股权激励的激励假说与福利假说

股权激励计划的激励假说认为,面向管理层的股权激励是一种股东主导下的最优契约,它可以解决高成长公司和会计信息噪声较大公司中信息不对称导致的公司高管行为与股东利益不一致问题,有利于筛选出胜任能力较强的高管,缓解临近退休高管的视野短期化问题等。

股权激励计划的福利假说认为,面向管理层的股权激励是一种管理层主导下的自定薪酬、自谋福利。股权激励有时会导致高管的短期化行为和机会主义行为,并为其自身谋取福利。2006年1月1日,《上市公司股权激励管理办法(试行)》由证监会颁布施行,此后,陆续有上市公司推出其股权激励计划,但是在试行过程中暴露出了非常多的问题,如降低行权条件、操纵财务数据和股价、股权激励规模偏高、激励方案设计被高管控制且擅自修改等,这些不规范现象的存在导致上市公司所推出的股权激励方案并不能达到激励高管的目的,反而成为高管替自身谋福利,进行利益输送的特定渠道,典型的例子包括伊利股份、凯迪电力等(吕长江等,2009)。

四、分析思路

教师可以根据自己的教学目标(目的)灵活使用本案例。这里提出本案例的分析思路,仅供参考:

1.网宿科技股权激励方案的要点主要包括行权条件、行权价格、行权期限和激励对象。

2.网宿科技选择实施股权激励方案的动因:一是想通过实施股权激励政策,降低代理成本,挽留优秀核心管理与技术人才,从而使其加大研发、提高创新能力的目的进一步达成;二是通过股权激励政策,使得闲置资金得以有效运用,以应对市场环境的恶化。

3.股权激励方案的经济后果可能是,通过对核心管理与技术人才的有效激励,使公司不断增加对创新的投入,提升了技术创新活动的绩效,增强了公司的技术优势,从而保证了公司的营业收入与公司盈利的持续高速增长,以获得资本市场的高度认同。

4.从伊利股份的股权激励来看,该方案具有对管理层历史业绩进行补偿的性质,对其激励效果会产生负面影响。从激励方案的设计来分析,伊利股份的股权激励更偏向于管理层福利假说,可从激励对象、行权条件、行权时间、股权份额与行权价格等角度进行思考。

五、背景信息

网宿科技上市后发生的情况:

(1)2009年10月,网宿科技正式在深交所创业板上市。

（2）2010年2月，上海网宿科技股份有限公司正式更名为网宿科技股份有限公司；同年，网宿科技首次推出覆盖全球的12个海外节点，全球加速战略正式启动。

（3）2011年2月，网宿科技通过ISO 9001：2008质量体系管理认证。同年6月，网宿科技入选国家火炬计划重点高新技术企业。

（4）2012年2月，网宿科技参加CDN Asia 2012中国香港会议，其全球化营销进程从此拉开序幕。该年网宿科技宣布第二批海外加速节点建成并投入使用，至此网宿科技海外CDN加速节点的数量已达23个。

六、关键要点

1.实施股权激励政策的最终目标是缓解代理问题，使得经营管理者同公司所有者的目标趋同，以实现公司的长期发展。

2.股权激励方案特别适用于技术创新型企业对于核心管理层和技术团队的激励。

3.上市公司股权激励强度要远高于非上市公司。技术创新型企业走向资本市场对其持续快速发展尤为重要。

4.股权激励制度的有效性依赖于科学合理的股权激励方案设计，包括激励范围、行权条件以及行权价格等。

七、建议课堂计划

本案例可以用于专门的案例讨论。以下是按照时间进度提供的课堂计划建议，仅供参考：

整个案例课的课堂时间控制在80~90分钟。

1.课前计划：提出启发思考题，请学生在课前完成阅读和初步思考。建议学生在上课前阅读以下文献：

（1）王华兵，李小珍．股权激励方案设计中存在的问题和对策研究［J］．商业会计，2013（3）：34-36.

（2）余学斌，凌艳．上市公司管理层股权激励与绩效关系实证研究［J］．财会通讯，2011（35）：21-22.

（3）吕长江，严明珠，郑慧莲，等．为什么上市公司选择股权激励计划［J］．会计研究，2011（1）：68-75.

（4）吕长江，郑慧莲，严明珠，等.上市公司股权激励制度设计：是激励还是福利？［J］．管理世界，2009（9）：133-147+188.

（5）吴育辉，吴世农.企业高管自利行为及其影响因素研究——基于我国上市公司股权激励草案的证据［J］．管理世界，2010（5）：141-149.

2.课中计划：简要的课堂前言，明确主题（2~5分钟）；分组讨论（30分钟），告知发言要求；小组发言（每组5分钟，控制在30分钟之内）；引导全班进一步讨论，并进行归纳总结（15~20分钟）。

3.课后计划：如有必要，请学生采用报告形式给出更加具体的解决方案，包括具体的职责分工，为后续章节学习做铺垫。

思政园地

第3章

投资管理案例

财务管理案例

Cases in Financial Management

案例6

雅戈尔的多元化战略：沉与浮①

摘要

在企业的成长发展过程中，是否应多元化经营，一直是理论界和实务界热议的话题。本案例以雅戈尔集团股份有限公司多元化经营战略的实施为主线，对其实施多元化战略的时机、产业等方面进行探讨分析。本案例有助于学生思考企业实施多元化战略需要具备的条件以及多元化发展对企业经营的作用，同时对其他企业进行多元化经营具有借鉴意义。

关键词

多元化经营　多元化时机　核心竞争力

案例正文

一、引言

雅戈尔集团股份有限公司（股票代码为600177，以下简称“雅戈尔”）2016年度财务报告显示，其实现归属于上市公司股东的净利润为368 474.73万元，其中，品牌服装、地产开发和投资三大主要业务对净利润的贡献分别为14.11%、40.93%、44.96%，纺织、电力等板块亏损2 747.46万元。在资本市场不景气及房地产市场调控的情况下，地产开发和投资两大业务对公司净利润的贡献率达到85.89%，充分体现了多元化经营对公司整体业绩的重要性。

二、相关背景

雅戈尔的前身系成立于1979年的宁波青春服装厂，1993年3月经原宁波市国家经济体制改革委员会“甬体改（1993）28号”文批准，由宁波青春服装厂、鄞县石矸镇工业总公司、宁波盛达发展公司共同发起，以定向募集方式设立。公司实际控制人为李如成，主要经营品牌服装、地产开发和投资业务。截至2016年末，雅戈尔总股本为25.58亿元，资产总额为639.12亿元，纳入合并报表范围的公司达44家。

经过40多年的发展，雅戈尔逐步确立了以品牌服装、地产开发、投资业务三大产业为主体，多元并进、专业化发展的经营格局，成为拥有员工5万余人的大型集团公司。作为我国男装行业的龙头企业，雅戈尔在服装行业占据重要地位。雅戈尔是我

① 案例所用数据均来自该公司相关公告与公开资料。本案例只用于教学目的，不对企业的经营管理做出任何评判。

国第一代男装品牌的代表。此外，通过在地产开发和投资业务等方面的努力，雅戈尔在多元化发展的道路上收获颇丰。

对雅戈尔而言，品牌服装是基础业务，地产开发是成长业务，投资业务则是借力资本运作的财务润滑剂。三大产业相互融合，协同发展，对雅戈尔在激烈的市场竞争中顺利地成长发展起到了至关重要的作用。

三、多元化经营之路：沉与浮

（一）多元化经营概况

在雅戈尔的发展历程中，多元化经营贯穿企业成长的整个过程。1998年上市后，雅戈尔在服装产业依靠构建的垂直产业链整合产业链中的上中下游，优化资源配置，发挥协同经营的优势确立了在服装产业的领先地位。同时，其大力拓展经营领域，地产开发和投资业务相继成为公司新的利润增长点。雅戈尔1998—2016年度的营业收入、净利润变动情况见表3-1。

表3-1　雅戈尔历年营业收入及净利润变动情况　金额单位：万元

年　度	营业收入	营业收入增长率	净利润	净利润增长率
1998	78 587	—	13 498	—
1999	101 629	29.32%	19 376	43.55%
2000	143 774	41.47%	29 065	50.01%
2001	171 547	19.32%	34 717	19.45%
2002	247 120	44.05%	39 887	14.89%
2003	270 307	9.38%	40 018	0.33%
2004	415 521	53.72%	55 786	39.40%
2005	462 815	11.38%	56 479	1.24%
2006	597 566	29.12%	75 501	33.68%
2007	703 390	17.71%	247 571	227.90%
2008	1 078 054	53.27%	158 305	-36.06%
2009	1 227 862	13.90%	326 392	106.18%
2010	1 451 359	18.20%	267 217	-18.13%
2011	1 153 944	-20.49%	176 270	-34.03%
2012	1 073 250	-6.99%	159 860	-9.31%
2013	1 516 688	41.32%	135 960	-14.95%
2014	1 590 322	4.85%	316 242	132.60%
2015	1 452 739	-8.65%	437 150	38.23%
2016	1 489 500	2.53%	368 475	-15.71%

从表3-1可以看出，雅戈尔多元化经营呈现逐渐上升—急剧上升—急剧下降—缓慢下降的趋势。2007年，雅戈尔净利润比2006年猛增227.90%，这种爆发性增长得益于金融投资带来的巨额投资收益以及房地产业务的盈利。然而，当2008年宏观经济与股市同时下滑时，雅戈尔以品牌服装、地产开发和投资业务搭档的三驾马车同时遭遇危机。2008年，其净利润比2007年下降36.06%。经历了资本市场的大起大落以及房地产市场的宏观调控，2010年以来，雅戈尔调整投资步伐，增加服装投资，三大产业进入持续的调整期。2010年、2011年、2012年、2013年净利润同比分别下降18.13%、34.03%、9.31%、14.95%。2014年，其实现的归属于上市公司股东的净利润较2013年相比虽然增长132.60%，但是扣除非经常性损益后却同比下降43.66%。2015年，由于房地产市场形势有所好转，公司房地产开发业务实现净利润101 763.80万元，同比增长733.46%，使得归属于上市公司股东的净利润较2014年同比增长38.23%。2016年，其实现的归属于上市公司股东的净利润较2015年同比下降15.71%，这主要是由资本市场不景气，投资业务实现的净利润大幅度下降导致的，服装和地产板块实现的净利润还是增长的。

（二）纺织服装业务

纺织服装是雅戈尔的基础业务。1998年至2007年，雅戈尔多元化快速发展的一个重要标志是其推进了服装产业链的一体化进程。

■ 1.上游：棉花种植加工、纺纱、纺织城

2005年注册成立的新疆雅戈尔棉纺织有限公司是雅戈尔旗下的骨干企业和源头企业，是一家集棉花种植，棉纱线和棉纺织品生产、销售与出口的公司，公司位于我国著名的棉花产地——喀什。经过不断发展壮大，其纱线的总生产能力已达到31.2万精梳纺锭，在疆内的喀什市、泽普县、库尔勒市三地建有生产基地，在疆外设有山西忻州工厂和多个办事机构。2008年6月，其在喀什中亚南亚工业园内新建了新疆雅戈尔纺织工业园项目。除此之外，在伽师县投资了万亩棉田和5 000吨级棉花加工厂。

作为锻造核心竞争力的重要一环，雅戈尔纺织城于2003年顺利建成投产，成为国内高端纺织面料的生产基地。该纺织城是国内最先进的纺织基地之一，涉及色织、印染、针织等多个领域。

■ 2.中游：建设服装城

2001年10月，占地350亩的雅戈尔国际服装城全面竣工，集设计、生产、销售、展示、商务等于一体，被中国服装协会认定为国内最大的服装先进制造基地，具有年产衬衫1 000万件，西服200万套，休闲服、西裤等其他服饰共3 000万件的生产能力。

■ 3.下游：以自营专卖店和大卖场为重点

男装行业进入壁垒较低，并且服装产品的款式和品质极易被模仿，因此，服装的品牌和渠道就成为有效的竞争壁垒。雅戈尔早在1998年就开始在大中城市核心商圈购置或租赁自营店铺，重点布局核心稀缺渠道，并于2005年完成了对零售终端的初步调整，确立了品牌提升的核心，加强自营专卖店、发展大型重点商场专厅的主线，

采用规范特许经营的渠道战略，成为国内少数能够完整覆盖一、二线城市高端核心零售商圈的高级男装服饰品牌零售商之一。

从新疆的优质棉田到国内最先进的纺织、服装生产基地，以及遍布全国的营销网络，雅戈尔已构筑起以垂直产业链优势为基础的强大核心竞争力。通过垂直整合，雅戈尔在提升成本控制能力的同时，从源头起便有效掌控生产的质量管理，并通过上下游企业的协同，缩短了产品的开发周期。以“纺织—服装—零售”为一体的产业链架构有效地提升了雅戈尔服装的品牌附加值和市场竞争实力。

2008年1月8日，雅戈尔以1.2亿美元的价格完成了对国际男装企业新马集团的收购。雅戈尔由此获得了新马集团拥有的多个包括世界著名品牌在内的ODM业务、14家加工基地及设计中心和优秀的设计团队，新马集团与美国数十家大型百货公司的营销渠道及强大的物流配送体系也被其一并收归囊中，这些为雅戈尔全球产业布局和自主品牌出口奠定了基础。2010年，雅戈尔调整产业结构，降低了对纺织企业的持股比例，在降低经营风险、激发团队积极性的同时，培育了稳定的供应链，为雅戈尔品牌服装的面料研发、生产质量以及产品交期管理提供了有力支撑。2011年，雅戈尔继续优化服装产业结构，出售了新马服装国际有限公司股权，进一步缩减毛利率较低的出口代工业务，将设计、研发、生产、管理等各流程的资源更多地倾注至国内自营品牌，服装综合毛利率水平得到进一步提升。2011年，雅戈尔以全资子公司新马服装国际有限公司为主体，将主营服装生产和营销的14家控股子公司25%的股权以75 375.78万元作价收购。收购完成后，该14家公司成为雅戈尔全资子公司，雅戈尔品牌服装业务实现的净利润将不再剔除少数股东权益，这有利于其进一步挖掘发展潜力，提高品牌服装板块整体盈利水平。

最近几年，虽然零售业大环境低迷、团购市场紧缩、刚性成本费用上涨，服装行业面临的形势严峻，但是公司一直坚持不懈，多管齐下提升品牌形象，提高市场占有率。

雅戈尔纺织服装业务营业收入及毛利变动情况见表3-2。

从表3-2可以看出，2003年到2008年雅戈尔纺织服装业务营业收入逐年上升，从2003年的187 762.12万元持续增加至2008年的715 058.92万元，2008年比2007年同比增长53.27%，创历史新高。2008年以后受金融危机的影响，纺织服装行业营业收入增长率出现下降。

2009年，雅戈尔调整了服装产业的经营战略，确立了“从生产营销型企业向以品牌为核心的品牌企业转型”的重大战略转移。在原有品牌的基础上，推出了五大主导品牌，进行多品牌的运营。在2008年金融危机的大背景下，整个国际服装业消费萎缩，再加上国内需求不足，众多出口导向型的服装企业倒闭破产，而雅戈尔2009年纺织服装业务的营业收入依然达到了690 502.04万元，仅比2008年的715 058.92万元下滑3.43%，经过2010年、2011年两年时间的调整，雅戈尔在服装产业上逐步恢复增长。

2012年，面对国内产能过剩和消费需求增长放缓的市场形势，雅戈尔提出打造“时尚雅戈尔、科技雅戈尔、文化雅戈尔”的战略目标，坚持稳步提升品牌整体形象

表3-2　　**雅戈尔纺织服装业务营业收入及毛利变动情况**　　金额单位：万元

年　度	营业收入	毛　利	营业收入增长率	毛利增长率
2003	187 762.12	69 115.52	5.31%	−16.93%
2004	221 899.27	85 795.67	18.18%	24.13%
2005	291 092.57	108 369.22	31.18%	26.31%
2006	366 923.72	134 491.93	26.05%	24.11%
2007	466 528.63	170 525.44	27.15%	26.79%
2008	715 058.92	222 290.83	53.27%	30.36%
2009	690 502.04	238 524.09	−3.43%	7.30%
2010	751 200.79	259 131.82	8.79%	8.64%
2011	774 502.88	300 560.06	3.10%	15.99%
2012	543 543.84	293 111.06	−29.82%	−2.48%
2013	515 331.38	289 163.67	−5.19%	−1.35%
2014	463 769.43	294 522.57	−10.01%	1.85%
2015	458 624.03	280 615.47	−1.11%	−4.72%
2016	457 695.96	278 508.61	−0.20%	−0.75%

的方针不动摇，通过深化产品协同开发、加大销售渠道投入，来细化市场营销工作。由于服装业务结构调整、转型升级取得显著成效，其剥离了部分微利的代工出口业务并缩减了纺织加工业务。但转让新马服装国际有限公司股权导致合并范围发生变动，致使营业收入减少189 781.71万元。表面上看，其营业收入大幅度降低。然而剔除业务调整和合并范围变动两大因素，2012年雅戈尔品牌服装业务实现营业收入408 316.45万元，净利润81 847.82万元，其实没有下降，反而分别较2011年同期增长11.37%和18.47%。

自2011年起，国内服装行业处于经济转型和消费变革的大背景下，行业总体增速与消费指数保持一致——逐年放缓。市场消费缓慢增长的背后，一方面体现出渠道的差异化和分化，另一方面，则蕴藏着巨大的个性化、时尚化和性价比需求的总体提升，这为整个服装产业的设计研发、文化创意、技术革新提供了广阔的发展空间，也为服装行业发展进入全新的发展期提供了有力支撑。未来，服装行业的机遇、红利、挑战将与压力并存。

（三）地产业务

1.涉足地产业务的背景

纺织服装虽然每年为雅戈尔带来了数亿元净利润，然而真正支撑起这一“成绩”

的是供职于雅戈尔的数千名生产人员和超过1万名的销售人员。“做裤子做衣服赚钱太不容易了”，一位浙江老板曾在媒体上如此点评雅戈尔和李如成，他理解李如成“想赚快钱”的心情。如果单纯依靠服装板块，很难将公司做大，所以处于微利行业的纺织服装企业普遍存在着难以抑制的对利润丰厚的地产行业的投资冲动。正是在这样的背景下，雅戈尔才发力地产开发业务。

■ 2.地产业务发展历程及对公司业绩的贡献

雅戈尔置业股份有限公司（简称“雅戈尔置业”）是雅戈尔旗下的专业地产公司。成立于1992年的雅戈尔置业，一直以来充当着雅戈尔叱咤地产行业的关键棋子。1998年雅戈尔上市时，处于地产低潮期的雅戈尔置业由于不具备上市价值，相关资产被剥离。1999年，雅戈尔借厂房搬迁的机会，在原厂区重新启动地产项目。当时宁波地产业逐渐升温，依靠原有的廉价土地储备，雅戈尔在地产领域掘到了第一桶金。

2000年，借助“与当地政府的良好关系”，雅戈尔在宁波开发了海怡花园、东海花园、海景花园等高档小区。其中，海景花园还被冠以“宁波地标性建筑”“顶级豪宅”的盛名。有数据称，雅戈尔置业在宁波主城区的市场占有率达到了20%左右。如此高的份额足以使其成为宁波地产界公认的“老大”。2002年，雅戈尔收购雅戈尔置业，为雅戈尔开拓了新的利润增长点。2004年的雅戈尔地产业务实现营业收入158 858.81万元，占雅戈尔当年实现营业收入总额的38.23%。从此，地产业务成为雅戈尔的主业之一。

2007年，资本市场迎来从未有过的大牛市，房地产市场同样节节攀升。受益于金融投资获得的巨大收益，手握巨量资金的雅戈尔在多元化道路上走得更加豪迈。2007年7月，雅戈尔在杭州以高出起拍价8亿元、楼面价15 719元/平方米的价格创下了杭州土地拍卖的天价，再一次成了“地王”。2008年2月，雅戈尔以97 972.28万元的价格竞得宁波北郊路以西地块，以楼面地价13 102元/平方米获得宁波新“地王”称号。2008年下半年，受金融危机影响，房地产市场一度低迷，前期为雅戈尔赢得“地王”称号的高价土地均处于被套状态。在当时的市场情况下，周边的房价已经低于雅戈尔的楼面价，无论如何都无法进行开发建设。雅戈尔地产业务一时陷入困境。

在这种情况下，雅戈尔调整了地产的开发和销售节奏，控制开发风险。2009年，雅戈尔投资17亿元增资雅戈尔置业，重整旗下地产、旅游、酒店、物业的战略资源和股权结构，通过调整组织架构，理顺了公司治理结构，内部控制体系得到完善。整合后的雅戈尔置业净资产近50亿元，总资产超过200亿元，年房地产开发量超百万平方米，具备了一个专业化大型房地产集团的规模架构，为雅戈尔地产业务的持续成长奠定了基础。2009年，雅戈尔地产业务取得了51.96亿元的营业收入，净利润达11.91亿元，而同期营业收入69.05亿元的纺织服装板块，净利润仅为4.45亿元。创造4.45亿元纺织服装净利润的，是雅戈尔旗下几万名纺织服装职工；而雅戈尔地产团队仅有三四百人。

2010年，受2009年积极的财政政策和宽松的货币政策的刺激，全国房地产市场价格一路走高。前期高价获得的土地储备此时为雅戈尔地产业务的高速发展提供了充足的资源。2010年，雅戈尔地产业务累计实现预售订购金额118.55亿元，较上年同期增长65.55%，全年地产开发业务实现营业收入685 291.39万元，较上年同期增长31.90%（见表3-3），创建了雅戈尔在地产业务发展道路上的新的里程碑。2010年，雅戈尔竞价获得上海普陀区长风生态商务区8号东地块，使其成功进入上海房地产市场，标志着雅戈尔长三角战略布局有了制高点。至此，雅戈尔已完成“立足宁波、提升苏州、巩固杭州、出击上海”的既定战略，初步完成了长三角战略布局。

表3-3　**雅戈尔地产业务营业收入及毛利情况**　金额单位：万元

年　度	营业收入	毛　利	营业收入增长率	毛利增长率
2003	60 583.68	24 918.52	13.56%	36.42%
2004	158 858.81	55 356.83	162.21%	122.15%
2005	133 069.95	56 934.75	-16.23%	2.85%
2006	192 685.45	74 674.28	44.80%	31.16%
2007	218 508.88	77 829.93	13.40%	4.23%
2008	346 633.32	163 646.63	58.64%	110.26%
2009	519 545.03	231 416.06	49.88%	41.41%
2010	685 291.39	226 995.16	31.90%	-1.91%
2011	363 630.46	154 093.86	-46.94%	-32.12%
2012	515 774.91	232 760.92	41.84%	51.05%
2013	986 544.33	413 821.01	91.27%	77.79%
2014	1 111 376.57	328 468.89	12.65%	-20.63%
2015	980 652.06	267 048.08	-11.76%	-18.70%
2016	1 026 517.80	342 600.78	4.68%	28.29%

（四）投资业务

1.涉足投资业务的背景

做地产比做服装赚钱快，比做地产赚钱更快的是遇上好行情的投资业务，李如成曾表示，“投资一下子就能赚在制造业努力30年所能赚的钱”。资本市场上，雅戈尔一度享有“炒股王”“认购王”等称号。

1998年雅戈尔上市后，募集的资金加上纺织服装业带来的持续现金流，使其急需寻找新的投资项目。20世纪90年代后期，国有企业改革不断深化，对于竞争性行业，国家积极推行“国退民进”政策，雅戈尔就是在国有企业改革这样的大背景下，参股了宁波当地的国有企业广博股份和宜科科技以及宁波市商业银行。由于对金融证券业的兴趣，加上考虑到中信证券有着良好的股东背景，1999年，雅戈尔以3.2亿元认购2亿股中信证券股份，股改后持有18 367万股，成为中信证券第二大股东。雅戈尔从此踏上投资业务的征程。

■ 2.投资业务发展历程及对公司业绩的贡献

2006年，A股市场从1 000多点开始一路走高，2007年沪市大盘一举冲高到6 124.04点。雅戈尔以前的股权投资，此时展露出令人惊羡的表现。2007年1月10日，广博股份登陆深圳中小板，雅戈尔是其第二大股东，持有2 838.80万股，占其总股本的14.95%。2008年1月10日，广博股份股价达到19.30元的最高点，雅戈尔的持股成本仅为每股1.52元。2007年7月19日，宁波银行挂牌上市，雅戈尔持有1.79亿股，占其总股本的7.16%，上市后宁波银行股价一路走高，最高时达到32.16元，而雅戈尔投资成本不过每股1.01元。

中信证券更是雅戈尔投资业务的代表，雅戈尔持股成本为每股1.7元，总投资不过3.2亿元，2007年10月，中信证券股价最高曾升到令人咋舌的117.89元，账面浮盈近65倍。2007年开始，雅戈尔不断减持中信证券，截至2012年末，雅戈尔通过减持中信证券共套现将近80亿元，较原始成本3.2亿元，其投资回报达到25倍。

在尝到股权投资甜头之后，2007年，雅戈尔成立两家全资子公司，专门负责创业投资、股权投资业务。其中一家是宁波雅戈尔创业投资有限公司，投资对象主要是一些有上市计划的公司；另一家为上海雅戈尔投资有限公司，主要从事股权投资、项目投资、投资咨询等投资相关业务，并加大投资人才引进力度，初步构建了雅戈尔投资产业的专业平台。

2008年，金融危机席卷全球，消费需求紧缩，外贸出口大幅下滑，股市大跌，房地产市场又遭遇宏观调控，中国市场一时风声鹤唳。雅戈尔构建的纺织服装、地产和产业投资业务相搭档的三驾马车，同时遭遇危机。急行在多元化道路上的雅戈尔迎来了艰难的时刻。前期投资的金马股份、海通证券股价一路下滑，相继跌出历史最低价，之前参股的中信证券、宁波银行、宜科科技等上市公司的股价也不断下滑，股权投资账面资产总额大幅缩水。据2008年年报显示，2008年雅戈尔资产减值损失金额比上年增加138 586万元，增加比例为6 254.33%，其中由于雅戈尔持有的海通证券和金马股份的股价持续下跌，计提资产减值损失131 698万元，占当年资产减值损失总额的93.53%。正在多元化道路上急行的雅戈尔不得不稳下脚步，调整自己的投资节奏和经营战略。

2008年，由雅戈尔控股公司——宁波盛达发展，发起成立上海凯石投资管理有限公司，法人代表是李如成，管理团队由原富国基金的副总裁陈继武等一批投资业内人士构成，其为雅戈尔提供专业化投资咨询服务，负责雅戈尔百亿股权投资项目的运作。这一举措为雅戈尔投资领域专业化发展打下坚实基础。

2009年，国内经济企稳复苏，资本市场逐渐回暖。雅戈尔以参与定向增发和PE投资为重点，参与了9家上市公司的定向增发投资，截至2009年末，其股权投资全部实现浮盈（见表3-4）。2009年，雅戈尔股权投资业务实现净利润162 530.97万元，较上年同期增长404.71%。

表3-4　　**2009年雅戈尔持有可供出售金融资产情况**　　金额单位：万元

序　号	代　码	简　称	股数（万股）	投资成本	期末市值
1	600030	中信证券	11 000.00	9 435.37	349 470.00
2	002142	宁波银行	17 900.00	18 155.00	313 071.00
3	601328	交通银行	70.54	84.94	659.54
4	002103	广博股份	3 264.62	983.20	32 352.38
5	000980	金马股份	2 340.00	16 380.00	16 871.40
6	600837	海通证券	1 000.00	17 940.00	19 190.00
7	600522	中天科技	900.00	7 740.00	22 293.00
8	600376	首开股份	4 290.00	59 888.40	84 427.20
9	002123	荣信股份	600.00	16 248.00	22 620.00
10	600408	安泰集团	2 000.00	13 000.00	17 020.00
11	600000	浦发银行	10 602.77	175 900.00	229 974.14
12	002177	御银股份	1 000.00	12 000.00	15 490.00
13	600875	东方电气	1 200.00	50 484.00	54 108.00
14	002024	苏宁电器	4 000.00	68 800.00	83 120.00
合　计				467 038.91	1 260 666.66

2011年，中国资本市场经历了较大的动荡，雅戈尔依然以定向增发作为主要投资方式，先后投资272 497.70万元参与了广百股份、海正药业、海利得、兴蓉投资、生益科技、精功科技、云天化、圣农发展、东方锆业、新疆众和、中金黄金、华新水泥和山煤国际等13家上市公司的定向增发。截至2011年末，雅戈尔持有的可供出售金融资产，以期末收盘价×持有股数计算，市值为942 080.82万元，浮盈112 463.02万元。同时以PE投资方式，追加投资22 500万元受让银联商务有限公司1 500万股股权，股权转让完成后，雅戈尔持有银联商务有限公司5.05%的股权。2011年，公司采用定向增发和PE投资方式累计投资294 997.70万元，较2010年的534 233.21万元减少239 235.51万元，下降44.78%。2011年，其金融投资业务实现净利润48 698.22万元，较2010年的124 541.29万元下降60.90%。

2012年，雅戈尔对投资板块进行了重新的梳理，完成了由金融投资向产业投资过渡的战略转型。雅戈尔对金融投资业务遵循“调整结构、控制规模”的基本思路，仅出资5 000万元参与投资中信夹层（上海）投资中心（有限合伙），又出资82 950万元受让山东金正大生态工程有限公司10.71%的股权；拟出资30亿元认购北京国联能源产业投资基金（有限合伙）30%的出资份额（截至2012年期末，已根据分期出资的安排投入18亿元），间接参与该基金与全国社保、宝钢集团等共同投资的中石油西气东输三线管道项目，从而有利于公司实现稳健、长远的收益。雅戈尔权衡现有投资项目的效益和前景，出售了部分亏损项目，并选择性地保留了部分较为优质的资产，投资板块产生亏损23 074.64万元。截至2012年末，雅戈尔持有可供出售金融资产的投资成本合计633 326.52万元，以期末收盘价×持有股数计算的期末市值为843 184.79万元，浮盈较年初增加97 395.25万元。

2014年，雅戈尔变更了对宁波银行的会计核算方法，对金融资产进行了结构调整，加大对产业投资和战略投资的布局，实现净利润242 486.24万元，较上年同期增加291 425.97万元。遵循2012年确定的"调整结构、控制规模"的思路，根据市场情况以及资金情况，对持有的可供出售金融资产进行了结构调整，产生投资收益148 058.87万元。其投资610 332.25万元布局产业投资，其中：投资47 270.40万元持有汉麻产业78 454 576股股份，持股比例为30.08%；投资239 599.30万元持有宁波银行355 182 621股股份，持股比例为10.93%；投资300 000万元认购北京国联能源产业投资基金（有限合伙），参与中石油的西气东输三线管道项目。

雅戈尔自1993年开始介入投资领域，2012年起"由金融投资向产业投资转型"，其投资业务主要分为战略产业投资和财务投资。战略产业投资方面，公司重点布局大健康、大金融、综合性集团等领域，持续完善战略布局，打造金融控股平台。财务投资方面，其主要关注成长性较好的企业。2015年，雅戈尔与中信股份签署《战略合作协议》《认购协议》，认购中信股份新股并从二级市场购入中信股份；同时，减持中国平安、浦发银行、金正大等股份，产生投资收益230 586.25万元，较2014年同期增加82 527.38万元，增幅为55.74%。

四、结尾

曾有种说法，看雅戈尔的年报，期初以为它是一家投资公司，后来觉得它是地产公司，最后发现它是做服装的。雅戈尔常被引作国内企业"不务正业"的典型。2011年，李如成回应"不务正业"的说法称，只要是适合企业的业务，都是可以做的，"服装、地产和投资三个领域，我都很喜欢，都是坚持要做的"。按照他的说法，雅戈尔是以草船借箭的方式，通过地产和资本市场的盈利，来反哺服装产业。李如成曾说，如果不做地产和投资，仅靠品牌服装，雅戈尔就不可能有200多亿元的净资产。赶上好的年份，"三驾马车"齐头并进、互相牵引，确实不失为理想的模式。但有的年份，比如2011年，其中的两驾马车——地产和投资双双"被套"，也是很痛苦的。

纵观雅戈尔的发展历程，可谓是"实业优而转投资"的一个典型。多年前，李如成的一句话见诸媒体，"做任何投资，要根据中国经济发展的方向去把握"。彼时，李如成指挥下的雅戈尔，正在忙于拿地和炒股。在恰当的时机寻求多元化发展是许多企业跃跃欲试的，其优点是不仅能够分散投资风险，而且在市场“给力”的时候能够加速企业发展壮大，但过度多元化经营势必会影响到其主业，尤其是在市场形势不佳时。雅戈尔历年来的经营业绩特别是每年实现的净利润呈现出上下“沉浮”的特点，就是证明。

案例使用说明

一、教学目的

本案例的教学目的是使学生了解公司多元化经营需要具备的条件，多元化的时机和产业选择，理解多元化经营的动机，总结多元化经营的成效。

二、启发思考题

1.说明雅戈尔多元化经营业绩波动的特点，分析其主要原因。

2.阐述雅戈尔多元化经营战略的动机。

3.通过与同城同行业企业——杉杉股份（股票代码：600884）的比较，总结雅戈尔多元化经营的成效。

4.雅戈尔多元化经营之路对其他企业有哪些可借鉴之处？

三、分析思路

教师可以根据自己的教学目标（目的）来灵活使用本案例。这里简要给出本案例的分析思路，仅供参考。

1.雅戈尔多元化经营业绩波动情况表明，其经营业绩与宏观经济状况密切相关，其产业的周期性较强。其主要原因是公司选择了与经济周期密切相关的地产业务、投资业务作为多元化经营的产业。

2.雅戈尔多元化经营的主要动机是：提升企业主营业务核心竞争力的同时，培育新的利润增长点，分散经营风险，并获取不同产业间的财务协同效应。

3.分析比较近10年雅戈尔与杉杉股份的盈利能力指标，如综合毛利率、净资产收益率、每股收益等，总结雅戈尔多元化经营的成效。

4.雅戈尔多元化经营成功的经验表明，企业多元化经营必须以巩固主业为基础，围绕提高企业核心竞争能力展开；在多元化发展的道路上必须抓准时机，看准行业。

四、核心概念与理论依据分析[①]

（一）核心概念

1.多元化经营

多元化经营是企业采取的在多个相关或不相关产业领域中扩大规模、获取市场、创造效益的长期经营方针和思路。根据企业多元化所进入的新经营领域与原有经营领域在产业链中的相互关系，可以将企业多元化划分为四种基本类型：

（1）横向多元化，即企业将经营领域扩展到与原有产品存在较高竞争（替代）关系的同类产品领域，如饼干的生产商进入蛋糕生产领域。

（2）纵向多元化，即企业进入所从事的生产经营活动或产品的上游产业或下游产业领域，也可以说新的生产领域与原有生产领域之间存在互补性，如云南红塔集团从烟草制造业扩展到烟草原料的种植和加工业。

（3）相关多元化，即企业的某项活动会对社会产生一定的外部效应，按照外部效应的方向可以分为正向外部性和负向外部性。通常情况下，当发生正向外部性时，企业会自觉地进入受影响的领域从而将这种外部性内部化；当发生负向外部性时，企业会在政府规制的压力下进入其他领域。如化工企业由于排放污染物对环境造成了污染，在政府的压力下，该企业对污染物进行回收和循环处理，从而进入了环保产业领域。

（4）无关多元化，即企业进入与原有经营领域基本不相关的新领域，如三九药业集团进入旅游和房地产业。

2.核心竞争力

所谓核心竞争力，是指企业独具的、支撑企业可持续性竞争优势的核心能力。它是由美国的管理学家普拉哈拉德和甘瑞·哈默于1990年在《哈佛商业评论》上提出的。核心竞争力具有价值性、独特性、延展性等特点。它是一种基础性的能力，是一个坚实的“平台”，是企业其他各种能力的统领。它保证了企业多元化发展战略的成功。普拉哈拉德和甘瑞·哈默曾指出，一个实施多元化经营的企业就像一棵大树，树干和主枝是核心产品，分枝是业务单元，树叶、果实是最终产品；提供养分、维系生命的树根是核心竞争力。它与企业的一般竞争力不同，如营销竞争力、研发竞争力、理财竞争力、产品竞争力等。一般竞争力只是企业某一方面的竞争力。而企业核心竞争力却是处在核心地位的、影响全局的一种竞争能力，它能够给企业多元化经营战略的实施以全面的支持。

---

① 理论分析部分参考文献：[1] 钱文潮. 关于企业多元化战略的选择 [J]. 上海企业，2007（7）. [2] 田圣炳. 多元化经营与企业核心竞争力 [J]. 江苏商论，2003（2）.

（二）核心竞争力与多元化经营的关系

■ 1.核心竞争力是企业多元化战略的基础与灵魂

企业核心竞争力是企业长期形成的、蕴涵于企业内质中的、独具的，使企业获得持久的竞争优势并使企业长期取得竞争主动权的核心能力。稳定而且具有相当大竞争优势的核心业务，是企业利润的主要来源和企业生存的基础，企业应该通过保持和扩大自己所熟悉与擅长的主营业务，尽力提高市场占有率以求规模经济最大化，把增强核心竞争力作为第一目标，在做大做强主营业务的前提下，实行多元化。企业一旦形成了核心竞争力，就可能在某个领域建立起与众不同的竞争优势，同时通过管理创新和技术创新将其扩散到不同的产业。

■ 2.多元化经营是企业维持与发展核心竞争力，保持持续竞争优势的一个重要手段

由于核心竞争力具有延展性的特点，其可以为公司进入多元化市场提供基础。同时，如果公司始终专注于专业化生产或服务，那么它就只能在单一产品市场取得优势，并且由于产品生命周期等因素的影响其优势无法持久，核心竞争力的持续发展就面临枯竭的危险。因此，围绕公司核心竞争力进行适当的多元化拓展，是维持与发展公司核心竞争力，保持公司长期竞争优势的重要渠道。另外，公司的核心竞争力是公司最重要的资产，并且具有极强的发散性。专业化生产固然能巩固现有产品的竞争地位，但是也会造成对这一宝贵资源的极大浪费。只有通过适当的多元化经营，才能发挥公司核心竞争力的最大效益，实现公司长期利润最大化。

■ 3.企业的多元化经营并不是越多越好，而应有一个极限

即使企业围绕其核心竞争力进行有序扩展，业务类型也不是越多越好，而存在一个极限，应从企业自身的资源和能力的角度，科学判断企业多元化经营的“适度”水平。理论上，经济学上的范围经济效应并不是无止境的，而是存在一个临界点。在企业开始进行多元化经营时，企业取得的范围经济效应可能比较大。但是随着企业业务类型的扩展，其范围经济效应可能逐渐降低。当企业的业务类型扩展到一定程度时，范围经济效应可能趋于零，此时再增加业务数量就可能产生范围不经济效应。这种情况的出现可能是由于业务数量扩展存在边际收益递减规律，因此，即使企业是基于公司的核心竞争力进行多元化经营，在一定的时点上也应有一个限度，不能无限制地扩张。当企业进行多元化经营，增加的交易成本等于多元化经营所取得的范围经济收益时，企业的多元化扩张就到了临界点。

（三）多元化经营对企业价值的正面促进效应

企业的多元化主要是通过以下机制来增加企业的价值：

（1）协同效应。协同效应是两个事物有机地结合在一起，发挥出“1+1>2”的联合效果。这种协同效应的产生以及其效果的好坏取决于各业务部门之间的战略关联。战略关联有三种基本形式：

第一种，有形关联。当“由于共同的客户、渠道、技术和其他因素的存在而使企业相关业务单元之间的价值链有可能共享时，有形关联即由此产生”，常见的有形关

联主要表现为先后生产技术上的关联。

第二种，无形关联。无形关联主要指不同价值链上的各种活动之间建立在一些无形的技能和资产基础之上的战略关联。

第三种，竞争对手关联。竞争对手建立了不同业务单位之间的关联而使本企业不得不在不同业务领域之间建立的关联，就是竞争对手关联。正是由于新的业务领域与原有的业务领域之间存在着一定的战略关联，因而也就存在着资源的共享性，其能起到相互促进作用，产生协同效应。主要的协同效应表现为：生产协同、技术协同、知识协同、管理协同等。

（2）范围经济。多元化之所以能够增加企业的价值，在于其能带来范围经济。范围经济是指由于企业经营范围扩大而带来的经济性。在经济学中，用公式衡量范围经济的大小，即由于特定投入都有一定的最小规模（不可分性），而这种投入在生产一种产品时可能未得到充分利用，生产两种或两种以上产品时，就能够使这种投入的成本在不同的产品间分摊，于是使单位成本降低，产生范围经济。范围经济的存在基于两种资源：有形资源和无形资源。前者用于共同的生产，后者则可以较低的成本在不同的产品或业务之间转移。范围经济之所以存在，本质上在于企业对自身“剩余”资源的利用。企业的这种剩余资源并不一定是指资源的绝对闲置，在多数情况下，可能是指一种相对剩余的资源，是指企业所拥有的或企业所能控制或能利用的尚未充分利用的资源。

一般来说，在实际经营中，每个企业甚至是每种产品都有自身的价值链，都要有生产经营、生产后勤、市场营销、服务等基本活动链条，也需要企业采购、技术开发、人力资源管理、企业基础设施等支持性链条。对单一产品生产的专业化企业来说，由于种种原因其价值链上的很多环节，如技术、人力资源、营销渠道、服务等极有可能在未充分利用的情况下产生一定的剩余资源，从而影响到企业经营的效率与效益。在这种情况下，如果企业适时采取多元化经营战略，共享企业的剩余资源，提高资源利用率，降低单位产品的成本，就可以提高企业的市场竞争力。

（3）交易内部化。即使范围经济不存在，企业也可能因为剩余资源的外部交易费用过高而多元化，建立内部市场，从而使交易内部化。许多大规模企业进一步发展和扩大内部资本市场，使其不仅成为降低融资成本的措施，而且成为一个重要的利润来源。

（4）强化垄断地位。有时候，企业进行纵向一体化和横向一体化并不是出于协同效应的考虑，而是为了实现企业在某一市场中的垄断地位，增强企业的市场力量。当企业在市场上拥有较强的市场地位时，企业就可以采取策略性行为，如掠夺性定价、签订排他协议等，击垮竞争对手，获取竞争优势。当然企业进行多元化经营时，也会带来一定的成本，包括解决管理冲突的成本、克服进入壁垒的成本、管理跨度增大而增加的成本，以及新行业风险管理所带来的成本等。总之，企业在进行多元化战略选择时，要在多元化战略的收益与成本之间进行权衡。当收益大于成本时，企业可以实施多元化战略；当收益小于成本时，则放弃多元化战略。

（四）多元化经营对企业价值的负面影响效应

多元化经营程度过高时，可能会对企业价值产生负面影响，具体表现在以下几个方面：

（1）行业进出风险。由于贸易壁垒的存在，在进入某些市场时需要考虑多个因素。需要注意行业的选择，进入后还要不断注入资金和资源，根据行业竞争态势不断调整经营策略，并为可能预见的退出设计一个良好渠道。当行业壁垒过高时，显然多元化经营并不一定会提高企业价值，反而可能会有负效应。

（2）资源分散风险。进行多元化意味着公司的资金和资源会从原有的产业中剥离一部分，会对企业的核心业务产生一定的影响。当资源过于分散时，企业的原有业务会迅速削弱，使企业失去竞争力，从而对企业价值产生影响。

（3）财务、效率风险。多元化经营的保险组合效应虽然能够降低经营风险，但跨行业补贴同样有可能降低企业的整体竞争实力和盈利效率，增加效率风险。同时，多元化经营需要大量资金，过于庞大的筹资容易增加负债比率，降低偿债能力，产生负效应。

五、背景信息

总结雅戈尔多元化战略，可以发现：（1）战略投资是企业投资的重要方向，以战略投资者身份投入那些准上市公司，只要方向对路、行业正确，是大有希望的，比如雅戈尔抓准时机进入中信证券。（2）多元化既是玫瑰，也是陷阱。把握时机和选择产业十分关键。雅戈尔在服装行业盈利水平大幅度下降之时，及时抓住房地产价格上涨机会，进军房地产业，对公司的快速发展起到了积极的作用，事实证明这一战略选择带来的企业经济效益也是十分显著的。（3）企业发展到一定规模后，顺应形势进行产业的整合、调整是必须的。雅戈尔没有墨守成规地只做服装行业，而是利用“退二进三”的机会，把新产业纳入上市公司业务之中，并进行大力培养，为整个公司的资源整合打下了良好的基础。

六、关键要点

1.多元化发展对企业经营有利有弊，关键在于企业自身如何实施多元化发展战略。

2.实施多元化发展，要根据宏观经济情况、产业的发展趋势以及企业的具体条件，包括财务状况、公司治理结构、内部资源、人才储备等方面，在正确的时机选择正确的产业，以形成并维持企业的核心竞争力。

3.全面理解多元化经营的理论要点以及理论在实践中的具体运用。

4.实施多元化战略要处理好不同的产业之间的发展关系，在主营业务和新进入的产业之间寻求一个平衡点，确保企业平稳健康发展，实现企业价值最大化。

5.企业实施多元化发展，必须形成核心竞争力。

七、建议课堂计划

本案例可以用于专门的案例讨论课。以下是按照时间进度提供的课堂计划建议，仅供参考：

本案例的课堂时间控制在60分钟。

1.课前计划：提出启发思考题，请学员在课前完成阅读和初步思考并分组讨论，告知发言要求，要求各小组将讨论意见做成讨论报告的形式（PPT格式）。

2.课中计划：简要的课堂前言，明确主次，说明本案例的讨论目的（2分钟）；小组发言（每小组6~8分钟，控制在40分钟）；引导全班进行进一步的讨论，并进行归纳总结（20分钟以内）。

3.课后计划：请学员根据全班的讨论意见，修改讨论报告，给出更加具体的分析报告，包括具体的职责分工，为后续章节内容的学习做好铺垫。

案例7

A公司的项目投资效果评价

摘要

新产品或新项目的开发是企业可持续发展的重要条件。如何根据企业自身的经营和财务特征选择合适的投资项目，是企业财务管理需要解决的重要课题。本案例描述了A公司准备开发的酒店投资项目和房地产项目的基本情况，面对诱人的市场前景、公司自身的资金状况，以及项目涉及的设备状况等信息，决策者必须做出抉择。本案例有助于学生正确地理解与运用投资效果评价理论。

关键词

投资项目评价　项目可行性分析

案例正文

一、引言

在信息时代，市场需求变化的节奏很快，企业生产的产品生命周期显著缩短。在原先的产品市场不断萎缩的情形下，企业必须及时进行产品升级和新产品或新业务的开发。由于新产品或新业务开发涉及企业的大量资本性支出，因此，新产品或新业务开发一旦失败将给企业的可持续发展带来严重威胁。如何根据企业自身的资金状况和经营特征选择适合企业发展的投资项目，是企业财务管理面临的最为重要的课题之一。本书选择的A公司是一家从事制造业的上市公司，在酒店投资项目和房地产开发项目之中，企业决策层必须做出选择。

二、相关背景

A公司是一家大型的制造业企业，目前的资金利用率较低，存在一定的闲置资金，而且公司的产品单一，有的产品销售高峰期已过，一旦市场方面出现问题或是出现价格竞争将严重影响企业的发展，公司董事会觉得这样下去不是办法，必须开发新项目。在公司总经理办公室的牵头下，投资管理部会同财务部、销售部、工程部、生产部、采购部、技术部等部门，筛选出下列两个投资项目。作为公司董事长，该如何选择？

三、主题内容

（一）酒店投资项目介绍

1.项目背景

A公司每年因业务往来招待客人的费用高达几百万元，而且存在一定的闲置资金，为了长远发展，其打算改变单一经营的模式，公司拟组建一家全资子公司——滨华大酒店，注册资本为5 000万元。

2.项目概述

（1）地理位置：江南大道与风情大道交会处往东500米的景江大厦。

（2）建设规模与目标：滨华大酒店以6 600元/平方米的价格购买景江大厦3 600平方米商务面积，将其改建为集餐饮、住宿、商务、娱乐等为一体的三星级宾馆，投资建设期为9个月。

（3）周围环境与设施：步行5分钟可达江南村等公交站，10分钟可至地铁一号线江滨站；距华宁超市、联苏电器购物中心等商业场所均几步之遥；毗邻江滨高教园区。

（4）人员配置见表3-5。

表3-5 **滨华大酒店人员配置表**

部　门	人数（人）	月平均工资（元）	年平均工资（元）
餐厅	52	1 200	748 800
理发	12	1 200	172 800
洗浴中心	38	800	364 800
客房	48	1 300	748 800
前台	9	1 400	151 200
商务中心	8	1 500	144 000
舞厅	6	1 200	86 400
管理	9	4 000	432 000
厨房	18	3 600	777 600
保安	12	800	115 200
合计	212	—	3 741 600

（5）项目的资金投入情况见表3-6。

表3-6　滨华大酒店投资预算表　单位：万元

项目	金额
房产总支出（30年，直线法计提折旧，无残值）	2 851.2
购买设备费（10年，直线法计提折旧，无残值）	900
装修费（10年，平均摊销）	960
筹办费（5年，平均摊销）	40
合计	4 751.2

（6）项目的效益情况见表3-7。

表3-7　滨华大酒店利润预算表　单位：万元

项目	未来年份				
	第1年	第2年	第3年	第4年	第5年
营业收入	7 010	7 010	7 010	7 010	7 010
付现成本	4 244.66	4 244.66	4 244.66	4 244.66	4 244.66
非付现成本	289.04	289.04	289.04	289.04	289.04
营业成本合计	4 533.7	4 533.7	4 533.7	4 533.7	4 533.7
利润总额	2 476.3	2 476.3	2 476.3	2 476.3	2 476.3
所得税	619.075	619.075	619.075	619.075	619.075
净利润	1 857.225	1 857.225	1 857.225	1 857.225	1 857.225

（7）项目开发优势。A公司自身的往来客户会成为酒店固定的客源。

3.项目财务指标要求

（1）年折现率为10%。

（2）项目预计的回收期<3年；会计报酬率>20%；净现值>0；现值指数>1；内含报酬率>20%。

（二）房地产开发项目介绍

1.项目背景

由于A公司存在一定的闲置资金，为了长远发展，其打算改变单一经营的模式，公司拟组建一家全资子公司——滨华房地产开发有限公司，注册资本为8 000万元。

A公司的最大股东——省国有资产投资控股有限公司，是经省人民政府批准成立的，被授权全面经营和管理全省国有资产。该大股东名下现有一块土地，面积8万平方米，如果A公司组建房地产开发公司，则其会将该块土地转让给A公司。

■ 2.项目概述

（1）项目名称：滨华·海景城。

（2）地块位置：经济开发区6号大街与沿江大道交会处往西500米左右。东邻珠江，北邻省内最大的高教园区，西边和南边已有交付的商业楼盘，未来有较好的发展前景。

（3）建设规模与目标：土地面积120亩，即8万平方米；容积率2.6；建筑面积20.8万平方米；开发周期5年；土地价格2 880万元，由大股东作为借款投入，年利率12%，借款期限5年，到期一次还本付息。

（4）周围环境与设施：快速路、沿江景观大道、地铁一号线，繁华市中心快速可达；社区的1 200平方米双层会所、近14 000平方米商业街、与项目一路之隔的规划中的4万平方米大型购物商场，可以满足各类生活、娱乐、购物需求。

幼儿园—小学—中学—大学，在家门口即可实现一站式教育。毗邻大学城，共有14所大学、18万名师生，打造开放式、资源共享的“新型学院派生活”；省重点高中，市政府规划配套的市重点初中、小学咫尺之遥，已批准建设18所幼儿园，教育配套设施齐全，为孩子提供优良的教育环境；高素质邻里，大学教师、新型白领、青年精英成为业主主体。

系该市目前唯一采用楼宇对讲联动IC卡系统的节能住宅小区。

主体建筑是高层江景房，总体规划是利用现代的简约元素，营造建筑与自然的整体和谐。居住环境不仅有碧水环绕，更有文脉演绎。文化配套设施从人文传统的角度为居住者提供了更为亲切的关怀。动静结合的社区景观，创造出以“音乐、休闲、健康”为主题的生活新模式，使生活更加轻松和自然。

人性化的设计、柔美的曲线、多方面功能的结合，构成了海湾泳池的魅力之源。成人池、儿童池相映成趣，“花果山”瀑布、游泳池、温泉、儿童游玩戏水廊、儿童游玩滑水道……让业主和家人在水中共享天伦之乐。闲暇时在游泳池水吧感受度假风情，别有情趣。

户型东南或正南朝向，大部分拥有江景视野。5米超大开间与5.6米挑高阳台，让生活空间变得大气从容。海湾会所区泳池景观延伸至碧水轩，媲美私家园林，生机盎然。

（5）项目财务情况见表3-8。

表3-8 **滨华·海景城投入、收入、现金净流量预算表** 单位：万元

项目	未来年份					
	基期	第1年	第2年	第3年	第4年	第5年
项目总收入	0	0	11 068.73	27 866.78	15 176.48	24 134.01
项目总投资	4 640.52	7 319.76	11 209.29	11 760.42	6 110.37	1 665.01
转让房产有关税金	0	0	608.78	3 032.67	2 334.71	13 668.06
现金净流量	−4 640.52	−7 319.76	−749.34	13 073.69	6 731.40	8 800.94

（6）项目开发优势。A公司的信誉；省国有资产投资控股公司的相关政策优势和充足的土地储备。

■ 3.项目市场分析

（1）项目所在的城市位于中国东南沿海，是中国东南地区重要的交通枢纽，是中国最大的经济圈——长江三角洲地区的第二大中心城市（省会城市，政治、经济、文化中心）。全市总面积1.66万平方千米，其中市区面积3 068平方千米。市区人口达409.5万人，总人口660.4万人，经济发达，经济总量居全国省会城市第二位，经济综合实力跻身全国大中城市前十位。

（2）项目所在的区是1993年经国务院批准设立的国家级开发区，行政管辖面积约104.7平方千米，目前建成84平方千米，辖区人口50万人。该开发区确立了建设“国际先进制造业基地、新世纪大学城、花园式生态型城市副中心”的三大目标，大力实施“工业兴区、科教强区、环境立区”战略，其已成为该市乃至该省发展现代工业、外向型经济和高教科研的重要基地。

（3）目标市场定位：外企、高新技术企业、金融证券业界白领人士；高校的教师以及工作人员；政府及事业单位中层以上管理干部；外来经商者等。

■ 4.项目财务指标要求

（1）年折现率为10%。

（2）项目预计的回收期<3年；会计报酬率>7%；净现值>0；现值指数>1；内含报酬率>20%。

案例使用说明

一、教学目的

本案例的教学目的在于帮助学生理解如何进行具体项目的机会选择，如何建立项目机会研究的正确思路、提高项目前期决策的水平。

二、启发思考题

1.如何判断和分析公司投资项目的国内外行业发展趋势？

2.公司投资项目可能有哪些风险？

3.计算投资项目的回收期、会计报酬率、净现值、现值指数和内含报酬率。

4.如果你是该公司的领导，你如何决策？

三、关键概念与理论依据分析

项目投资是企业通过购买固定资产、无形资产，直接投资于企业本身生产经营活动或企业外部投资项目的一种投资行为，它是一种直接性投资。

（一）项目投资的特点

■ 1.投资金额较大

投资金额一般在企业全部资产中所占比重较大，尤其是工业企业，固定资产作为生产的技术装备及物质技术基础，往往需要投入大量的资金。

■ 2.影响期限较长

项目投资一旦实施，很难改变用途，对企业的生产经营活动会产生持续、长久的影响。

■ 3.投资风险较大

投资一经完成，将长期地影响企业的生产和经营，而在较长的时期内，市场和企业的供、产、销、人、财、物等因素经常变化，不确定因素较多，投资风险较大。

（二）项目投资决策程序

项目投资决策的程序一般包括以下几个步骤：

■ 1.投资项目的提出

公司总体战略是项目投资战略规划的依据。根据公司投资战略对各投资机会加以初步分析，从所投资行业的成长性、竞争情况等进行分析。投资方向初步确定以后，在投资方案设计前，应进行广泛的信息分析与收集工作，从财务决策支持网络中调出并补充收集有关总市场规模，年度增长率，主要或潜在对手的产品质量、价格、市场规模等信息，分析自己的优劣势，选择合适的投资时间、投资规模、资金投放方式，制订出可行的投资方案。

■ 2.投资项目的论证

投资项目的论证主要涉及以下几项工作：

（1）对提出的投资项目进行分类，为分析评价做好准备；

（2）计算有关项目的预计收入和成本，预测投资项目的现金流量；

（3）运用各种投资评价指标，把各项投资按可行性的顺序进行排序；

（4）编制项目可行性分析报告。

项目正式立项后，由项目小组负责对项目进行可行性分析。通过对以下几个方面的评估确定项目的可行性：相关政策法规是否对该业务已有或有潜在的限制；行业前景与行业投资回报率；公司能否获取与行业成功要素相应的关键能力；公司是否能筹集项目投资所需资源。如项目不可行，应通报相关人员并解释原因；如项目可行，则应向董事会或项目管理委员会递交可行性分析报告。

如果董事会通过了投资项目的可行性分析报告，则投资管理部门应聘请顾问公司对投资项目的实施做出进一步论证，并开始投资项目的洽商，以确定其实际可行性。项目小组确认项目的可行性后，编制项目计划书提交总经理并可用于指导项目实施。

■ 3.投资项目的评估与决策

这一阶段主要是综合论证投资项目在技术上的先进性、可行性和经济上的合理性、盈利性，一般由企业的经营者组织项目所涉及的各方面专家来完成。其论证所形成的可行性分析报告是整个投资项目的基础，应确定建设方案，包括建设规模、建设依据、建设布局和建设进度等内容。项目评估一般是委托建设单位或投资单位以外的中介机构对可行性分析报告进行再评价，作为项目决策的最后依据。项目评估以后，将项目投资建议书报有关部门审议批准。

■ 4.投资项目实施与再评价

在投资项目的实施过程中和实施后都要对项目的效果进行评价，以检查项目是否按照原先的计划进行，是否取得了预期的经济效益，是否符合公司的总体战略和投资战略规划。在投资项目建成投产后，还要评价投资项目是否实现了预期目标。

（三）项目投资决策参数的估计

在项目投资决策中，与其相关的基本参数有两个：现金流量和贴现率。

■ 1.现金流量

在投资决策中，现金流量是对投资项目引起的现金流入量和现金流出量的总称。投资项目在一定时期内（通常是年）的现金流入量和现金流出量的差额称为净现金流量。为了便于方案的评价，通常把投资项目整个时期的现金流量划分为三个部分，即初始现金流量、营业现金流量和终结现金流量。

（1）初始现金流量，即在项目投资期发生的现金流量，一般包括固定资产的投资、流动资金的垫支额、无形资产的投资和其他投资等。

（2）营业现金流量，是指在整个生产寿命期内正常生产经营活动产生的现金流量，包括营业收入、付现成本和税金等。

（3）终结现金流量，是指投资项目生产寿命期结束时发生的现金流量，包括固定资产的变价净收入等。

估计投资方案现金流量会涉及很多变量，并且需要企业有关部门的参与。财务人员的主要任务是：为销售、生产等部门的预测建立共同的基本假设条件，如物价水平、贴现率、可供资源的限制条件等；协调参与预测工作的各部门人员，使之能相互衔接与配合；防止预测者因个人偏好或部门利益而高估或低估收入和成本。

在确定投资方案相关的现金流量时，应遵循的基本原则是：只有增量现金流量才是与项目相关的现金流量。为了正确计算投资方案的增量现金流量，需要正确判断哪些支出会引起企业总现金流量的变动，哪些支出不会引起企业总现金流量的变动。在进行这种判断时，要注意以下问题：区分相关成本和非相关成本；不要忽视机会成本；要考虑投资方案对公司其他部门的影响以及对净营运资金的影响。

■ 2.贴现率

贴现率是项目投资者要求的最低报酬率。通常贴现率的确定方法有三种：以企业加权平均资本成本作为项目贴现率、资本资产定价模型法以及数理统计法。

四、分析思路

教师可以根据自己的教学目标（目的）灵活使用本案例。这里简要给出本案例思考题的分析思路，仅供参考。

1. 引导学生分析判断投资项目所涉及的行业背景和发展趋势，可以利用网络收集投资项目所涉及的酒店行业和房地产行业的背景资料，分析这两个行业的国内外市场前景、竞争状况、发展趋势等。

2. 从外部发展环境、投资方情况、项目建设情况、投资状况及回收的可能性、土地及资源的消耗、对本企业发展的影响等方面分析项目的风险。

3. 指导学生准确测算投资项目的现金流量，包括初始现金流量、营业现金流量和终结现金流量，并运用回收期、会计报酬率、净现值、现值指数和内含报酬率评价方法对项目进行量化评价。

4. 指导学生运用项目投资可行性分析的基本程序进行层层分析，包括该公司是在何背景下提出投资项目的，公司对投资项目是怎样评估和论证的，引导学生对投资项目做出较为客观、正确的决策。

五、关键要点

1. 项目的机会选择处于项目可行性论证前的时间段内，此时不可能所有的信息都非常清楚，因此，要求学生在信息不完备的情况下进行正确的分析和判断，并做出决策。

2. 项目机会选择要考虑的因素很多，需要引导学生找到切入点，使其学会分层分析问题，即先得出分项结论，再得出综合性的结论。

3. 要求学生学会按照项目投资决策程序进行层层分析评估，重点掌握项目投资决策财务评估涉及的现金流量和贴现率两个参数，以及评估决策回收期法、会计报酬率法、净现值法、现值指数法和内含报酬率法。

六、建议课堂计划

本案例可以用于专门的案例讨论课。以下是按照时间进度提供的课堂计划建议，仅供参考：

整个案例课的课堂时间控制在80~90分钟。

1. 课前计划：把案例背景和启发思考题至少提前一周分发给学生，请学生在课前完成阅读和初步思考。

2. 课中计划：简要的课堂前言，明确主题（2~5分钟）；分组讨论（30分钟），告知发言要求；小组发言（每组5分钟，控制在30分钟内）；引导全班进一步讨论，并进行归纳总结（15~20分钟）。

3.课后计划：请各小组采用报告形式将讨论的结果整理出来，鼓励学生在整理的过程中进行创新性的思考，提出自己的观点和处理建议。

案例8

巴菲特的投资思想

摘要

股神巴菲特以其独特的价值投资思想闻名于全球资本市场，更以其骄人的投资业绩跻身全球顶级富豪榜。本案例首先介绍了巴菲特的投资历程，然后比较全面地概括了巴菲特的投资策略、投资精髓、选择股票的标准和主要依据以及给投资者的投资忠告。本案例有助于学生较好理解证券投资的理论与实践，使其掌握价值投资思想的精髓。

关键词

股票投资　投资思想　投资策略　价值投资

案例正文

一、引言

随着《福布斯》2008年全球富豪榜排名的出炉，比尔·盖茨雄踞了13年的世界首富的位置被巴菲特夺走。从《福布斯》的分析中可以看出，巴菲特的身价暴涨主要是因为其旗下公司的股价飙升。其旗下的伯克希尔·哈撒韦公司（简称伯克希尔公司）股票的单股价格超过10万美元，使其成为世界上最昂贵的股票。巴菲特对优质股票投资的执着及价值投资的长线经营理念，使其取得了卓越的成就。

二、巴菲特其人

1941年，11岁的巴菲特购买了自己的第一只股票，赚到了5美元。这个年龄的孩子大多数都还在玩过家家的游戏。1947年，他到宾夕法尼亚大学攻读财务和商业管理专业。两年后，他抛弃了那些只会讲空头理论的教授，转而进入哥伦比亚大学，师从著名的投资学理论学家本杰明·格雷厄姆。这是他人生中最重要的一次转折，他从反投机的格雷厄姆那里学到了价值投资的理念，并且对这一理念坚信不疑。1951年，21岁的巴菲特以全A的好成绩学成毕业。

1956年，巴菲特的合伙人公司成立，总投入资金105万美元，其中，只有100美元属于巴菲特，但他在公司拥有绝对的权威，可支配每一分钱的使用。1964年，合伙人公司的总资本涨到2 200万美元，巴菲特的个人财富是400万美元。短短8年，其公司以火箭一样的速度，空前快速地扩张。

1966年，美国股市大牛，股价飞涨，人们都在拥入股市。巴菲特却感到了不安，因为他很难再找到符合标准的廉价股票。“在别人贪婪时变得恐惧”，巴菲特的这一特质凸显无疑。

1968年，合伙人公司的股票创造了其历史上的最好成绩，增长了46%，而道·琼斯指数的增长率仅为9%。这使得巴菲特的个人资产达到了2 500万美元，合伙人公司的资本首次过亿——1.04亿美元，看似最美好的时光来临了，巴菲特却解散了合伙人公司。1969年，随后的事实验证了巴菲特的预感——股灾发生了，每种股票的价格都下降了50%，甚至更多。

1970—1974年，美国股市毫无生气，经济低增长，通货膨胀加剧，然而，巴菲特却看到了即将滚滚而来的财源。“在别人恐惧时贪婪”，巴菲特发现了太多便宜的股票，他又开始进入股市。

1972年，巴菲特对报刊业产生了兴趣，他说：“一家名牌报刊就像一座收费的桥梁，谁过都得留下买路钱。”1年之后，他以蚕食的方式开始收购《华盛顿邮报》和《波士顿环球报》。此时，正是这两家报刊最困难的时候。在10年后，巴菲特投入《华盛顿邮报》的1 000万美元变成了2亿美元。

1980年，巴菲特买进了可口可乐7%的股份，每股股价109.6美元，总金额为12亿美元。1985年，可口可乐的股票每股股价涨到了515美元，大约是原来的5倍。

1992年，巴菲特以每股74美元的价格购入435万股美国通用动力公司的股票，这是一家高科技国防工业公司。当年年底，该公司每股股价就升到了113美元。

1994年，伯克希尔公司已经不再是一家濒临破产的纺织厂，而是巴菲特旗下的空前庞大的投资金融集团。在此之前的30年间，巴菲特的股票年均增长率为26.77%，比道·琼斯指数高出了17个百分点。

2006年，伯克希尔公司创下经营佳绩，利润增长292%，盈利达到了1 102亿美元，其中每股盈利为7 144美元。截至2006年，伯克希尔公司净资产的年均增长率达到了214%，同期的标准普尔500指数年均增长率仅为104%。数据再次证明了巴菲特的成功。

2008年3月6日，《福布斯》全球富豪排行榜公布，巴菲特超过了雄踞王座13年的前世界首富比尔·盖茨，成为全球财富界的新王者。

三、主题内容

（一）巴菲特的投资策略

1.没有什么比赌博心态更影响投资

巴菲特说：“股票不应该是我们人生的全部，因此，带着赌徒心态走进交易大厅的行为是极为危险的。”他主张股民把买卖股票当作一种正当的投资行为，而不是幻想通过短期的冒险投机达到一夜暴富的效果。

■ 2.把自己当成持股公司的老板

这是巴菲特投资策略最核心的理念。买股票就是投资企业，要把自己当作企业的老板，而不单是某只股票的主人。“最聪明的投资方式，就是把自己当成持股公司的老板。”因此，在确定投资之前，要把自己当成企业分析师，而不是市场分析师或证券分析师，这一点尤其重要。

巴菲特旗下的伯克希尔公司所购买的每一只股票几乎都贯彻了这一原则：研究企业发展能力、管理人员的素质和此项购买可能支付的价格。在巴菲特的投资生涯中，其所遵循的投资策略中最基本的原则就是买公司而不是买股票，要把股票当成公司的附属品，投资的本质是经营，而不是单纯地买进和卖出。

■ 3.永远不要做自己不懂的事情

巴菲特经常说的一句话是：如果你不了解这个产业，那么就不要买太多的股票。

■ 4.买股票时，应假设明天股市要休市3~5年

巴菲特曾做过一个精妙的比喻：“股票从短期看是投票机，从长期看则是称重机。”买入一只股票，需要耐心持有，在一定的时间内，不要去关注价格的变动，甚至要忘掉股市的存在。要相信这一点，股市的资金永远只流向好股票，只要你选对了一只股票，就不要有任何犹豫，更不要把眼睛盯在交易大厅的数字上，不能因为价格的波动而惊慌。

选择一只好股票后，只要事情没有变得很糟，那么应原封不动地持有该股票5年以上。巴菲特的成功经历告诉我们，专注于长期回报，不受短期价格波动的影响，才是正确投资应有的心态。

■ 5.如果无事可做，那就什么也不做

巴菲特在一次股东大会上说：“我们已经好久没找到值得一提的股票了，还要等多久呢？我们要无限期地等！我们不会为了投资而投资，别人付你钱不是因为你有积极性，而是因为你能做出正确的决策。”如果无事可做，就什么也不做，宁可一直等待，也不要单纯为了投资而出手。他告诉投资者：最重要的是寻找符合标准的投资机会，不能盲目妄动，要善于等待时机的出现。很多人花重金竞拍和巴菲特一起吃顿饭的机会，向他请教如何投资，但从他那里得到的就是这句话。

■ 6.购买价格远低于实际价值的企业，并永远拥有它们

巴菲特的这个理念从根本上解决了股票回报的来源问题。投资的回报来自市场价格对其内在价值的兑现，也就是增值，而不单纯是价格的波动。

（二）巴菲特挑选价格能涨10倍股票的主要依据

每个投资者都梦想找到价格能涨10倍的股票，巴菲特是这样做的：看企业，重成长，选时机。就是从对企业的分析入手，重在判断企业的成长潜力，然后选择最佳的投资时机。

■ 1.选择熟悉的企业——只选择自己擅长的领域

巴菲特有句名言：我只做我完全明白的事。他喜欢简单的企业，致力于在他擅长的领域内找到具有高成长价值的股票，而不是跟风炒作那些相对陌生的高科技和网络股。巴菲特把他的投资范围限制在少数几个其易于理解的行业中。

■ 2.选择权威的企业——最优秀的名牌公司

巴菲特认为好公司一句话就能讲清楚，就是那些有“护城河”的公司，即有巨大的品牌价值、有核心竞争力的公司，如可口可乐、吉列等。对权威企业进行选择的最简单的要诀，就是通过对日常生活细节的观察，寻找那些最有可能提供最大范围内百姓日常生活必需品的名牌公司，进行长期的投资。

■ 3.选择高成长股——最有潜力的公司股票

股票给你的唯一价值，是这家公司未来的利润增长，而不是股价本身。公司的潜力从根本上决定着股价的成长，除此之外，找不到任何一个投资的理由。除了成长性的贡献可以让投资者兴奋外，股票再无任何其他价值，股票所有的数据都与背后公司的情况相关联。选择高成长股，是找到价格能涨10倍的股票的必要条件之一，它关注的是公司未来利润的高增长，而市盈率等传统的价值判断标准有时往往不能体现出这一点。

■ 4.最好的投资时机——优秀企业出现危机时

最好的投资时机是何时？巴菲特认为：当优秀的公司暂时遇到困难时，就会导致这些公司的股价被错误低估，这时就是巨大的投资机遇。在他看来，股价大跌恰好会形成巨大的安全边际，是投资者低价买入的最好时机。当企业解决问题以后，市场重新认识到它的实际价值，股价就会大幅回升，从而让投资者立于不败之地。就像一首歌里唱的：“阳光总在风雨后。”巴菲特总是在寻找这样的优秀企业。

（三）巴菲特的投资精髓

■ 1.购买并长期持有优秀公司的股票

“我最喜欢持有一只股票的时间是：永远。”巴菲特用这句话来表明自己长期持有优秀公司股票的态度，他奉劝投资者在购买股票以后，不要把目光放在短期的股价波动上。巴菲特从不把自己当作市场分析方面的专家，而是坚持作为企业的经营者去选择投资对象。他从不打算在买入股票的次日就赚钱，他甚至先假设第二天股票交易市场就关门，一直到许多年以后才重新打开，恢复交易。他反对短线的操作，认为那只是无谓地浪费金钱和时间，那种行为享受不到投资带来的乐趣，操作绩效并不理想，甚至会影响人的身体健康。他的多只重仓股都是在买入后一直持有，十几年甚至几十年都一动不动。

■ 2.集中投资

当遇到比较好的市场机会时，集中投资，长期持有。巴菲特建议手中的股票控制在5只以内，以便于跟踪。集中投资策略的另一个特点是把大量的资金投到自己熟悉的公司上，因为这类公司的基本信息容易收集，易于了解，也能较好掌握其具体的经营情况。巴菲特认为，持有的股票越少，组合业绩也就越好，而且是在赢的概率最高时投下最大的赌注，它带来的回报也是惊人的。

■ 3.安全边际是投资永不亏损的秘诀

如何投资才能获得安全的回报？巴菲特说："我的第一条投资原则是，永远不要亏损；第二条是，牢记第一条！"这句话被华尔街人称为经典的"一号投资法则"。巴菲特认为，在购买一家公司的股票之前，要确保该股票长期内可以获得至少15%的年复合收益率，如此才能保证自己的投资安全，这就是巴菲特神奇的"15%法则"。怎样才能做到？巴菲特的办法是尽可能对该股票10年后的交易价位进行估计和预测，并在测算平均市盈率和公司的盈利增长率的基础上，与当前的价格进行比较。

■ 4.巴菲特投资的"三不要"信条

一不要迷信华尔街和听信谣言。巴菲特劝诫人们不要迷信华尔街，不要听信谣言，要坚持自己的投资原则。二不要担心经济形势和股票涨跌。巴菲特的信条之一，就是当股市猛涨时，要与之保持距离。在他看来，灾难同时意味着机会。巴菲特早就提醒过他的股东，想要投资成功，就必须对企业有良好的判断，并且使自己免受由"市场先生"控制的"市场情绪"的影响。三不要投机，切忌冲动。巴菲特认为，投机是最危险的投资行为。巴菲特从不让个人感情影响其对市场的判断。投机者的投机行为源自人性的贪婪。贪婪是人性的弱点，要克服贪婪的心理，唯一的解决办法就是强制设定盈利目标。当投资收益率达到心理预期的时候，马上出局，不要犹豫，更不要回头。

■ 5.巴菲特的投资心态

第一，情商比智商更重要，要有足够的耐心。纵观巴菲特的投资历史，挖掘他的经验，分析他的投资策略，也没见他有多少让人无法理解的高超的投资逻辑；相反，他的投资原则恰恰通俗易懂，犹如信手拈来，几乎都是一些生活基本常识，却是放之四海而皆准的道理。那么为何只有巴菲特能够执着地坚守这些原则，并把它们运用于投资领域呢？因为高情商的他比我们更了解生活，更了解人性的优点和弱点，所以他成功了，我们却还在观望。第二，投资不应该受感情、希望和恐惧以及潮流的摆布。巴菲特在1950年读到了格雷厄姆所著的《聪明的投资者》。后来他坦言：这是对他一生影响最大的一本书。正是这本书使巴菲特建立了一个最主要的信条：投资不应该受感情、希望和恐惧以及潮流的摆布。第三，投资必须理性，要保持清醒的头脑。格雷厄姆在自己的两部著作——《证券分析》和《聪明的投资者》中，都用大量的篇幅解释了投资者的群体感情是如何像传染病一样影响着股价的上下波动，以及感性的投资情绪是如何使股价波动变得不正常的。巴菲特看透了这一极具欺骗性的市场现象，正是无数投资者的热情使得市场出现了这种非理性的状况。第四，像乌龟一样投资，如兔子那般获利。投资就像龟兔赛跑，跑得最快的不一定会率先到达终点，更不一定是最后的大赢家。

（四）巴菲特的投资忠告

■ 1.投资适合自己的股票

巴菲特认为如果投资者能够真正熟悉一些行业，再进行大量的投资，就会获得巨额的利润。这句话告诫人们投资的前提是真正熟悉一些行业。认识自己的"愚蠢"，才能利用市场的"愚蠢"。因为市场是会"骗人的，它从来不会将最真实的一面展现给投资者。巴菲特非常推崇格雷厄姆对市场的看法——投资者只有准确把握市场的情况，认识自己的“愚蠢”，才能够依靠市场的“愚蠢”来赚钱。

■ 2.改变错误的投资信念

一是迷信权威。巴菲特为了避免自己受到华尔街专家们的影响，甚至把伯克希尔公司的总部设在远离纽约的奥马哈市。他说：“如果那些分析家们猜测得那么准，他们早就赚大钱了，而且保准不会告诉你。”另一位被称为“股圣”的基金管理人彼得·林奇更直接：“如果华尔街专家真有这个本事，为何还从事这项工作呢，岂不早成了富翁？”二是迷信工具。股民们迫切希望找到一个实用的炒股工具，然后坐享其成。然而，这些炒股工具会让人远离公司的经营情况。我们应该看看巴菲特是怎么做的，要学会控制自己对股票分析工具的心理亲近感，克制自己接近这些短期波动的信息，避免自己的决策受到“工具”的影响。三是迷信内部消息。巴菲特最喜欢的投资消息往往来自免费渠道。他喜欢通过实际调查和看免费年报，发现大部分人都没有注意到的重要信息。对那些从股市内部传出来的隐秘情报，巴菲特称之为谣言，认为其是靠不住的。四是迷信冒险。巴菲特一直坚持接近零风险理论，他的投资策略从来都是尽量避免风险，但他的回报率几乎是世界上最高的。五是迷信分散化投资。巴菲特如此惊人的财富是怎么来的？是集中投资、长期持有带来的。他重点持有的只是少数几家特别优秀的大企业的股票，并与它们终生相伴。集中投资将投资变成了艺术，将股票和公司变成了“亲人”。

案例使用说明

一、教学目的

本案例的教学目的在于帮助学生准确概括和理解巴菲特的投资思想、投资策略，更重要的是教会学生如何把巴菲特的投资理论运用到投资实践之中。

二、启发思考题

1.巴菲特的投资经历对投资者有哪些启发？
2.巴菲特投资思想的独到之处是什么？
3.巴菲特的投资业绩为何如此出众？
4.中国的普通投资者，应怎样将巴菲特的投资策略运用于实践？

三、关键概念与理论依据分析

（一）证券投资理念

■ 1.价值发现型投资理念

价值发现型投资理念是一种风险相对分散的市场投资理念。这种投资理念的前提是证券的市场价值是潜在、客观的。价值发现型投资理念所依靠的工具不是大量的市场资金，而是市场分析和对证券基本面的研究，其投资理念确立的主要成本是研究费用。

价值发现型投资理念为广大投资者带来的投资风险要小得多。其一，价值发现是一种投资于市场价值被低估的证券的过程，在证券价值未达到被高估的价值时，投资获利的机会总是大于风险。其二，由于某些证券的市场价值直接或间接地与其所处的行业发展情况、国民经济发展的总体水平相联系，因此在行业发展及国民经济增长没有出现停滞之前，证券的价值还会不断增长，在这种增长过程中，其又相应地分享着国民经济增长带来的益处。其三，对于某类符合价值发现型投资理念的证券，随着投资过程的进行，其往往还有一个价值再发现的市场过程。

■ 2.价值培养型投资理念

价值培养型投资理念是一种投资风险共担的投资理念。其投资方式有两种：一种是投资者作为战略投资者，通过对证券母体注入战略投资的方式，培养证券的内在价值与市场价值；另一种是众多投资者参与证券母体的融资，培养证券的内在价值和市场价值。在中国，前者如各类产业集团的投资行为，后者如投资者参与上市公司的增发、配股及可转债融资等。

（二）证券投资策略

■ 1.保守稳健型

保守稳健型投资者风险承受度最低，安全性是其最主要的考虑因素。

■ 2.稳健成长型

稳健成长型投资者希望通过投资的机会来获利，并确保有足够长的投资期间。

■ 3.积极成长型

积极成长型投资者可以承受投资的短期波动，愿意承担因获得高报酬而面临的高风险。

（三）证券投资分析的主要流派

■ 1.基本分析流派

基本分析流派是对宏观经济形势、行业特征以及上市公司的财务数据进行分析。它是西方的主流派别，其分析方法体系体现了以价值分析理论为基础，以统计方法和现值计算方法为主要分析手段的基本特征。基本分析流派的两个假设为：股票的价值决定其价格，股票的价格围绕其价值波动。因此，价值成为衡量价格合理与否的尺度。

■ 2.技术分析流派

技术分析流派是以证券的市场价格、成交量、价和量的变化以及完成这些变化所经历的时间作为分析对象进行分析。

■ 3.学术分析流派

学术分析流派的主要方法是选择价值被低估的股票并长期持有，即在长期内不断吸纳、持有所选定的上市公司股票。其代表人物是本杰明·格雷厄姆和沃伦·巴菲特。现代投资理论兴起之后，学术分析流派投资分析的哲学基础是“效率市场理论”，投资目标为“按照投资风险水平选择投资对象”。效率市场理论的思想是：当给定当前的市场信息集合时，投资者不可能发展出任何交易系统或投资战略，从而可以获取超过与投资对象风险水平所对应的投资收益。“长期持有”投资战略以获取平均的长期收益率为投资目标，这是学术分析流派与其他流派最重要的区别之一。其他流派大多以“战胜市场”为投资目标。

■　4.行为分析流派

行为分析流派认为，现代金融理论是建立在资本资产定价模型和有效市场假说两大基石之上的。这些经典理论承袭了经济学的分析方法与技术，其模型局限于“理性”的分析框架，忽视了对投资者实际决策行为的分析。随着金融市场上各种异常现象的出现，模型与实际的背离使得现代金融理论的理性分析范式陷入了尴尬境地。

（四）证券投资分析的主要方法

■　1.基本分析法

基本分析法又称基本面分析，是指证券分析师根据经济学、金融学、财务管理学及投资学等基本原理，对决定证券价值及价格的基本要素（如宏观经济指标、经济政策走势、行业发展状况等）进行分析，评估证券的投资价值，判断证券的合理价位，提出相应的投资建议的一种分析方法。基本分析法的理论基础在于：（1）任何一种投资对象都有一种可以称为“内在价值”的固定基准，且这种内在价值可以通过对该种投资对象的现状和未来前景的分析而获得。（2）市场价格与内在价值之间的差距最终会被市场所纠正，因此市场价格低于（或高于）内在价值之日，便是买（卖）机会到来之时。

基本分析法的内容主要包括宏观经济分析、行业分析和区域分析、公司分析。

■　2.技术分析法

技术分析法是仅从证券的市场行为来分析证券价格未来变化趋势的方法。技术分析法的三个重要假设是：（1）市场行为包括一切信息。（2）价格沿趋势波动。（3）历史会重复上演。技术分析法的理论基础可以分为K线理论、切线理论、形态理论、技术指标理论、波浪理论和循环周期理论等。

■　3.证券组合分析法

证券组合分析法是根据投资者对收益率和风险的共同偏好以及投资者的个人偏好来确定最优的投资组合，并进行组合管理的方法。证券组合分析法的理论基础主要是：证券或证券组合的收益由它的期望收益率表示，风险则由其期望收益率的方差来衡量；证券收益率服从正态分布；理性投资者具有在期望收益率既定的条件下选择风险最小的证券和在风险既定的条件下选择期望收益率最高的证券这两个共同特征。

四、分析思路

教师可以根据自己的教学目标（目的）灵活使用本案例。这里简要给出本案例思考题的分析思路，仅供参考。

1.引导学生认识到股神巴菲特的投资思想是不断演进的。

2.巴菲特的投资之道可以概括为三不原则：不看股价，看公司；不想股价，想价值；不做投机，做投资。

3.巴菲特选择具有很好成长性的股票，并长期持有，获得了丰厚的投资回报。

4.关键是正确理解巴菲特的投资思想，避免理解的教条化。

五、关键要点

1.学习巴菲特证券投资的经验时，应当首先注重学习其投资理念和思想。

2.注重明确巴菲特的投资思想在中国股市的适用性。巴菲特的投资思想符合投资的本质，具有普遍适用性。所有智慧的投资都是价值投资。价格是你付出的，价值是你得到的，你得到的比你付出的多，这就是价值投资。

3.要全面坚持巴菲特投资策略中的基本原则，不可偏废。

六、建议课堂计划

本案例可以用于专门的案例讨论课。以下是按照时间进度提供的课堂计划建议，仅供参考：

整个案例课的课堂时间控制在80～90分钟。

1.课前计划：提前1周左右把案例背景和启发思考题分发给学生，请学生在课前完成阅读和初步思考。

2.课中计划：简要的课堂前言，明确主题（2～5分钟），明确如何全面、准确理解巴菲特的价值投资思想、投资策略，如何把巴菲特的价值投资理论运用到投资实践中；分组讨论（30分钟），告知发言要求；小组发言（每组5分钟，控制在30分钟内），要求以PPT格式；引导全班进一步讨论，并进行归纳总结（15～20分钟）。

3.课后计划：请各小组采用报告形式给出更加完整的分析思路，包括具体的职责分工，为后续章节内容的学习做好铺垫。

思政园地

第4章

筹资管理案例

财务管理案例

Cases in Financial Management

案例9

蒙牛引入PE投资

摘要

快速成长的企业往往把风险投资基金作为重要的筹资渠道，然而与风险投资相伴随的对赌协议又像一把双刃剑，使企业家对风险投资又爱又怕。蒙牛乳业是引入风险投资较为成功的一个范例。本案例主要阐述了蒙牛乳业通过引入PE投资，实现了公司的快速增长，成为中国乳业龙头企业并成功在中国香港上市的过程。本案例主要分析了蒙牛为何选择PE投资，为何选择在中国香港上市及在引入PE投资过程中的步骤、方法和问题。本案例对学生了解企业如何引入风险投资具有一定的借鉴意义。

关键词

PE投资　对赌协议　资本运作

案例正文

一、引言

1999年8月内蒙古蒙牛乳业股份有限公司（简称蒙牛）成立，在短短9年时间里，取得了中国乳制品发展史上前所未有的发展成果。蒙牛销售收入从1999年的0.37亿元飙升至2009年的257.1亿元，增长了约694倍！其主要产品的市场占有率超过35%；UHT牛奶销量全球第一，液体奶、冰淇淋和酸奶销量居全国第一；乳制品出口量、出口的国家和地区数量居全国第一。其在中国乳制品企业中的排名由第1 116位上升为第2位。从最初的注册资本900万元，到成为中国乳业界在海外上市的第一家企业，其超常规的发展速度和骄人的业绩为世人所惊叹。

蒙牛之所以能够快速发展，除了天时、地利、人和等因素之外，借助现代化的资本运作手段是其快速发展的根本原因——蒙牛通过吸收风险投资，公开上市，在市场上迅速获得竞争优势，并实现快速增长。

二、公司简介

据2006年9月国家统计局发布的"中国大企业集团首届竞争力500强"，蒙牛乳业集团位居第11位，名列全国同行业之首。另据权威机构公布的数据，蒙牛乳业集团跻身2009年全国大企业集团500强第241位，2009年全球乳业20强第19位，居全国同行业之首。蒙牛股票被国际著名金融服务公司摩根士丹利评选为至2012年全球

50只最优质股票之一。

2020年，公司营业收入760亿元，净利润35亿元。蒙牛在国内建立了41座生产基地，在新西兰、印度尼西亚、澳大利亚建有海外生产基地，全球工厂总数达68座，年产能合计逾1 000万吨。蒙牛着力整合优质资源，先后对富源国际、现代牧业、圣牧高科三家大型牧业集团进行战略投资。目前，在国内拥有合作牧场1 000余家，日均收奶超1.8万吨，生鲜乳100%来自规模化、集约化牧场。

三、主题内容

1999年，牛根生遭到伊利董事会免职，选择了自己创业，同年8月，他成立了“内蒙古蒙牛乳业股份有限公司”。最初的启动资金仅仅900万元，通过整合内蒙古8家濒临破产的奶制品企业，其成功盘活7.8亿元资产，当年实现销售收入3 730万元。

据蒙牛相关人员介绍，他们在创立企业之初就想建立一家股份制公司，然后上市。除了早期原始投资者投入的一些资金外，蒙牛在进行私募之前融资很少。为了抓住乳业的快速发展机会，在全国铺建生产和销售网络，就必须进行大规模融资。蒙牛当时还是一家不知名的民营企业，采用轻资产运营模式，银行贷款无疑是杯水车薪。民间融资同样困难重重，国内一家知名公司给出的融资条件是要求蒙牛管理团队转让51%的控股权；另一家大企业本来要投资，但被蒙牛的竞争对手给劝阻了。

从2001年开始，蒙牛开始考虑一些上市渠道。蒙牛当时是一家没有什么背景的民营企业，成为A股上市公司恐怕需要好几年的时间，蒙牛根本等不起。蒙牛历史较短、规模小，也不符合在中国香港主板市场上市的条件。2002年初，蒙牛股东会、董事会均同意，在法国巴黎百富勤的辅导下在中国香港二板市场上市。摩根士丹利与鼎晖投资（私募基金）力劝蒙牛管理团队不要去中国香港二板市场上市，原因是中国香港二板市场流通性不好，机构投资者一般都不感兴趣，企业再融资非常困难。摩根士丹利与鼎晖投资劝蒙牛团队引入私募投资者，帮助企业成长与规范化，发展到一定程度就可以直接在中国香港主板市场上市。

牛根生是个精明的企业家，对于摩根士丹利与鼎晖投资提出的私募建议，他征询了很多专家的意见，包括正准备为其做在中国香港二板市场上市的百富勤的朱东。尽管眼看到手的肥肉要被私募抢走，朱东还是非常专业地给牛根生提供了客观的建议，他认为先私募后上主板是一条可行之路。

■ 1.蒙牛公司的第一轮资本运作

（1）初始股权结构

1999年8月18日，内蒙古蒙牛乳业股份有限公司（上市公司主营子公司）成立，股份主要由职员、业务联系人、国内独立投资公司认购，股权结构也十分简单。当时，其注册资本为1 398万元，筹集到的资金仅为1 000多万元，股权结构如图4-1所示。

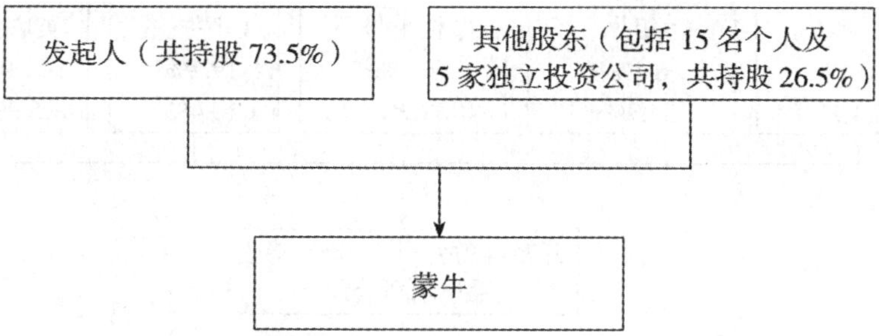

图4-1　内蒙古蒙牛乳业股份有限公司股权结构图

（2）首轮投资的股权架构

为了成功地在海外上市，蒙牛在PE投资团队的指导下，自2002年起开始逐步改变股权架构，以便为日后的上市创造一个灵活的股权基础。

蒙牛在避税地注册了4个壳公司，分别是在维京群岛注册的金牛公司、银牛公司，开曼群岛公司及毛里求斯公司。其中，金牛公司的发起人主要是股东，银牛公司的发起人主要是其他投资者、业务联络人员和职员等，通过金牛和银牛两家公司对蒙牛的间接持股，蒙牛管理层理所当然地成了公司股东。开曼群岛公司和毛里求斯公司为两家典型的海外壳公司，作用主要在于构建二级产权平台，以方便股权的分割与转让。这样，蒙牛不但可以对风险进行一定的分割，更重要的是可以在不同情况下根据自己的需要灵活运用。

2002年9月24日，开曼群岛公司进行了双重股权架构设计，将1 000股每股面值0.001美元的股份划分为同等面值的5 102股A类股份和48 980股B类股份（根据开曼公司法，A类1股有10票投票权，B类1股有1票投票权）。次日，金牛公司与银牛公司以每股1美元的价格认购了开曼群岛公司5 102股A类股票，摩根士丹利、鼎晖投资和英联投资三家海外战略投资者（以下简称“三大投行”）用约为每股530.3美元的价格分别认购了32 685股、10 372股、5 923股B类股票（共48 980股），总注资25 973 712美元。拆股完成后，金牛、银牛实际控制9.4%的股份和51%的投票权，三家海外战略投资者共同拥有开曼群岛公司90.6%的股份和49%的投票权。

紧接着，开曼群岛公司用三家金融机构的投资认购了毛里求斯公司的股份，而后者又用该款项在一级市场和二级市场中购买了蒙牛66.7%的股份。蒙牛公司的另外三分之一股权由蒙牛公司管理层直接持有。至此，蒙牛第一轮引资与股权重组完成，这一轮注资完成后的股权架构如图4-2所示。

值得一提的是，伴随首轮注资的引入，一份PE和蒙牛管理层的协议也随之产生：如果蒙牛2003年净利润复合增长率超过1倍，则蒙牛A类股可以按1拆10的比例转换为B类股，即蒙牛管理层占开曼群岛公司的股份从原先的9.4%增加到51%，实现对蒙牛公司的绝对控股。如果2003年蒙牛公司的复合增长率低于100%的既定目标，则开曼群岛公司及其子公司毛里求斯公司账面上剩余的大笔投资现金将要由三大投行所控制，届时三大投行将拥有对蒙牛股份的绝对控制权。2003年8月，蒙牛管理层提前完成任务，同年9月19日，金牛公司、银牛公司将所持有的开曼群岛公司A类股的

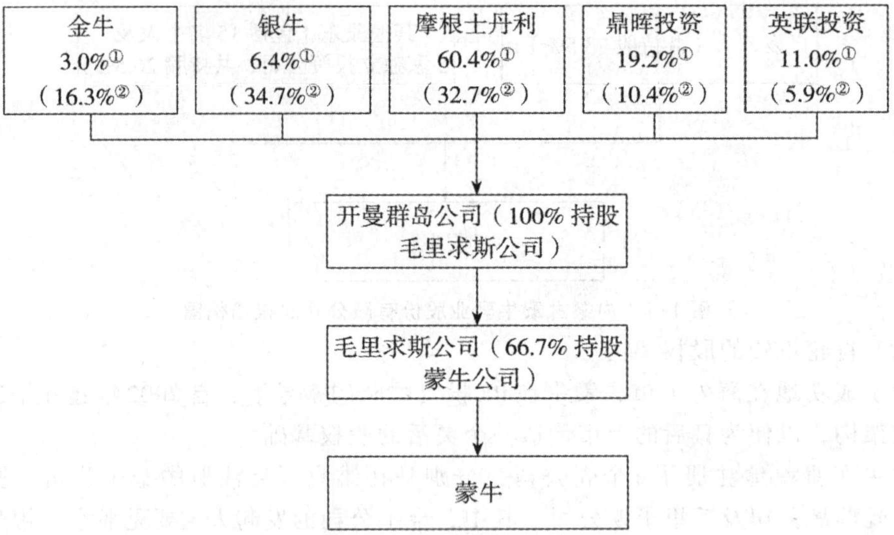

注：①按面值计算占公司股本的比重。

②各股东的投票权。

图4-2　蒙牛第一轮引资后的股权架构图

5 102股转换成B类股51 020股，实现了股权与投票权的匹配，从而持有开曼群岛公司51%股权和投票权。

表4-1显示，三大投行与蒙牛公司签订对赌协议前，其对开曼群岛公司的所有权为90.6%，蒙牛管理层所有权为9.4%；三大投行的投票权为49%，蒙牛管理层的投票权为51%。在对赌协议中，如果蒙牛管理层赌赢，则三大投行对开曼群岛公司的所有权下降到49%，蒙牛管理层所有权上升到51%。此时，蒙牛管理层对开曼群岛公司的所有权和投票权均为51%。反之，若蒙牛管理层赌输，则蒙牛管理层对开曼群岛公司的所有权和投票权均为9.4%。

表4-1　对赌双方对开曼群岛公司的所有权、投票权变动情况表

	签订协议前（%）	蒙牛赌赢（%）	蒙牛赌输（%）
蒙牛管理层所有权	9.4	51	9.4
蒙牛管理层投票权	51	51	9.4
三大投行所有权	90.6	49	90.6
三大投行投票权	49	49	90.6

■　2.蒙牛公司的第二轮资本运作——二次注资

2003年10月，三家战略投资者认购开曼群岛公司发行的可换股证券，再次注资3 523万美元，认购“蒙牛乳业”发行的3.67亿股可换股证券，约定未来转股价为0.74亿港元。9月18日，毛里求斯公司以每股2.1775元的价格购得80 010 000股蒙牛股份。10月20日，毛里求斯公司再次以每股3.038元的价格购买了96 000 000股蒙牛

股份，对蒙牛乳业的持股比例上升至81.1%。至此，二次注资完成。

二次增资最大的特点显然是发行可换股证券。根据当时的协议，PE在开曼群岛公司首次公开售股（IPO）完成第180天之后最多可转换30%的可换股证券，IPO完成一年后则可转换剩余部分。此次增资方案没有在发行同期扩大公司股本规模，同时暗藏了三大玄机：其一，暂时不摊薄管理层的持股比例，保证管理层的绝对控制权与领导权。其二，确保公司经营业绩稳定增长，做好上市前的财务准备。其三，可换股计划锁定了三家风险投资者的成本。

这笔可转债充分考虑了投资者的利益，反映了PE和蒙牛管理层在博弈过程中的优势地位。首先，可转债是以蒙牛海外母公司——毛里求斯公司的全部股权为抵押的，如果股价不尽如人意，那么此可转债将维持债券的模式，蒙牛有义务还本付息，这在最大程度上降低了三家机构的投资风险。其次，本金为3 523万美元的票据在蒙牛上市后可转为3.68亿股蒙牛股份，按2004年蒙牛的IPO价格3.925港元计算，这部分股票价值达14.4亿港元。三家机构取得巨额收益的同时，还可获得增持蒙牛股权、巩固控制权的机会。此外，可换股证券还设有强制赎回及反摊薄条款。

随后，牛根生与三大投行再次签订一份对赌协议。如果蒙牛从2003年起，未来三年净利润的复合增长率超过50%，则三大投行向金牛公司支付不超过7 830万股的蒙牛股份；否则，金牛公司要向三大投行支付同样数量的股份或等价的现金。

接下来三年间，蒙牛公司均保持飞速发展，2004年净利润达到约3.92亿元，复合增长率为94.31%；2005年净利润达到5.56亿元，复合增长率为66.71%；2006年的净利润为7.27亿元，复合增长率达到了64.17%。2005年4月三大投行无偿转让6 260万股股票（约合598.8万美元）给金牛公司，作为完成协议的奖励并提前结束对赌协议。

■ 3.蒙牛公司的第三轮资本运作——上市

2004年6月10日，“蒙牛乳业”（2319.HK）在中国香港挂牌上市，并创造出一个奇迹：全球公开发售3.5亿股（包括在中国香港公开发售的3 500万股以及在国际发售的3.15亿股），公众超额认购达206倍，每股股票发行价高达3.925港元，全面摊薄市盈率19倍，IPO融资近13.74亿港元，折合人民币14.56亿元。摩根士丹利方面称：“蒙牛首次公开发行创造了2004年第二季度以来，全球发行最高的散户投资者和机构投资者超额认购率。”

案例使用说明

一、教学目的

本案例的教学目的是使学生了解公司引入风险投资过程中的一些操作步骤和方法，掌握公司通过引入风险投资解决公司财务融资的方法。

二、启发思考题

1.蒙牛为什么选择了PE筹资方式?

2.蒙牛企业融资体现出什么样的阶段性特点?

3.PE与蒙牛公司管理层签订的对赌协议有何特点?

4.蒙牛公司的PE融资对三大投行和蒙牛公司的管理层产生的经济后果是什么?

三、关键概念与理论依据分析

(一)关键概念

■ 1.私募股权投资

私募股权投资,即PE(Private Equity)投资,是指投资于非上市股权,或者上市公司非公开交易股权的一种投资方式。私募股权投资的资金,既可以向社会不特定公众募集,也可以采取非公开发行方式,向有风险辨别和承受能力的机构或个人募集。由于私募股权投资风险较大,信息披露不充分,故往往采取非公开募集的形式。

私募股权投资基金的投资方向是企业股权而非股票市场,即它购买的是股权而非股票。PE投资的这个性质客观上决定了其投资回报周期较长。私募股权投资基金主要通过以下三种方式退出:一是上市(IPO);二是被收购或与其他公司合并;三是重组。私募股权投资基金的主要组织形式是有限合伙制,其中,私人股权投资公司是普通合伙人,基金整体以有限合伙的形式存在。基金主要从有限合伙人处募集款项,并由普通合伙人做出全部投资决策。基金在其存续周期中一般会做出15~25项不同的投资,每项投资的金额一般不超过基金总额的10%。普通合伙人报酬的主要来源是基金管理费和业绩佣金(一般情况下,普通合伙人可获得占基金总额2%~4%的年度管理佣金以及20%的基金利润)。

■ 2.对赌协议

对赌协议,通常也称为估值调整机制(VAM),是一种投资方与融资方在达成融资协议时,对于未来不确定的情况进行的一种约定,并在未来约定事项触发时,双方按照合同的约定行使相应的权利及履行相应的义务的一种融资方式。投资方和融资方根据自己所掌握的信息,确定自己能够承担的风险,通过博弈最终确定一个双方均可以接受的对赌条款,如果约定事项出现,那么投资方通常会无偿让渡或者以明显低于市场价值的价格让渡部分资产给融资方;反之,约定的事项没有出现时,融资方则要支付相应的代价给投资方,作为额外风险的补偿或者用以弥补高估被投资单位价值而多支付的投资额。

这是一种常见的解决未来不确定性和信息不对称问题的手段,鉴于其立足于“未来”,因而在财务理论上,对赌协议实际上是一种高风险、高收益的期权形式。当投资方与融资方在经营绩效上存在信息不对称的情形,或者投资方不能或不太关注融资方的战略方针与经营过程而仅注重其绩效结果时，利用对赌协议，投资方可以较低的代理成本实现自己的权益并锁定自身的投资风险。作为融资方的企业（主要是成长型企业）则以股权为代价获取高速增长所需的大额资金以解燃眉之急。

对赌协议作为资本市场的一种制度安排，其最高境界是实现双赢，即投、融资双方共同努力，一方出资，一方出力，实现把蛋糕做大的目标。

■ 3.双层股权结构

所谓双层股权结构，是指公司所发行的股份划分成两个类别，每个类别所代表的投票权不同。有的类别一股代表多个投票权，有的类别一股代表一个投票权。前一类别一般称为A类，后一类别一般称为B类。

双层股权结构是一种创新的公司股权制度。它打破了现代公司制度所赖以建立的基本原则之一，即一股一权，或者同股同权制度。在美国、中国香港上市允许采取双层股权结构。我国科创板、创业板、新三板可以采用双层股权结构。

2019年12月20日，证监会对优刻得科技股份有限公司注册申请的批复生效，优刻得取得公开发行上市的权利，这是A股第一家采用双层股权结构的公司。根据优刻得招股说明书，其公开发行的股份划分成A类股份和B类股份。发行人共同实际控制人季昕华、莫显峰及华琨持有的A类股份每股拥有的表决权数量为其他股东（包括本次公开发行对象）所持有的B类股份每股拥有的表决权的5倍。

（二）民营企业融通外源性金融资本的三种模式

民营企业融通外源性金融资本通常有三种模式：非正式制度融资、半正式制度融资与正式制度融资。

非正式制度融资是亲情熟识网融资，指通过亲缘、血缘等社会关系融资，包括家族或朋友借款以及私人贷款等民间融资方式。这种融资以企业家个人积累起来的个人声誉、人际关系以及其他的血缘、地缘、业缘等社会关系网络为基础，利用传统差序格局的泛化，逐渐将利益原则引入原有的社会关系网络，把有利于获取资源的个人关系，经过“拟亲缘”过程，编织入自己的关系网络并转化为民间融资的“制度化”渠道。这种融资模式的基本特征是，依附于以血缘、亲缘关系为核心的“熟人社会”，具有较强的依赖性与封闭性，其融资规则主要是习俗、惯例、传统道德和宗法制度，有时契约、合同、协议和法律也会应用其中。

半正式制度融资是指在私募资本市场上，通过私募基金等机构融资。这种融资模式的特征是采用非标准化的个性化融资契约，由中小民营企业在私募资本市场上与外部投资者进行“一对一”的谈判以及相互间的“讨价还价”而达成。

正式制度融资是指通过正式金融机构或资本市场融资，包括股票、证券等直接融资方式，也包括银行信贷融资方式。这种融资模式的重要特征是标准化的外源性融资契约，契约设计的条款、要求的约束条件都是外生的，是大型企业特别是股份公司筹集金融资本的主要模式。

（三）对赌协议约定的评判标准

评判标准即投融双方约定的具体行权条件，以此条件的达成与否确定双方的权利与义务。通常评判标准有管理层行为、财务绩效、非财务绩效等方面。

1.财务绩效。如净利润、每股收益、销售增长率、净利润增长率等。

2.非财务绩效。如客户评价、新技术研发完成情况、市场占有率、开店数量等。

3.管理层行为。如管理层离职或被解雇等。

4.企业行为。如在规定时间内聘任新的CEO、企业兼并改组等。

5.股票价格。

6.IPO上市时间。

四、分析思路

教师可以根据自己的教学目标（目的）灵活使用本案例。这里简要给出本案例启发思考题的分析思路，仅供参考。

1.从蒙牛的当时实际情况出发，蒙牛公司发展很快，需要融资的规模较大，既不适合采用民间融资等非正式制度融资方式，也不适合采用银行贷款等正式制度融资方式。

2.蒙牛的融资体现出了阶段性的特征：在发展初期考虑非正式制度融资，然后实施了两个阶段的PE融资（实施了两轮对赌协议），最后实施了IPO融资。

3.蒙牛公司与投资银行的对赌协议具有以下三个特点：一是高风险高收益，蒙牛的第一次对赌协议是以蒙牛管理层对公司的控制权为对赌筹码，获得PE融资；二是分阶段对赌，两次对赌协议的对赌筹码、时间长度和风险收益均有较大的差异；三是在对赌完成之前，管理层经营权的独立性始终没有受到侵蚀。

4.经过两次对赌，蒙牛公司快速成长，蒙牛公司管理层与三大投行均获得了丰厚的收益。

表4-2显示，在对赌协议的刺激下，蒙牛管理层的经营能力得到了淋漓尽致的展示，收入与净利润保持了快速增长的态势。

表4-2　**蒙牛公司2002—2005年营业收入与净利润的增长情况**　单位：亿元

年　份	2002	2003	2004	2005
营业收入	16.68	40.71	72.14 （77%）	108.25 （50%）
净利润	0.78 （136%）	2.32 （197%）	3.92 （70%）	5.56 （42%）

从2002年的初始投资，到2005年的退出，3家外资机构在两次对赌过程中共计注入资金约6 121万美元（第一次2 598万美元，第二次3 523万美元），约折合4.78亿港元，这些资金作为蒙牛的原始股份，在蒙牛上市后获得了巨额收益。蒙牛上市后这些股份分三个阶段售出，全部售出后总计获得29.74亿港元，投资回报比高达550%。

蒙牛公司的管理层也通过两次对赌协议获得了丰厚的回报。如蒙牛公司2002年的净资产是2.332亿元，当时蒙牛公司管理层的股权比例是39.6%（9.4%×66.7%+33.3%），管理层占有的净资产是0.923亿元；2003年底，蒙牛公司的净资产是6.892亿元，蒙牛公司管理层的股权比例是67.32%（51%×66.7%+33.3%），管理层占有的净资产是4.640亿元，由此计算管理层获得的对赌收益为3.717亿元。

五、关键要点

1.现代经济中，资本运作能帮助企业在较短的时间内实现超常规的高速发展，牛根生及其团队成功运用资本运作帮助蒙牛在短短几年的时间内发展成为业界老大。重点分析蒙牛公司与三大国际投行的对赌协议。

2.蒙牛上市既是成功的资本运作，也是PE投资的成功案例，蒙牛团队通过引入PE投资，通过一系列在海外资本市场上的运作，最终成功上市，实现各方的共赢。重点分析PE投资机构在其中的作用及引入PE存在的风险。

3.蒙牛选择在中国香港上市，有制度、资本市场和PE投资者要求等多方面动因，蒙牛上市模式的选择对于快速成长的中国企业具有重要的借鉴意义。

六、建议课堂计划

本案例可以用于专门的案例讨论课。以下是按照时间进度提供的课堂计划建议，仅供参考：

整个案例课的课堂时间控制在70分钟。

1.课前计划：提出启发思考题，请学生在课前完成阅读和初步思考，并分组讨论，告知发言要求，要求每组将讨论意见做成讨论报告（PPT格式）。建议学生在上课前阅读以下文献：

［1］王溥，高琼．从蒙牛看资本运营［J］．企业管理，2007（9）．

［2］黄明．蒙牛何以选择摩根［J］．中国企业家，2005（20）．

［3］许艳芳，付捷思．生命周期、经营战略与民营企业的融资模式——基于蒙牛乳业的案例研究［J］．管理案例研究与评论，2010（3）．

［4］周传丽．成长型企业的私募股权融资、对赌协议与财务绩效的路径依赖［J］．学术研究，2009（9）．

［5］张继德，陈昌彧．双重股权结构相关理论综述与国内推行展望［J］．会计研究，2017（8）．

2.课中计划：简要的课堂前言，明确主题（2～5分钟）；小组发言（每组10分钟，控制在40分钟内）；引导全班进一步讨论：蒙牛在进行股权结构设计时有何特色及对其他公司有何借鉴？然后进行归纳总结（25分钟）。

3.课后计划：如有必要，请学生采用报告形式给出更加具体的解决方案，包括具体的职责分工，为后续章节内容的学习做好铺垫。

案例10

华能国际筹资案例

摘要

本案例主要介绍华能国际的融资历程及效果，描述了华能国际如何结合国内外环境和企业自身条件，运用美国存托股上市、中国香港上市、中国内地A股上市、定向增发、可转债、短期债券、超短期债券、项目贷款、过桥贷款等融资手段，在实现企业战略目标的同时，降低了融资成本，控制了融资风险。本案例对我国上市公司如何进行融资决策具有重要借鉴意义。

关键词

股权融资　债务融资　筹资方式

案例正文

一、引言

华能国际电力股份有限公司（股票代码600011，简称华能国际）的主要业务是利用现代化的技术和设备，在全国范围内开发、建设和运营大型发电厂，为中国最大的发电上市公司之一。华能国际的筹资方式与筹资渠道非常多元化，先后采用了境外上市、境外存股证上市、国内IPO、定向增发、银行贷款、公司债券、短期融资券和中期票据等方式。这种多元化的筹资方式和筹资渠道为华能国际募集了大量的资金，华能国际从2001年到2015年进行了多次并购，支撑了华能国际经营规模的不断壮大。

华能国际为何采取多元化的筹资方式和筹资渠道？这些筹资方式和渠道对华能国际的融资规模、成本和风险有何影响？

二、公司简介

华能国际成立于1994年6月30日，10月在全球首次公开发行12.5亿股境外上市外资股（外资股），并以3 125万股美国存托股份（ADR）在美国纽约证券交易所上市。1998年1月，华能国际外资股在我国香港联交所以介绍方式挂牌上市，1998年3月公司又成功地完成了2.5亿股外资股的全球配售和4亿股内资股的定向配售。2001年11月，华能国际在国内成功发行3.5亿股A股，其中2.5亿股为社会公众股。2001年12月，华能国际完成了15亿股以人民币计价的普通股（A股）和5亿股境外上市普通股（H股）的非公开发行。2016年，公司总股本约为152亿股。

华能国际的实际控制人是国资委（如图4-3所示），公司及其附属公司在全国范围内开发、建设和经营管理大型发电厂。截至2015年12月31日，华能国际拥有权益发电装机容量74 399兆瓦、可控发电装机容量82 331兆瓦，境内电厂广泛分布于中国19个省、自治区和直辖市；在新加坡全资拥有一家营运电力公司，是中国最大的上市发电公司之一，也是国内第一个实现在纽约、香港、上海三地上市的电力公司。在行业地位、火力发电规模、机组先进程度等方面华能国际都居电力上市公司中的领先地位，且下属电厂分布地域经济发达、电力需求强劲。华能国际前十大股东持股情况见表4-3。

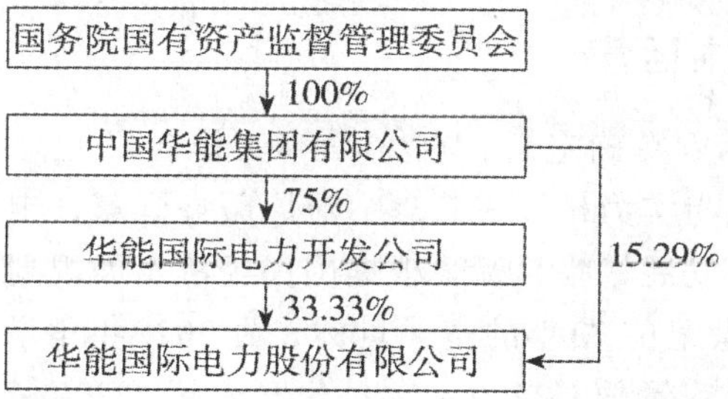

图4-3　华能国际的实际控制人持股示意图

表4-3　**华能国际前十大股东持股情况**

股东名称	股东性质	持股比例（%）	持股总数（股）
华能国际电力开发公司	国有法人	33.33	5 066 662 118
香港中央结算（代理人）有限公司	境外法人	25.85	3 929 583 900
中国华能集团有限公司	国有法人	10.23	1 555 124 549
河北建设投资集团有限责任公司	国有法人	3.97	603 000 000
中国华能集团香港有限公司	境外法人	3.11	472 000 000
江苏省投资管理有限责任公司	国有法人	2.74	416 500 000
辽宁能源投资（集团）有限责任公司	国有法人	2.56	388 619 936
福建省投资开发集团有限责任公司	国有法人	2.30	349 699 929
大连市建设投资集团有限公司	国有法人	1.98	301 500 000
汇丰代理人（香港）有限公司	境外法人	1.85	281 722 920

三、华能国际的筹资背景

（一）我国电力体制改革和产业政策

我国电力体制改革大体上可以分为三个阶段：

第一个阶段是1978—1997年以集资办电为主要内容的改革阶段，国家确定了鼓励多家办电、实行多种电价的政策，使电力工业呈现了快速发展和投资主体多元化的局面。

第二个阶段是1998年开始的以政企分开、建立电力市场为主要内容的改革阶段。根据党中央、国务院对垄断行业进行改革的总体部署，国务院2002年正式批准了

《电力体制改革方案》。电力体制改革的总体目标是：打破垄断，引入竞争，提高效率，降低成本，健全电价机制，优化资源配置，促进电力发展，推进全国联网，构建政府监管下的政企分开、公平竞争、开放有序、健康发展的电力市场体系。

第三个阶段是2010年至今，系电力体制改革深化阶段，包括调整电力结构、加快城乡电网建设与改造、积极发展水电、火电发展优化和调整、适当发展核电、因地制宜发展新能源发电、高度重视环境保护、新技术的开发运用等八个方面。

（二）华能国际的资本运营

国家电力体制改革方案确定后，在2003年工作会议上，中国华能集团有限公司提出了“把华能建设成为实力雄厚、管理一流、服务国家、走向世界、具有国际竞争力的企业集团”的总体发展战略目标。根据国民经济发展规划、国家产业政策以及市场需求，确定了在21世纪前20年的奋斗目标，到2020年争取发电装机容量达到2亿千瓦，占全国发电装机容量的12%以上，销售收入超过200亿美元，技术、装备和管理水平进一步提高，实力进一步增强，国际竞争力进一步提升，并且制定了“开发和收购并重、新建和扩建并重”的战略。

中国华能集团有限公司2020年发电装机容量将达到2亿千瓦，比2003年增加1.7亿千瓦，按照4 000元/千瓦的造价计算，需要投资6 800亿元。按照20%的资本金比率计算，需投入资本金1 360亿元，贷款5 440亿元，按平均股权比例50%计算，共需资本金680亿元。如此巨大的资金需求，常规的经营管理模式已不能满足中国华能集团有限公司高速发展的需要，走资本运营之路势在必行。中国华能集团有限公司一直注重资本经营，其控股的华能国际在纽约、香港、上海三地上市。

四、主题内容

（一）华能国际权益资本的筹资之路

华能国际股权融资活动十分丰富（见表4-4），其中最有代表性的是1994年在美国发行ADR，1998年在中国香港上市以及2001年在上海上市，本案例将分析上述股权筹资的动因和过程。

表4-4　**华能国际主要的股权融资**

时间	地点	方式	金额
1994.10	美国纽约	存托股	6.25亿美元
1998.3	中国香港	普通股	30.04亿港元
2001.11	中国上海	普通股	27.83亿元
2010.12	中国上海	定向增发	83.55亿元
2010.12	中国香港	定向增发	4.73亿港元

■ 1.1994年在美国发行存托股

1994年6月30日华能国际成立之初股本是37.5亿元，当时华能国际在技术和资本方面并没有突出的优势，但电力供应是当时制约经济发展的瓶颈之一，行业前景非常广阔。为了壮大自身的资本和获得可持续发展资金，华能国际在1994年10月选择了以美国存托股的形式（1股美国存托股代表40股外资股）在美国纽约证券交易所上市。

选择以美国存托股的形式在美国上市具有如下优势：

（1）在美国上市有利于提升知名度和股权价值，也有利于满足企业的后续融资需求。

（2）通过ADR在美国上市的效率较高，有利于后续的企业投资决策。华能国际这次筹资为1995年收购华能国际电力开发公司的汕头燃煤电厂、丹东电厂，1997年华能国际电力开发公司收购申能公司在二厂的49.4%的权益，1997年收购华能国际电力开发公司的二厂等资本运作奠定了坚实的基础。

（3）对于刚刚成立3个月的公司来说，通过ADR上市融资是海外初涉美国资本市场时最适合的投资工具。因为美国证券交易委员会对ADR的监管较少，要求较低，较容易成功上市。

（4）有利于提升企业的治理水平，对于一家大型国企来说，境外上市不仅有利于企业融资，还有利于国企股份制改革，有利于提升公司治理水平。

■ 2.1998年华能国际在中国香港上市

1998年1月，华能国际以介绍上市方式在香港联交所挂牌，实现两地上市。同年3月，华能国际以国际配售及以H股或美国存托股的形式增资扩股，公开发行并配售境外上市外资股2.5亿股并发行内资股4亿股。此次华能国际在香港上市的动机有：

（1）满足公司融资需求。通过在香港上市，公司可以快捷、便利的方式获得低成本的资金。海外上市公司不仅可以筹得资金，现有股东还可以转让其所持有的公司股票。

（2）拓展产品市场。华能国际一直奉行国际化战略，在香港上市为其快捷占领、扩张产品市场奠定了基础。因为香港是全球金融中心之一，在全球资本市场和产品市场都占有重要地位，在香港上市对公司起到了间接的广告宣传作用，让更多的供应商、顾客了解公司，提高了公司的知名度，从而增加了公司产品在海外市场的份额，增强了公司在行业中的竞争力。

■ 3.2001年华能国际于国内A股市场上市及后续股票变更

2001年11月15日及16日，华能国际在国内成功发行3.5亿股A股，股本总额达60亿元，共筹资27.83亿元人民币。其中向社会公开发行2.5亿股，向华能国际电力开发公司定向配售国有法人股1亿股。

华能国际此次回归A股市场有着深刻的国际、国内市场背景和其他深层次的原因：

（1）国际市场背景

2000年3月，美国股市结束了长达十余年长期上涨的行情，开始大幅下跌，以技术股为主的纳斯达克指数的跌幅更大，从2000年3月的高点5 048点至2001年9月17日的1 579点，跌幅达68.7%。2001年的“9·11”恐怖袭击事件更对美国经济的复苏造成了很大的负面影响，导致反映宏观经济全局的股市、投资、消费、失业等诸多方面的恶性循环，美国经济开始衰退。美国经济的萧条、股市泡沫的破灭不可避免地对全球经济和股市造成了重大影响，2001年9月，全球各主要股市与2000年同期相比均出现了大幅下挫的情况。股市的大幅下跌、交投的日趋萎缩严重地影响了国际资本市场的筹资功能。

（2）国内市场背景

与国外同期相比，中国经济基本保持着7%～8%的较快增长速度。经济的快速增长给中国资本市场的发展提供了强有力的保证。截至2000年底，沪深两地上市企业总市值达47 456亿元，已经超过GDP的50%。2000年，全国证券市场的股票成交金额达60 826.66亿元人民币，股票交易活跃、流动性强，这是国外其他市场所无法比拟的。此外，三类国有企业入市，保险资金间接入市，全国城乡居民储蓄存款余额逐年提高，这些均为国内证券市场的进一步发展提供了重要的资金来源。同时，由于诸多因素的影响，我国证券市场股票的市盈率一直处于较高水平。国内外市场市盈率的差异反映到新股发行价格上，表现为国内新股发行价格可以比海外市场的发行价格高出一倍以上。当时的股票发行定价机制，意味着有着同样价值的资产在境内可以融到更多的资金。

境外上市企业国内融资重获政策许可。2000年4月底，中国证监会颁布的《上市公司向社会公开募集股份暂行办法》（现已废止）将可增发公司原则上限定于“既有A股又有B股或境外上市外资股的公司”。这项规定的颁布意味着H股已经恢复了其在国内股票市场的融资功能。随之，管理层先后核准了宁沪公路、广州药业、中新药业等境外上市公司国内增发A股的方案，尤其是2001年6月中石化成功发行A股，更增加了许多境外上市公司国内融资的信心。在扫除了H股回内地融资的法律和政策障碍后，境外上市公司国内融资已真正成为现实。

（3）自身的因素

进入21世纪，华能国际的并购步伐加快，从2001年1月1日，收购中国华能集团有限公司原拥有山东华能33.09%的权益开始，截止到2007年底共发生并购22次，涉及资金201.83亿元。此轮并购的动因是：适应产业政策，谋求企业战略发展；实现经营协同效应，提高效率；补充产品线，降低经营风险；提高市场占有率，减少竞争对手；实现产业一体化，保障煤炭供应。此轮并购结束后，华能国际在国内电力市场的领先地位基本奠定。如此密集的并购计划催生出巨额的资金需求，很显然，国外资本市场的股权融资时机不合适且二次融资困难，内源融资额度有限。在此情形下，重回国内股票市场融资就成为必然的选择。

（二）华能国际债务资本的筹资之路

华能国际债务资本的筹集方式主要有银行借款、公司债券、短期融资券和中期票据等。

■　1.银行借款

银行借款是华能国际债务资本的主要筹集方式，占债务资本总量的50%以上；银行借款又可以分为短期借款和长期借款，以长期借款为主（见表4-5）。

表4-5　　华能国际2001—2015年银行借款构成及比重　　金额单位：万元

年份	短期借款	长期借款	负债总额	借款占负债比重（%）
2001	4 000	957 576	1 961 788	49.02
2002	55 000	918 480	1 811 075	53.75
2003	160 000	915 360	1 740 018	61.80
2004	809 900	1 595 529	3 156 818	76.20
2005	658 087	2 886 226	5 093 174	69.59
2006	782 372	3 509 862	6 064 570	70.78
2007	1 167 040	3 343 865	7 137 361	63.20
2008	2 874 549	5 902 718	12 301 486	71.35
2009	2 472 982	7 126 675	14 528 025	66.08
2010	4 404 718	6 518 490	16 309 353	66.98
2011	4 397 920	7 984 487	19 620 553	63.11
2012	2 744 208	7 256 482	19 194 363	52.10
2013	3 793 705	6 051 367	18 623 023	52.87
2014	4 352 900	5 763 846	18 874 505	53.60
2015	4 988 349	6 602 802	20 378 987	56.88

■　2.除银行借款外的债务筹资方式

除了银行借款外，短期融资券、公司债券、可转换债券、中期票据等也是华能国际重要的债务筹资方式，这些筹资方式所募集的债务资金占债务资本总额的40%～50%。与银行借款相比，这些债务筹资方式具有差异化的优点。下面，以华能国际发行的可转换债券与短期融资券为例说明筹资动因及过程。

（1）1997年发行可转债

1997年5月14日，华能国际计划在纽约股票交易所及卢森堡股票交易所按面值发行本金总额为2亿美元、年利率为1.75%、于2004年到期的可转换债券。主承销商按惯例行使了3 000万美元的“超额认购权”，致使本次发行的总额达2.3亿美元。该可转换债券分别于2002年、2003年、2004年转换为境外上市外资股273 960股、27 397 240股、41 040股。

华能国际选择利用可转债进行筹资，有三个动机：

①美国国债市场的利率当时处于历史上的较低水平，同时华能国际当期资产负债

率较低，使得华能国际以债务融资方式筹集资金的资本成本相对较低。

②华能国际当时的股票价格一路攀升，这使得债务转股权对投资者非常有吸引力，这种吸引力又在很大程度上降低了可转换债券的票面利率，使得公司的债务融资成本更低。

③由于公司当时具有较多的投资与并购计划，发行可转换债券成功转股后，可以使公司的债务结构更加稳健，有利于提升公司以后的融资能力。

（2）2005—2015年发行短期融资券

短期融资券的主要用途和目的是基于国内金融市场资金充裕、资金成本波动不大的现状，采用成本较低的短期融资券和其他新型融资产品，以抵减利率上涨带来的冲击和降低筹资风险。

从表4-6可看出，华能国际通过发行短期融资券，满足了部分资金需求，其融资成本比同期银行贷款基准利率低得多。华能国际通过经常性的短期融资券的发行，客观上达到了与长期债券相同的融资效果，同时降低了融资成本。

表4-6　　**华能国际2005—2015年短期融资券筹资情况表**

年份	地点	方式	期限	票面利率（%）	金额	同期银行贷款基准利率（6个月～1年）
2005	上海	短期融资券	1年、9个月	2.92、2.70	50亿元	5.58
2006	上海	短期融资券	1年	3.12、3.35	50亿元	5.85
2007	上海	短期融资券	364天	3.84	50亿元	6.81
2008	上海	短期融资券	365天	4.83	50亿元	6.53
2009	上海	短期融资券	365天、270天	1.88、2.32	100亿元	5.31
2010	上海	短期融资券	270天、365天	2.55、3.2	100亿元	5.56
2011	上海	短期融资券	365天、366天	3.95、6.04	100亿元	6.06
2012	上海	短期融资券	365天	4.41、4.42、4.58	150亿元	6.19
2012	上海	短期融资券	270天	3.35、3.32、3.70、3.99	200亿元	6.19
2013	上海	短期融资券	365天、270天	5.25、3.90	100亿元	6.00
2014	上海	短期融资券	365天、365天	3.98、4.90	100亿元	5.35
2015	上海	短期融资券	366天	3.17	30亿元	4.85

五、华能国际融资的效果

（一）在保持控制权稳定的同时，实现了华能国际的战略目标

企业大量地募集股权资金或债务资金都有可能导致控制权的丧失。华能国际作为

一家非常重要的国有企业，在国内外上市过程中，国资委始终保持对公司的优势持股和绝对控制权。在控制权稳定的基础上，华能国际多年来持续快速发展，1994年成立时装机容量只有2 900兆瓦，经过多年努力，截至2015年12月31日拥有权益发电装机容量74 399兆瓦，可控发电装机容量82 331兆瓦。公司已成为国内领先、有世界竞争力的发电公司，是我国最大的发电公司之一，在火电、水电、新能源发电及其配套产业等方面均发展迅速。

（二）实现企业资本结构的动态变化

华能国际的资本结构多年来实现了动态变化（见表4-7），其资产负债率从2001年的40%到2015年的67%，呈现出持续升高的态势。2001—2004年，资产负债率均低于50%，也低于行业均值。2005—2007年，资产负债率逐年提升，且大于50%，与同行业平均水平接近。2008—2012年，资产负债率大幅提升，维持在75%左右，比同行业平均水平高出11个百分点左右。2013—2015年，资产负债率呈现下降趋势，由2013年的71%逐年下降到2015的67%。

表4-7　**华能国际资产负债率变化趋势表（%）**

年份	华能国际	华电国际	大唐发电	国电电力	长江电力	五大公司平均	行业平均
2001	40	—	—	41	—	—	37
2002	37	—	—	64	—	—	41
2003	37	—	—	66	33	—	44
2004	44	62	—	68	34	—	49
2005	54	61	—	69	44	—	52
2006	56	71	71	68	40	61	56
2007	58	72	72	67	36	61	56
2008	75	82	81	72	35	69	64
2009	75	79	82	73	62	74	66
2010	73	83	82	76	58	74	64
2011	77	84	79	78	57	75	64
2012	75	83	79	75	52	73	64
2013	71	81	78	76	48	71	70
2014	69	77	79	73	41	68	68
2015	67	73	79	72	36	65	66

案例使用说明

一、教学目的与用途

本案例的教学目的是使学生了解公司进行股权和债务融资可供选择的筹资方式及运用每种筹资方式时须考虑的动因和时机选择，进而掌握公司融资决策方法。

二、启发思考题

1.华能国际融资的背景与战略动机是什么？
2.华能国际为何要选择三地上市？
3.华能国际融资的效果如何？

三、关键概念与理论依据分析

（一）关键概念

■ 1.股权融资和债务融资

企业的融资方式包括股权融资和债务融资。所谓股权融资是指股权融资企业的股东愿意让出部分企业所有权，通过企业增资的方式引进新的股东的融资方式。对于股权融资所获得的资金，企业无须还本付息，但新股东将与老股东分享企业的盈利与增长。债务融资是指企业通过借钱的方式进行融资，债务融资所获得的资金，企业首先要承担资金的利息，另外在借款到期后要向债权人偿还资金的本金。股权融资方式有：内部融资、股票融资、可转股债券、吸收直接投资等。债务融资方式主要有：银行借款、发行债券、融资租赁等。

股权融资有如下特点：权益资金的所有者拥有参与企业经营管理的权力，同时也要以投资额为限承担相应风险；权益资金的所有者不能直接从企业收回投资，除非企业解散清算，但是可依法转让其股权投资；权益资金的投资收益不确定；权益资金的求偿权居最后；股权融资发放的股利不能抵税。

债务融资具有如下特点：债权人没有参与企业经营管理的权力，也不对企业的经营亏损承担责任；负债资金有明确的偿还期限，到期必须偿还；负债资金的投资收益率预先确定，不受以后经营业绩的影响；负债资金的投资风险相对较低；负债的利息可以抵税。

■ 2.资本结构

资本结构是指企业各种资本的构成及比例关系。在企业实践中，资本结构包括纵向资本结构和横向资本结构。纵向资本结构指的是资本的产权结构（权益资本和债务资本的比例）和时间结构（短期资本和长期资本的比例）。横向资本结构是指企业资本来源与资产的对应关系。最佳的资本结构，是指企业在一定条件下，使企业加权平均资本成本最低、企业价值达到最大的资本结构。

■ 3.存托股

存托股是存托凭证的一种。存托凭证（Depository Receipts，DR），又称存券收据或存股证，是指在一国证券市场流通的代表外国公司有价证券的可转让凭证，属于公司融资业务范畴的金融衍生工具。

以股票为例，存托凭证是这样产生的：某国的上市公司为使其股票在外国流通，就将一定数额的股票委托某一中间机构（通常为一银行，称为保管银行或受托银行）保管，由保管银行通知外国的存托银行在当地发行代表该股份的存托凭证，之后存托凭证便开始在外国证券交易所或柜台市场交易。存托凭证的当事人，在国内有发行公司、保管机构，在国外有存托银行、证券承销商及投资人。从投资人的角度来说，存托凭证是由存托银行所签发的一种可转让股票凭证，证明一定数额的某外国公司股票已寄存在该银行于外国的保管机构，而凭证的持有人实际上是寄存股票的所有人，其所拥有的权力与原股票持有人相同。存托凭证一般代表公司股票，但有时也代表债券。

在美国发行的存托股就是美国存托凭证（ADR），它是面向美国投资者发行并在美国证券市场交易的存托凭证。ADR解决了美国与国外证券交易制度、惯例、语言、外汇管理等不尽相同所造成的交易上的困难，是外国公司在美国市场上筹资的重要金融工具，也是美国投资者最乐于接受的外国证券形式。美国法律为了保护国内投资者的利益，规定法人机构以及私人企业的退休基金（其资金仍来源于老百姓）不能投资美国以外的公司股票，但对于外国企业在美国发行的存托凭证则视同美国的证券，可以投资。

■ 4.介绍上市

介绍上市（Way of Introduction）是已发行证券申请上市的一种方式，不需要在上市时再发行新股，因为该类申请上市的证券已有相当数量，并为公众所持有，故可推断其在上市后会有足够的流通量。以香港联交所的上市规则为例，在三种情况下一般可采用介绍上市的模式：一是申请上市的证券已在一家证券交易所上市，可争取在另一家交易所上市，或在同一交易所“转板上市”；二是“分拆上市”，即发行人的证券由一名上市发行人以实物方式分派给其股东或另一上市发行人的股东；三是换股上市有时也采用这种模式。介绍上市的优点是可以把企业融资和证券上市在时间上分隔开，给企业以更大的灵活性。介绍上市的缺点是在上市初期，公司可能面临股份供应与交投量不足的情形，尤其对于小公司而言，可能会将流通性摊薄，易受大户操控，股价波动可能较大。

■ 5.可转换债券

可转换债券是债券的一种，它可以转换为债券发行公司的股票，通常具有较低的票面利率。从本质上讲，可转换债券是在发行公司债券的基础上，附加了一份期权，并允许购买人在规定的时间范围内将其购买的债券转换成指定公司的股票。

■ 6.短期融资券

短期融资券是指具有法人资格的企业，依照规定的条件和程序在银行间债券市场发行并约定在一定期限内还本付息的有价证券。短期融资券是由企业发行的无担保短期本票。在我国，短期融资券是指企业依照《银行间债券市场非金融企业债务融资工具管理办法》的条件和程序在银行间债券市场发行和交易并约定在一定期限内还本付息的有价证券，是企业筹措短期（1年以内）资金的直接融资方式。

（二）资本结构理论

■ 1.资本结构与企业价值

Modigliani和Miller（1958）在无企业所得税的前提条件下提出，举借低成本负债所获得的利益恰好会被股权资本成本的上升所抵消，因此若企业增加负债对企业整体的加权平均资本成本不会有所影响，也不会使企业的价值有所改变。之后，两位学者又提出了有企业所得税下的MM模型，在考虑企业所得税的条件下，企业增加债务资本将使得企业的价值也得到提升，当企业负债达到100%时，企业价值达到最大。

MM理论只考虑负债带来的节税利益，却忽略了负债带来的风险和额外费用。Baxter（1967）、Kraus和Litzenberger（1973）等学者在考虑负债带来的利益的同时，引入了财务危机成本和代理成本的概念，提出了对它们进行适当平衡来确定资本结构的理论，即权衡理论。在企业负债逐渐上升的过程中，举债的减税利益起完全支配作用，当超过某一负债额时，财务危机成本和代理成本的影响显著增强，此时减税的边际收益完全会被成本损失所抵消。随着负债进一步上升，财务危机成本和代理成本将起到主导作用，企业价值呈下降趋势。

自20世纪70年代以来，学者们开始将信息经济学、博弈论等现代分析工具运用到资本结构的研究当中，研究的视角开始转向企业的产权安排、企业的治理、相关利益主体的行为等方面。Ross（1977）提出，信息不对称问题长久地存在于企业外部投资者和内部经营者之间，所以投资者在很大程度上都需要依赖管理层向外界传递出的信息来对企业的市场价值进行评价。企业的资产负债率就是一种将企业的内部信息间接传递给市场的信号。Ross（1977）认为，资产负债率对于投资者而言代表着积极的信号，当企业经营状况越好时，企业的资产负债率才会越高。Brander和Lewis（1986）将资本结构理论与产业组织理论结合进行了研究，提出了资本结构产业组织模型。两位学者认为，若企业所面临的市场竞争较为激烈，那么管理层可以通过加大经营杠杆和财务杠杆的作用，诱使股东追求更具风险的投资战略，企业会选择较高的负债水平。

■ 2.资本结构影响因素

历史、文化因素的影响，导致了资本结构在不同国家间的差异；不同行业资本密集程度的不同，导致资本结构具有显著的行业差异。因此，影响资本结构的因素，除前述的资本成本、财务风险外，还包括行业因素、税收因素、贷款银行的态度、企业所有者和管理人员的偏好、企业自身的获利能力、现金流量状况及企业发展速度等因素。

此外，公司投资战略、利率水平、公司当前和预期的财务状况、担保资产的可得性及现有债务合同的限制都会影响企业长期筹资决策。流动比率、负债比率等的限制也有可能在某一时期影响公司对特定筹资工具的选择和使用。

债务资本具有双重作用，适当利用债务资本，能够降低资本成本，带来财务杠杆收益，但当企业负债比率太高时，会带来较大的财务风险。因此，每个企业都必须权衡资本成本和财务风险的关系，并考虑上述影响资本结构决策的其他因素，以确定本企业最佳的资本结构。

（三）企业境外上市的理论假说

企业境外上市的理论假说包括市场分割理论、保证假说、改善信息环境假说等。

■ 1.市场分割理论

公司选择海外上市的一个重要原因是为了跨越市场分割这一障碍。通过海外上市，提供给境外投资者更充分、及时和透明的信息，可以解决海外投资者信息不足的问题，从而使公司在证券市场获得低成本的权益资本，在债券市场和信贷市场以较低的成本筹得资金。

■ 2.保证假说

保证假说认为，公司通过海外上市许诺自己将承担更加严格的信息披露责任，更好地保护少数股东权益和接受更加严厉的监管，从而在一定程度上限制了内部人可以从公司获取的个人利益。内部人可以从公司获取的个人利益多少决定着潜在投资者购买股票的意愿和在何等价格水平购买股票的决定。如果内部人只能从公司获得较少的个人利益，那么，将会有更多的投资者在较高的价格购买股票，从而提高公司价值。

■ 3.改善信息环境假说

改善信息环境假说认为，公司海外上市有利于改善公司的信息环境，增加公司的证券分析师人数和媒体报道关注程度，增加分析师信息预测的准确性。

四、分析思路

1.从国家的电力政策变化、电力生产的行业特征和行业发展、企业战略等方面分析华能国际融资的战略动机。

20世纪初，中国的电力市场是一个成长型市场，市场对于电力的需求非常大，为了生产更多的电，就需要大量的融资来支撑公司的发展。电力行业属于垄断行业，具有进入壁垒高、竞争小等特点，加上稳定的资本回报率，使其更容易获得融资。国家电力体制改革要求引入竞争、优化资源配置，构建健康发展的电力市场体系，并且对电力投融资体制和电价进行改革。华能国际既要进行研发和扩建，又要加大融资力度，目的是实现企业提高竞争力的战略目标。

2.以华能国际在美国和中国香港资本市场融资为例，讨论华能国际的融资时机选择。

1994年，电力的市场前景非常广阔，而华能国际在当时并没有技术优势和资本。对于刚成立三个月的公司来说，通过ADR上市融资是初涉海外资本市场最好的投资工具，当时美国股市行情一直处于上涨状态，前景非常好，因此，在美国发行存托股既有利于提高企业知名度和股权价值，也可以满足后续的融资需求，提高公司治理水平。

香港是全球金融中心之一，在全球的资本市场上占有重要的地位。华能国际选择在香港上市，有利于供应商和顾客了解公司，进一步提高知名度，起到宣传的作用，有利于后续的融资和市场的扩展。

3.从融资可得性、融资成本、融资风险等方面分析融资的效果。华能国际通过存托股在美国上市和以介绍上市方式在中国香港上市，不仅提高了知名度，而且为后续获得更多融资打下基础。发行可转债和短期融资券的融资成本和风险都较低，通过债务融资和权益融资，华能国际不仅维持了控制权的稳定，而且实现了战略目标。

五、关键要点

1.企业应当结合宏观环境、行业特征、企业特征等方面确定融资规模和资本结构。

2.不同的融资方式和融资渠道具有不同的融资成本、风险特征，企业应当根据特定环境选择最优的融资方式和渠道。

六、建议课堂计划

本案例可以用于专门的案例讨论课。以下是按照时间进度提供的课堂计划建议，仅供参考。

整个案例课的课堂时间控制在80~90分钟。

1.课前计划：提出启发思考题，请学员在课前完成阅读和初步思考。建议学生在上课前阅读以下文献：

［1］魏文，司祎梅．电力上市公司资本结构实证研究——以华能国际为例［J］．财会通讯，2010（32）．

［2］张佳林，杜颖，李京．电力行业上市公司资本结构与公司绩效的实证分析［J］．湖南大学学报（社会科学版），2003（3）．

2.课中计划：简要的课堂前言，明确主题（2~5分钟）；分组讨论（30分钟），告知发言要求；小组发言（每组5分钟，控制在30分钟内）；引导全班进一步讨论，并进行归纳总结（15~20分钟）。

3.课后计划：如有必要，请学员采用报告形式给出更加具体的解决方案，包括具体的职责分工，为后续章节内容的学习做好铺垫。

思政园地

第5章

营运资金管理案例

财务管理案例

Cases in Financial Management

案例11

美的电器存货管理

摘要

存货管理一直是大型制造业企业资金管理的重中之重。美的电器从21世纪初就开始探寻存货管理新模式，并取得了显著效果。本案例介绍了美的电器通过“供应商管理库存”和“管理经销商库存”进行供应链双向挤压的管理经验。“供应商管理库存”显著降低了美的电器原材料存货的比重，降低了储存成本；通过存货管理上的前移，有效削减销售渠道上昂贵的存货，减少了经销商的大量资金占用。本案例有助于学生理解家用电器制造业先进的存货管理方法，并为企业提高存货管理效率提供参考。

关键词

存货管理　供应商管理库存　实施效果

案例正文

一、引言

近年来，为了降低库存成本，整合供应链资源，越来越多的企业开始尝试一种新型的供应链管理模式——供应商管理库存（VMI）。中国制造业企业90%的时间花费在物流上，物流仓储成本占据其总销售成本的30%～40%，供应链上物流的速度以及成本更是令中国企业苦恼的老大难问题。美的电器从21世纪初就开始探寻存货管理新模式，并取得了显著效果。美的电器针对供应链的库存问题，利用信息化技术手段，一方面从原材料的库存管理做起，追求零库存；另一方面针对销售商，以建立合理库存为目标，从供应链的两端实施挤压，加速了资金、物资的周转，实现了供应链的整合优势。

二、公司简介

1.美的电器简介

美的电器的前身为广东美的电器股份有限公司，是于1992年8月10日在原广东美的电器企业集团的基础上改组设立的，1993年9月7日，向社会公开发行股票，1993年11月12日在深交所上市，代码为000527。经历多次送、转、配股后，公司股本总额为1 260 713 286.00元。2004年5月25日，公司更名为“广东美的电器股份有限公司”，主营业务包括空调、风扇、电饭煲、微波炉、饮水机等。2011年，美的电器被评为亚洲最佳上市公司第19名。

2013年9月，美的电器被其控股股东美的集团吸收合并，美的电器公司股票被注销，新存续公司为美的集团，代码为000333。本案例及其数据均指被美的集团吸收合并前的美的电器公司。

■ 2.美的电器的实际控制人——何享健

1980年，美的电器在何享健的带领下开始制造风扇，进入家电行业；1985年，进入空调业；1992年，成立美的电器，并进行内部股份制改造。1993年，美的电器股票发行上市，何享健担任公司董事长。2000年4月起，何享健担任美的电器控股股东美的集团的董事长及总经理。

2001年，美的电器完成了公司高层经理人的股权收购，进一步完善了现代企业制度。2009年8月，何享健辞去公司董事局主席及董事职务，交由原董事局副主席、总裁方洪波继任董事局主席，并兼任总裁。为了给方洪波这样的人才提供发展空间，何享健不让独子何剑锋进入美的。他给职业经理人的报酬非常高。二级集团的总裁身价至少是千万级，事业部层面的则不低于百万级。同行人士非常羡慕美的经理人："他们活得更像老板，而不像是在给别人打工。"

2012年8月25日下午，美的集团在深交所发布公告称，何享健卸任美的集团董事长，现任美的电器董事长方洪波接任美的集团董事长一职。何享健仍旧担任美的集团控股股东。

三、相关背景

美的电器主要经营的是白色家电，具体包括空调、冰箱与洗衣机。

空调行业——随着一系列利好政策的推动，以及房地产交易旺盛及极端气候的影响，空调内销快速回暖，公司利用技术研发、品牌、渠道资源等方面的优势，在国内市场表现突出，市场份额进一步提升，寡头格局得到强化；全社会对气候变化的高度关注，推动了对高效节能、环保产品需求的日益增加，变频空调消费比率明显上升，零售市场的市场份额已超过20%，这印证了市场对于变频空调的接受程度正在由过去的量变积累到产生质变。

冰箱行业——家电下乡政策陆续在全国范围内实施，推动冰箱成为家电下乡最受欢迎的产品，冰箱销售占家电下乡所有销售产品的50%左右。从产品结构看，一方面，企业针对三、四级市场推出更多中低端机型，普及型产品需求稳定；另一方面，城市居民收入水平的提高和住房条件的改善推动一、二级市场高端冰箱的升级换代，大容量、多门、电脑多温区冰箱成为主流。

洗衣机行业——平稳增长的背后蕴含着深刻的变化，对三、四级市场普及型产品的需求正在逐步释放，而更新换代的需求以及消费观念和生活方式的转变，带动滚筒洗衣机及大容量洗衣机等高端产品的销售增长，产业结构的整体升级是洗衣机行业最亮的闪光点；洗衣机相关国家标准获批发布，标准的实施将会进一步提高行业技术门槛，加快行业技术创新的速度，推动洗衣机节能、节水与健康、环保技术的发展。

四、主题内容

（一）无缝竞争时代的“成本领先”战略

作为世界空调产业巨头之一的美的，“总成本领先”一直是其在竞争中不断壮大的核心战略，美的集团CEO方洪波提出的产能扩张战略正是这一思路的集中体现。美的的优势就在于坚持“总成本领先”战略，不断平衡行业发展与自身发展。从规模到技术，从品牌营销到市场布局的战略战术支撑了持续的“总成本领先”优势。

2005年冷冻年度刚刚拉开帷幕时，美的集团副总裁王金亮就提出继行业洗牌之后，2005年度空调产业的竞争将更趋白热化，竞争也将更趋复杂，各个空调厂商都将充分整合和释放自身的比较优势，形成综合实力整合竞争的摊牌态势。

对于美的而言，无缝竞争时代的“总成本领先”首先是以超级产能规模为基础的行业成本领先，具体包括采购、生产、信息管理、渠道优化及服务效率的成本优势。在各个产业环节上一起发力，将单位产品的成本降到最低。正如我们所看到的，美的将ERP系统及渠道存货的监控引入管理系统，将中央服务响应系统及六西格玛服务系统引入售后服务体系，通过集团采购模式降低生产成本都是将“总成本”这一概念不断延伸至行业整合的各个环节，从而形成以产能和效率为基础的总成本优势。

从战略层面来讲，市场布局战略的领先成就了美的在市场布局方面的领跑优势。对于已经进入白热化竞争阶段的空调行业而言，市场战略由于其可复制性而成为非永久性的“一公里”优势。市场布局的战略步骤中的“领先一步”就是巨大的战略优势。例如，2005年4月18日，美的在井冈山启动了“乡镇空调普及革命”，宣布从2005年度开始，将营销重点从此前一直活跃的一、二级市场转向三、四级市场。通过从产品销售到售后服务的系统工程，美的率先占领市场，在后续的竞争布局中形成自身的战略优势。

就营销的层面而言，2003年开始的白色家电营销战一直被业界称为“价格战加概念战”，价格战的腥风血雨在过去的两年间使许多不具备规模和实力的品牌退出了竞争。与此同时，“概念战”对于日益理性和成熟的市场的杀伤力日渐式微。概念游戏主导的暴利空间已经不在，概念竞争势必被产品技术和服务能力的竞争取代。

在后概念营销时代，营销竞争实际上是从技术研发到售后服务的各个营销环节的较量，依靠产品概念和价格争取生存空间的可能性越来越小。在产业整合及技术基础如此集中和合理化的大背景下，渠道拓展及终端激励机制等方面的可操作空间也十分有限，因此，后概念时代的竞争就是以消费者需求为导向的技术与服务的“双簧”。

面对无缝竞争时代的到来，美的电器的“底牌”就是整合竞争优势带来的“总成本领先”地位，以资金流、信息平台、产业供应链、渠道效率及服务实力等各个方面的不断发展形成美的电器的全面优势。

（二）供应商管理库存（VMI）

美的电器虽多年名列空调产业的“三甲”之位，但是不无一朝城门失守之忧。自2000年来，在降低市场费用、裁员、压低采购价格等方面，美的频繁变招，其路数始终围绕着成本与效率。美的在广东地区已经为终端经销商安装销存软件，即实现“供应商管理库存”和“管理经销商库存”中的一个步骤，开始实践“用信息替代库存”这一经营思想。

■ 1.供应商管理库存（VMI）的概念

供应商管理库存（Vendor Managed Inventory，VMI）是指供应商等上游企业基于其下游客户的生产经营、库存信息，对下游客户的库存进行管理与控制。它是一种在供应链环境下的库存运作模式，是以实际或预测的消费需求和库存量，作为市场需求预测和库存补货的解决方法，供货商可以更有效地计划、更快速地应对市场变化和消费需求变化。

VMI起源于沃尔玛与宝洁公司的销售方式尝试：将原本由沃尔玛批发买断后再销售给客户的方式，转化为将仓储货架开放给宝洁自行管理并在销售时进行结算的方式。该方式使供应商销售时间点或者说使货物备置前移，当货物到达仓库时所有权并未转移，仍然属于生产商，只有当货物实现销售时才发生所有权转移，在所有权转移前的风险仍然由供应商承担。

VMI是一种以用户和供应商双方都获得最低成本为目的，在一个共同的协议下由供应商管理库存，并不断监督协议执行情况和修正协议内容，使库存管理得到持续改进的合作性策略。这种库存管理策略打破了传统的各自为政的库存管理模式，体现了供应链的集成化管理思想，适应市场变化的要求，是一种新的、有代表性的库存管理思想。VMI模式可以使供应商获得更多的管理权，销售信息更为透明，并使其回款前的过程更为可控；这种模式也使得采购从烦琐的催货、账务结算和物资盘点等工作中解放出来，有更多的精力进行计划制订、经营合作伙伴关系、努力达成长远期目标。

■ 2.美的电器供应商管理库存的流程

从2002年中期开始，利用信息系统，美的在全国范围内实现了产销信息的共享。有了信息平台做保障，美的原有的100多个仓库精简为8个区域仓库，在8小时可以运到的地方全靠配送。这样一来，美的流通环节的成本降低了15%～20%。

（1）美的的仓库对外地供应商提供租赁服务。运输距离长（运货时间3～5天）的外地供应商，一般都会在美的的仓库里租赁一个片区，并把其零配件放到片区里面储备。在美的需要用到这些零配件的时候，它就会通知供应商，进行资金划拨、取货等工作。这时，零配件的产权才由供应商转移到美的手上。而在此之前，所有的库存成本都由供应商承担。

（2）美的在ERP系统基础上与供应商建立了直接的交货平台。原来供应商与美的每次进行采购交易，要签订的协议都非常多，而现在程序大为简化，年初确定供货商时只签订一个总协议。价格定下来后，美的就在网上发布采购信息，供应商在自己的办公地点，通过互联网就可登录到美的的页面，看到美的的订单内容：品种、型号、数量和交货时间等，然后由供应商确认信息，这样一张采购订单就合法化了。

(3) 美的不仅通过供应商管理库存模式优化了供应商管理体系，还强化了对经销商的管理。美的利用系统统计经销商销售信息（分公司、代理商、型号、数量、日期等），以前要半年一次进行手工繁杂对账，现在只进行业务往来的实时对账和审核。美的作为经销商的供应商，为经销商管理库存，在系统支持下，经销商基本不用备货了。如果经销商缺货，美的立刻就会送过去，而无须经销商提醒。经销商的库存“实际是美的自己的库存”。通过这种存货管理上的前移，美的可以有效地削减销售渠道上昂贵的存货，而不是任其堵塞在渠道中，让其占用经销商的大量资金。

（三）VMI的实施效果

通过厂商的共同努力，整体供应链在“成本”“品质”“响应期”等方面得到了不同程度的发展，供应链能力得到提升。美的电器库存商品占存货的比例超过70%，存货周转率不断提高。美的在库存上的成本领先优势，使其在激烈的市场竞争下维持了相当可观的利润。

1.降低库存成本

实施VMI后，供应商不需要像以前那样疲于应付美的订单，只需留一些适当的库存即可。供应商不用备很多货，能满足3天的需求即可。零部件库存由原来平均的5~7天的存货水平，大幅降低为3天左右，而且这3天的库存也是由供应商管理并承担相应成本的。从表5-1可以看出，美的电器的原材料占库存的20%左右，原材料周转率达到30次左右。原材料周转率提高后，一系列相关的财务“风向标”也随之“由阴转晴”，让美的“欣喜不已”：资金占用率降低，资金利用率提高，资金风险下降，库存成本直线下降。

表5-1　美的电器2006—2009年存货管理情况　金额单位：万元

项　目	2006年	2007年	2008年	2009年
营业收入	2 117 051.1	3 329 655.3	4 531 346.2	4 727 824.8
存货	434 497.1	681 014.3	513 753.6	582 750.8
原材料	133 866	146 436.3	99 869.67	135 313.2
委托加工材料	227.9273	769.3313	3 475.3	3 118.506
低值易耗品	205.841	87.52021	95.604	432.934
在产品	18 284.66	24 390.52	17 939.41	32 275.05
库存商品	281 912.7	509 330.6	392 373.7	411 611
库存商品比例（%）	64.88	74.79	76.37	70.63
原材料比例（%）	30.81	21.50	19.44	23.22
原材料周转率（次）	16.83	19.33	29.74	31.44
库存周转率（次）	6.24	6.85	8.12	9.20

2.提升存货周转率

此外，美的电器一直保持着良好的存货管理，存货周转率2006—2009年一直稳步上升，与同行业其他几家上市公司相比，一直处于领先的地位（见表5-2和图5-1）。

表5-2　上市公司存货周转率比较　单位：次

公司	2006年	2007年	2008年	2009年
美的电器	4.33	4.86	6.13	6.74
深康佳A（000016）	—	3.0229	3.5884	3.4998
TCL科技（000100）	—	6.4283	6.7888	6.7116
小天鹅A（000418）	—	5.4738	5.1962	5.9055
美菱电器（000521）	—	6.7834	5.65	5.7535
均值	—	5.3133	5.47108	5.72292

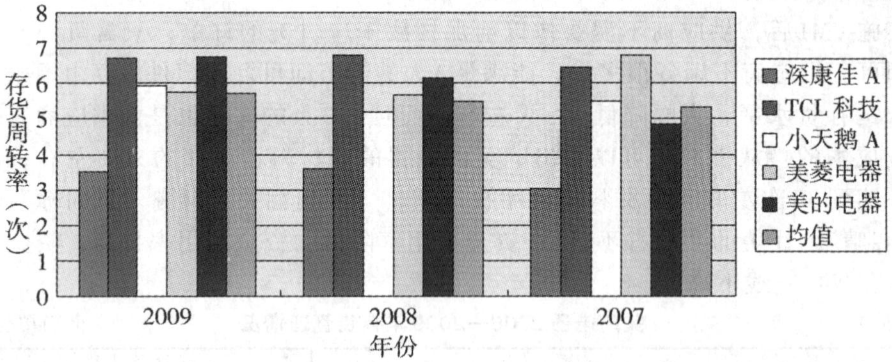

图5-1　2007—2009年家用电器行业上市公司的存货周转率（次）

美的电器的模式就是以“成本领先”为导向进行内部资源整合，通过对产业环节内部资源的整合提高效率，制造利润空间，同时与市场战略配合，形成从生产成本到营销成本的全面领先优势。这种全面领先的优势又会带动其技术与品牌的积累与发展。美的电器这一战略模式成就了空调行业的一个巨头，而美的模式的效应也随着美的在空调行业中地位和影响力的提升日益凸显。

案例使用说明

一、教学目的

本案例的教学目的是使学生了解家用电器制造业先进的存货管理方法，并为其他上市公司提高存货管理水平提供参考。

二、启发思考题

1.供应商管理库存（VMI）对企业存货成本产生哪些影响？

2.美的电器在实行供应商存货管理上利用了自身的什么优势？

3.阅读以下材料，分析VMI模式实施的优缺点和相关前提条件。

VMI，是一朵带刺的玫瑰吗？

VMI在中国物流市场一时备受推崇，但随着时间的推移和一些企业的实践，目前有不少业内人士开始对VMI说“不”，甚至有人质疑VMI赖以存在的“互利双赢”理念。在这个模式下，下游必然会获取收益，但由此增加了上游供应商的压力。某知名汽车企业的供应商如此抱怨：企业实施VMI之后，供应商就得大量地囤积货品以备采购商的即时需求，导致有些产品错过了走俏期，采购商对此却毫无补偿。类似的抱怨逐步在业界蔓延。VMI，是一朵带刺的玫瑰吗？

■　1.VMI代表了进步

在IT界，最早实施VMI的伯灵顿公司如今已成功运作VMI项目多年。伯灵顿物流厦门分公司总经理黄澎铮说：“VMI涉及整个供应链流程再造。以往的传统方式是采购商从供应商处采购零配件存放在仓库，生产出成品后再销售。实施VMI不仅可以让资金更快地流动起来，而且可以提高生产效率，节约资源，大大减少公司的负担。”对于如何获得VMI所带来的好处，取决于企业自身。VMI是一个管理模式，如果企业的其他流程、管理水准、信息系统没有提升，只是单纯地实施VMI，结果会适得其反。VMI项目需要一个强大的系统、一个专门的服务团队、一个现代化的仓库，其成本要比传统的仓储高得多。企业的生产、财务、管理等配套环节要相应跟上，否则不但不能为企业带来好处，还会造成物流成本增加，产品积压。

■　2.VMI适合你的企业吗

并非所有的企业都适合应用VMI。那些热情高涨正在准备实施VMI的企业，需要冷静地思考一下，你的企业真的适合应用VMI吗？

VMI的好处是带动了资金链的快速转动。同样重量的产品，如一箱肥皂和一箱内存条，它们占用的资金不一样，创造的潜在价值也不一样。电子等高价值的产品，既能产生高利润，也能产生潜在的利润，所以高附加值的产业更适合开展VMI业务。

此外，人才、系统、经验也是物流企业开展VMI业务需要具备的基本条件。首先，企业要达到一定的管理水准。其次，在流程上，要围绕供应链的提升、VMI模式能够运转起来进行设计。最后，在人才上，准备实施VMI的企业需要有一定的人才储备。

是否引入VMI，主要是由企业的生产和销售模式决定的，也就是企业的生产和销售模式是否需要在供应链上进行改造。如果企业想通过流程的改进、提升产生效益，就可以考虑实施VMI。与此同时，企业还需要对纳入VMI项目的所有供应商的供应规模、管理水准、包装等方面进行全面考量。

■ 3.VMI是个渐进的过程

VMI是一个牵一发而动全身的项目，VMI一旦失败，可能会导致整个供应链紊乱。因此，企业在准备实施VMI之前，应该对企业自身的供应链有充分的认识。

首先，企业需要一个专门的项目小组。其次，要从传统的物流模式变成VMI模式，需要一个第三方物流合作伙伴。采购商在供应链关系中占绝对主导地位。最后，要对供应商进行分析，找出适合纳入VMI的供应商，并对物流供应商的综合能力和实施能力进行考核。实施阶段主要由合作伙伴实施，但企业一定要参与。实施VMI项目不可急功近利，它是一个循序渐进的过程。

开展VMI业务必须遵循的一个重要原则是，VMI要建立在互信的基础上。如果供应商和厂商之间出现矛盾，供应链就会变得很脆弱。企业实施VMI的过程中，比较容易走入两个误区：一是将VMI与企业的其他运作独立开来；二是使企业的中、下层员工被动接受。

■ 4.力求提高库存透明度

如何降低供应商的风险，取决于厂家自身的制造能力和管理能力。在VMI模式下，供应商是根据采购商的需求预测发货的，但是需求预测的准确度取决于供应链的透明度。对于供应商而言，预测越准，就越能准确掌控物流。

三、关键概念与理论依据分析

（一）关键概念

■ 1.存货成本

存货成本包括取得成本、储存成本与缺货成本三个部分。

取得成本是指企业为了取得某种存货而支出的成本，又可分为订货成本和购置成本。订货成本指取得订单的成本，如办公费、差旅费、邮资、电话费等支出。购置成本是指存货本身的价值。

储存成本是指为保存存货而发生的成本，包括存货占用资金所应计的利息、仓库费用（仓库折旧、仓库职工工资等）、保险费用、存货破损和变质损失等。

缺货成本是指由于存货供应中断而造成的损失，包括材料供应中断造成的停工损失、产成品库存缺货造成的拖欠发货损失和丧失销售机会的损失以及紧急额外购入成本等。

■ 2.零库存管理

所谓的零库存，是指物料（包括原材料、半成品和产成品等）在采购、生产、销售、配送等经营环节中，不以仓库存储的形式存在，而是处于周转的状态。零库存管理是通过实施特定的库存控制策略，实现库存量的最小化。零库存管理具体可以通过协作分包、适时适量生产（JIT）、按订单生产等方式完成。

零库存管理产生于日本，是丰田生产方式的重要组成部分，通过精细化的存货控制，有效地降低了企业生产成本。

■ 3.供应链管理

供应链是指从供应商、制造商、分销商、零售商到产品最终用户的完整的链条。供应链管理是使供应链运作达到最优化，以最小的成本，令供应链从采购开始，到满足最终客户的所有过程，包括工作流、实物流、资金流和信息流等均能高效率运作。供应链管理是一种集成的管理思想与方法，它执行供应链中从供应商到最终用户的物流计划和控制的职能。从单一企业的角度看，是指企业通过改善上下游供应链关系，整合和优化供应链中的信息流、物流和资金流，以获得企业的竞争优势。

企业供应链管理通常有三个方面的目的：一是提升客户的满意度（提高交货可靠性与灵活性）；二是降低公司成本（降低库存和分销费用）；三是企业整体“流程品质”优化（减少错误和异常事件）。

（二）供应链成本管理理论

供应链成本管理（Cost Management in Supply Chain）包括企业在采购、生产、销售过程中为支撑供应链运转所发生的一切物料成本、劳动成本、运输成本、设备成本等。供应链成本管理可以说是以成本为手段的供应链管理方法，也是有效管理供应链的一种新思路。供应链成本管理是一种跨企业的成本管理，其视野超越了企业内部，而是将成本的含义延伸到了整个供应链上企业的作业成本和企业之间的交易成本，其目标是优化、降低整个供应链上的总成本。供应链成本管理按其目的和方法可分为供应链成本控制和供应链成本降低。

完成供应链成本管理的目标需要在方案实施过程中进行有效控制。控制包括事前、事中、事后控制，系统要能发挥协同化带来的优势，就必须在控制的过程中加强与预算的结合。在供应链成本管理中加强预算管理，是保证企业沿供应链总体目标方向运动的重要因素，有助于表达供应链活动中所追求的增值作业最大和非增值作业最小的管理思想。

四、分析思路

教师可以根据自己的教学目标（目的）灵活使用本案例。这里简要给出本案例思考题的分析思路，仅供参考：

1.可以从构成存货成本的三个组成部分——购置成本、储存成本与缺货成本三个方面考虑VMI对存货成本的影响。有效实施供应商管理库存能够显著降低企业存货成本。存货总成本包括订货成本、物流成本、存储成本等。第一，实施VMI降低了企业的订货成本。在供应商管理库存模式下，供应商拥有库存，对企业来说，可以使订货任务自动化，节省订货部门的人工成本；第二，供应商通过对企业库存的管理，协调多个企业生产分部的生产与配送，降低物流成本；第三，供应商管理库存可以降低企业的安全储备量，降低企业的存货储存成本。供应商根据企业的销售情况，对需求做出预测，能够减少预测的不确定性，从而减少安全库存量。

2.可以从以下几方面考虑美的电器供应商存货管理上的优势：第一，地域优势，广州交通、物流较为发达；第二，规模优势，随着美的电器所占市场份额的扩大，其在经营中更有话语权；第三，良好的职业经理管理团队，为其制定了良好的战略。

3.VMI模式有使用的前提条件，企业在应用VMI模式前应判断自身的经营管理水平是否达到相关前提条件。

五、关键要点

1.在竞争较为充分的领域，企业之间的竞争将转向一种无缝竞争，所有的产业环节，采购、生产、渠道管理、内部信息管理、终端通路管理、资本及品牌重组、新兴市场开发、售后服务等都卷入这一竞争中。任何一个环节的失误都会造成一种全线效应，战略与战术上的失误形成的短板在决定品牌竞争成败的过程中所产生的效应渐渐超越了比较优势所产生的效应。

2.美的电器模式以“成本领先”为导向，通过对产业环节内部资源的整合提高效率，制造利润空间，同时与市场战略配合，形成从生产成本到营销成本的全面领先优势。

六、建议课堂计划

本案例可以用于专门的案例讨论课。以下是按照时间进度提供的课堂计划建议，仅供参考：

整个案例课的课堂时间控制在80～90分钟。

1.课前计划：提出启发思考题，请学生在课前完成阅读和初步思考。建议学生在上课前阅读以下文献：

[1] 张楠. 美的集团存货管理研究［D］. 河南大学，2017.

[2] 桂良军. 供应链成本管理理论基础和方法研究［J］. 会计研究，2005（4）.

2.课中计划：简要的课堂前言，明确主题（2～5分钟）；分组讨论（30分钟），告知发言要求；小组发言（每组5分钟，控制在30分钟内）；引导全班进一步讨论，并进行归纳总结（15～20分钟）。

3.课后计划：如有必要，请学生采用报告形式给出更加具体的解决方案，包括具体的职责分工，为后续章节内容的学习做好铺垫。

案例12
苏宁云商[①]的现金周转期管理

摘要

现金周转期是测量企业现金管理有效性的一个关键指标，依靠负的现金周转期提升经营业绩的企业战略被称为OPM战略。本案例从苏宁云商现金周转期的视角，分析了其以OPM战略为特色的资金营运管理模式。苏宁云商借助自身优势，通过OPM战略，不断延长负现金周期和增加负净现金需求，从而以较少的净资产实现了较大的销售规模。本案例有助于学生理解现金周转期指标在营运资金管理中的重要地位，也有助于企业了解减少营运资金需求的方法和与之对应的风险防范措施。

关键词

现金周转期　OPM战略　营运资金需求

案例正文

一、引言

近年来，异军突起的以国美电器和苏宁云商为典型代表的“大卖场”，打破了我国家电行业里制造厂商与其客户间的力量平衡，使家电制造厂商在一定程度上丧失了在定价上的“话语权”，价格战的主导权有被“大卖场”取而代之的趋势。事实上，过去几年中家电市场的很多价格战都是由“大卖场”挑起的，“大卖场”也因此被戏称为家电市场上的“价格屠夫”。那么，“大卖场”为何能够在空前惨烈的价格战中生存？国美电器和苏宁云商的盈利模式又有何奥秘？本案例着重对苏宁云商以OPM（Other People’s Money）策略为主要特征的盈利模式进行介绍。

二、公司简介

■　1.苏宁云商简介

苏宁云商，1990年创立于江苏南京，是中国3C（家电、电脑、通信）家电连锁零售企业的领跑者，是商务部重点培育的“全国15家大型商业企业集团”之一。截至2009年，苏宁云商连锁网络覆盖中国内地30个省、300多个城市以及香港特别行政区，拥有1 000家连锁店、80多个物流配送中心、3 000家售后网点，经营面积为

① 苏宁云商集团股份有限公司，股票代码为002024，2018年更名为苏宁易购集团股份有限公司。本案例主要介绍苏宁云商的内容。

500万平方米，员工超过13万人，年销售额为1 200亿元，品牌价值508.31亿元，蝉联中国商业连锁第一品牌，名列中国上市规模民企前三、中国企业500强第54位，入选《福布斯》亚洲企业50强。

2004年7月，苏宁云商在深圳证券交易所上市，公司名称为苏宁电器股份有限公司（以下简称"苏宁电器"）。凭借优良的业绩，苏宁电器得到了投资市场的高度认可，是全球家电连锁零售业市场价值最高的企业之一。苏宁电器被《巴菲特杂志》、世界企业竞争力实验室、《经济学人》周刊联合评为2010年（第七届）中国上市公司100强，排名第61位。2013年2月19日，苏宁电器发布公告称，基于线上线下多渠道融合、全品类经营、开放平台服务的业务形态，苏宁电器将公司名称变更为"苏宁云商集团股份有限公司"，简称"苏宁云商"。2013年，苏宁云商以130亿元的品牌价值，位列胡润民营品牌榜第9位。

■ 2.公司实际控制人以及产权和控制关系

公司实际控制人是张近东。其1984年毕业于南京师范大学中文系；1990年，他和哥哥张桂平创办了一家空调专卖店，后兄弟分家，张近东继续经营电器连锁。2004年7月，公司于深圳证券交易所中小企业板上市，成为国内首家IPO上市的家电连锁企业。2008年，张近东担任全国政协委员、中华全国工商联副主席、苏宁云商集团董事长。

苏宁云商从个人创业发展到国内民营企业三甲之一，从个人企业到公众公司已经走过了20多年的路。这20多年既是苏宁不断发展的过程，也是张近东不断与团队和社会分享苏宁财富的过程。2004年，苏宁电器在中小板上市，并且随着"全流通"改革和定向增发，张近东的股权已经稀释到公司股权的1/3左右。在2006年中国资本市场的财富统计中，前50位个人财富榜单中苏宁电器占据5席，除张近东本人外，还有4名中高层管理人员入选。尽管如此，张近东还在规划一个更大手笔的造富计划，进一步稀释手中的股权，即实施员工股权激励。根据相关规定，股权激励计划涉及的标的股票最高可达公司股本总额的10%。业内人士分析，此计划如果得以实施，在未来5年内，苏宁将打造出1 000个千万富翁。

作为中国家电连锁行业的龙头企业，国务院前总理温家宝曾勉励苏宁电器"成为中国的沃尔玛"，在这一使命下，张近东坚持企业本土化特性，不断壮大企业规模和国际化管理能力，多次在政协会议上提出关于"壮大中国现代零售业"的提案。他始终坚信"13亿人的中国市场一定能够培育出世界500强的现代零售企业"，并正在朝着这一目标不断前进。

三、主题内容

（一）苏宁云商的财务状况

苏宁云商2007—2009年的财务状况见表5-3。

表5-3 苏宁云商2007—2009年部分财务指标

项 目	2007年	2008年	2009年
盈利能力			
毛利率	14.46%	17.16%	17.35%
净资产收益率	31.69%	24.73%	19.88%
流动资产结构			
货币资金比	54.90%	61.52%	72.73%
预付账款比	7.52%	6.29%	3.14%
应收票据比	0.18%	0	0.02%
应收账款比	0.79%	0.64%	1.15%
存货比	33.48%	28.56%	20.95%
流动负债结构			
短期借款比	1.23%	1.25%	0
预收账款比	2.47%	1.48%	1.34%
应付账款比	27.62%	29.12%	24.15%
应付票据比	57.79%	56.87%	67.57%
一年内到期的非流动负债比	0.94%	1.23%	0.47%
偿债能力			
经营活动现金流量净额对流动资产比率	25.71%	22.22%	18.40%
经营活动现金流量净额对流动负债比率	30.70%	30.61%	26.81%
资产负债率	70.25%	57.85%	58.36%
流动比率	1.19	1.38	1.46

从表5-3可以看出，苏宁云商净资产收益率大于20%，盈利能力较好；流动资产中80%以上是由货币资金和存货构成，其中，货币资金占流动资产的50%以上，应收款项（包括预付账款）所占比重较小，说明公司采取了较好的销售结算方式，流动资产质量很好。流动负债中占比最大的是应付票据和应付账款，其中，应付票据占流动负债的一半以上，说明公司在采购方面处于有利地位，无偿占用了供应商的资金。那么，在盈利能力较好的情况下，为何在有大量货币资金的同时，又不及时付款给供应商呢？

相比于公司较好的资产负债率，苏宁云商的流动比率显得过低，主要原因很可能是与流动资产相比，流动负债较高。如果供应商集体索款，公司将面临较大的资金风险。

（二）苏宁云商的财务弹性

所谓财务弹性，是指企业对市场机遇和市场逆境的应变能力。对于拥有充裕经营性现金流量和现金储备的企业而言，一旦市场出现投资机会，它们就可迅速加以利用，而一旦市场出现意想不到的市场逆境，它们也可以游刃有余，坦然应对，还本付息和支付股利的能力也有保障。反之，对于经营性现金流量捉襟见肘、现金储备严重匮乏的企业，面对再好的投资机会和其他机遇，也只能望洋兴叹。对于始料不及的市场逆境，它们很可能丧失还本付息和股利支付的能力，从此一蹶不振。

苏宁云商的财务弹性指标见表5-4。

表5-4　　苏宁云商的财务弹性指标

财务弹性指标	2007年	2008年	2009年
现金流量充裕率	2.12	1.32	3.10
经营性现金流量对流动负债比率	0.31	0.31	0.27
经营性现金流量利息保障倍数	12 182.84	57 865.77	—
经营性现金流量对资本性支出比率	2.57	1.56	4.65
流动负债占总负债比重	99.90%	99.78%	99.06%

$$\text{现金流量充裕率}=\text{经营活动产生的现金流量}\Big/\left(\text{购建固定资产的现金流出}+\text{偿还银行借款的现金流出}+\text{支付股利的现金流出}\right)$$

从表5-3中可以看出，除经营性现金流量对流动负债比率以外的指标都显示财务弹性较好，但是由于公司银行负债和资本性支出较少，而公司负债几乎为流动负债，所以经营性现金流量对流动负债比率显得尤为重要。经营性现金流量对流动负债比率偏低，这意味着苏宁云商的财务弹性不理想，显然与它们的OPM战略有关。

（三）苏宁云商的OPM战略成就负现金周期和负净现金需求

在研究财务弹性与现金流量之间的关系时，除了考虑企业的经营性现金流量和现金储备这两个重要因素外，还必须充分考虑企业运营资本管理中OPM战略的影响。所谓OPM战略，是指企业充分利用规模优势，增强与供应商的讨价还价能力，将占用在存货和应收账款上的资金及其资金成本转嫁给供应商的运营资本管理战略。简言之，OPM战略本质上是一种创新的盈利模式，是“做大做强”的生动实践。衡量OPM战略是否卓有成效的关键指标是现金转化周期。

现金周期越短，表明企业在运营资本管理中所采用的OPM战略越成功。成功的OPM战略不仅有助于增强企业的财务弹性，还可增加经营活动产生的现金流量。

在财务流动性概念中，还有一个“净现金需求”概念。该需求并不是一般意义上的流动资金需求，是指企业生产经营过程中的资金占用（流动资产的部分项目）与生产经营过程中的资金来源（结算性流动负债的部分项目）的差额。决定企业生产经营过程现金需求的因素主要是：存货（包括原材料、在产品、产成品等）、预付账款、应收账款。决定生产经营过程结算性资金来源的因素有：预收账款、应付票据、应付账款等。其计算公式为：

净现金需求=存货+预付账款+应收账款-预收账款-应付账款-应付票据

苏宁云商的现金周期与净现金需求见表5-5。

表5-5 **苏宁云商的现金周期与净现金需求** 金额单位：万元

项　目	2007年	2008年	2009年
营业收入	4 015 237.1	4 989 670.9	5 830 014.9
营业成本	3 434 674	4 133 475.6	4 818 578.9
预付账款	102 199.2	108 188.2	94 792.4
应收票据	2 444.7	0	687.4
应收账款	10 784.4	11 012.7	34 702.4
应收账款周转天数（含预付账款和应收票据）（天）		8.46	7.70
存货	455 254.3	490 821.1	632 699.5
存货周转天数（天）		41.20	41.97
预收账款	28 180.5	18 482.2	27 679.2
应付账款	314 631.8	363 332.7	500 311.7
应付票据	658 267.8	709 653.6	1 399 919.1
应付账款周转天数（含预收账款和应付票据）（天）		91.12	112.79
现金周期（天）		-41.46	-63.12
净现金需求	-430 397.5	-481 446.5	-1 165 028.3

表5-5中“净现金需求”为负，表明公司占用供应商的资金超过公司在存货和应收账款上被“客户”占用的资金，也就是说其善于利用供应商在货款结算上的商业信用政策，用别人的钱经营自己的事业。“现金周期”为负，绝对值增大，表明公司占用供应商的资金规模越来越大，时间也越来越长。2009年，近120亿元资金被沉淀63天，财务潜在收益十分诱人。但这种诱人的“负净现金需求”和“负现金周期”财务现象并非连锁商业经营企业所独有，像电脑生产经营商戴尔公司（Dell）、我国一些房地产公司、资源性生产经营企业，还有美的、格力等公司都有类似的财务表现。无论何种行业或者哪类公司，只要有很强的利用供应商或者顾客资金的能力，就很容易出现“负净现金需求”和“负现金周期”。“负净现金需求”和“负现金周期”是集“高收益与高风险”为一体的资金策略。当然，这种财务数据隐含的高风险（易引起

供应商挤兑），可能是公司财务上唯一的，也是绝对致命的风险，也就特别需要多样性、组合化的风险防范策略。

（四）构造现金运营风险防范体系

针对“负净现金需求”和“负现金周期”的潜在财务风险，苏宁公司已经制定了风险防范举措和财务安排，比如：①较低的银行有息负债率；②数额充足的现金储备；③流动负债比重较高，但长期负债比重较低。高比例的应付账款必须有一些“高”（如现金储备）和“低”（如有息负债）来组合、匹配。这种组合的理念与技术值得那些利用上下游供应商或者顾客资金进行产业规划和经营运作的公司复制使用。不过，上述风险防控举措并非完全治本的措施，甚至有些是被动意义上的财务安排。主动的、治本的对策就是要持续改进公司的运营，从改善物流配送、采购库存管理等业务运营入手，持续提高经营效率，以从根本上防范财务风险。

案例使用说明

一、教学目的

通过本案例的学习，可以了解减少营运资金需求的方法和与之相对应的风险防范措施，并为其他上市公司提高现金管理质量提供参考。

二、启发思考题

1.为何苏宁云商的现金周期往往是负的，负现金周期对苏宁云商的经营绩效有何意义？

2.苏宁云商盈利能力较好，又有大量货币资金，为何不及时付款给供应商？

3.如果供应商集体索款，公司将面临较大资金风险，应如何进行风险管理？

三、关键概念与理论依据分析

1.财务弹性

财务弹性（Financial Flexibility）也叫财务适应能力，是指企业适应经济环境变化和利用投资机会的能力，具体是指公司动用闲置资金和剩余负债，应对可能发生的或无法预见的紧急情况，以及把握未来投资机会的能力，是公司筹资对内外环境的反应能力、适应程度及调整的余地。例如，当企业突然需要一笔现金时，企业应如何采取有效行动以筹得款项？

财务弹性的这种能力来源于现金流量和支付现金需要的比较。当企业的现金流量超过支付现金的需要，有剩余的现金时，企业适应性就强。因此，通常将经营现金流量与支付要求（指投资需求或承诺支付等）进行比较来衡量企业的财务弹性。

一般来说，一个企业如果完全通过权益资本筹集资金显然是不明智的，因为这种筹资方式使之不能得到负债经营的好处，但是风险随着过度举债比例的增大而增加，相应的企业的危机成本及代理成本的增加，使债权人风险加大，从而使其在债务契约中加入诸多限制性条款，使得公司在投资、筹资及股利分配等财务决策方面丧失部分弹性。保持适度的财务弹性，是灵活适应资本市场变动的必要条件，是合理运用财务杠杆收益的前提，是调整筹资规模、筹资结构的基础。

在市场经济条件下，企业若不能适应经济环境的变化必然会陷入重重危机之中，最终将被市场所淘汰。当经营现金流量超过需要，有剩余的现金时，企业适应经济环境变化的能力和生存下来的能力就强。财务弹性包括以下几个指标：

（1）现金股利保障倍数，即每股营业现金净流入/每股现金股利。该指标表明企业用年度正常经营活动所产生的现金净流量来支付股利的能力。该比率越大，表明企业支付股利的现金越充足，企业支付现金股利的能力也就越强。该指标还体现支付股利的现金来源及其可靠程度，这是对传统的股利支付率的修正和补充。由于股利发放与管理当局的股利政策有关，因此，该指标对财务分析只起参考作用。由于我国很多公司（尤其是ST公司）根本不支付现金股利，导致这一指标的分母为零，所以在预测我国上市公司财务危机时，该指标可不做考虑。

（2）资本购置比率，即经营活动现金净流量/资本支出。其中，资本支出是指公司为购置固定资产、无形资产等发生的支出。该指标反映企业用经营活动产生的现金流量净额维持和扩大生产经营规模的能力。该比率越大，说明企业支付资本支出的能力越强，资金自给率越高。当比率达到1时，说明企业可以靠自身经营来满足扩充所需的资金；若比率小于1，则说明企业是靠外部筹资来扩充所需的资金。

（3）全部现金流量比率，即经营活动现金净流量/（筹资现金流出+投资现金流出）。其中，筹资现金流出主要是偿还债务，分配股利、利润和偿付利息所支付的现金；投资现金流出包括购建固定资产、无形资产和其他长期资产所支付的现金，以及进行其他投资所需支付的现金。这是一个非常重要的现金流指标，可以衡量由公司经营活动产生的现金净流量满足投资和筹资现金需求的程度。

（4）再投资现金比率，即经营活动现金净流量/（固定资产+长期证券投资+其他资产+营运资金）。其中，长期证券投资包括长期债券投资和长期股权投资；营运资金是流动资产减去流动负债后的余额。该指标反映了企业经营活动现金净流量用于维持经营的能力，体现了企业的再投资能力。国外学者认为，该指标的理想水平为7%～11%。

2.现金周期

现金周期，即现金循环（转化）周期（Cash Conversion Cycle），是企业在经营中从付出现金到收到现金所需的平均时间，该周期决定了企业资金的使用效率。按照法罗斯教授提出的现金周期模型，在分析了Dell和杰西潘尼的现金周期及美国主要产业现金周期后，他得出结论认为，现金周期缩短是企业效益提升的反映。

现金循环周期的变化会直接影响所需营运资金的数额。现金循环周期包括应收账款周转期、存货周转期和应付账款周转期三个期间。其长度等于自公司购买原材料（生产所需资源）及人工支付现金之日起，至销售产品收回价款之日止所经过的天数，可以衡量公司现金冻结在流动资产上的时间长短。

一般来说，存货周转期和应收账款周转期越长，应付账款周转期越短，营运资金数额就越大；相反，存货周转期和应收账款周转期越短，应付账款周转期越长，营运资金数额就越小。此外，营运资金周转的数额还受到偿债风险、收益要求和成本约束等因素的制约。用公式表示如下：

现金循环周期=（应收账款周转天数+存货周转天数）−应付账款周转天数

其中：应收账款周转天数，是指应收账款收回现金所需时间，又称日销货悬账天数（Days Sales Outstanding，DSO）。应收账款周转率=销售收入÷应收账款平均余额。应收账款周转率愈高表示企业收账的速度及效率愈佳。DSO为54天，其意义为销货发生的应收账款转换为现金，需54天之久。

存货周转天数，是指把原物料或零组件制造为产品，并将产品售出所需时间。存货周转率=销售成本÷存货平均余额。存货周转次数愈多，代表该企业推销商品的能力及经营绩效愈佳，因此存货转换期间不宜太长。存货周转天数与应收账款周转天数合称为营业循环周期。

应付账款周转天数，是指自购进原料或雇用人工至支付价款及工资的平均天数。

四、分析思路

教师可以根据自己的教学目标（目的）灵活使用本案例。这里简要给出本案例思考题的分析思路，仅供参考。

1.苏宁云商在加快应收账款与存货周转的同时，利用其规模优势，强化了其与供应商的谈判能力，不断延长货款支付时间，获得了供应商长时间的免费信用，这是苏宁云商呈现负现金周期的根本原因。负现金周期显著地改善了苏宁云商的经营业绩。

2.结合零售行业和公司战略进行分析。零售市场具有较强的产品同质性、零售商转化成本较低等特点，使供应商在与零售商谈判时处于劣势，而有竞争优势的零售商往往会采取“早收款迟付款”的结算策略，即OPM战略，从而把握了主动权：一方面进一步限制了供应商的谈判能力；另一方面为实现规模优势和成本领先战略奠定了基础。

3.事先做好财务安排，拥有一定的现金储备和银行信贷额度；在与供应商订立的合同中增加降低此类风险的条款；提高营运效率，加强供应链管理。

五、背景信息

苏宁云商后来发生的情况：

（一）将OPM战略与发展商业地产相结合

2009年，对苏宁云商来说，是一个特殊的年份。这一年，无锡、威海、连云港、南京四地的苏宁广场、苏宁云商广场相继开工。尽管当时还没有任何一个广场落成，但苏宁云商的商业地产王国正在逐渐浮出水面。

“当零售业公司涉足商业地产时，它可以利用零售业的资金周期差，通过大量关联交易等手段使得现金流得以被最充分地利用。”康红恩表示。零售和地产的一体化运作在国际和国内都不少见，如乐购、国美等。2009年，宜家也在北京大兴购得地块，迈入商业地产开发领域。

作为国内零售企业的代表，苏宁云商在商业地产开发上的现金流优势自然不言而喻。零售商对供应商的付款，在中国通用的是“先销售、后付款”的方式。在销售与付款之间的时间内，这些资金成为零售商“免费的午餐”。苏宁云商年报显示，2008年底，其持有的现金及现金等价物为68.9亿元，2007年、2006年这个数字分别为35亿元、15亿元。其现金持有量逐年上升幅度约为100%。另外，2008年底，其经营活动产生的现金流量净额为38.2亿元，远高于其利润总额29.5亿元。出现现金流量净额高于净利润的情况，一个原因就是企业在买卖中处于强势地位，在产品销售出去以后，能长时间占用供应商的资金。苏宁云商的应付账款也从2007年的31.5亿元上升至2008年的36.3亿元，正好印证了这一点。这对于上市公司来说是有利的，能够长时间赊账，就是将别人的钱当作自己的运营资金使用，相当于是免息的银行借款。

此外，苏宁云商本身作为零售商，在招商方面也有着自身的优势。

康红恩表示，单纯从回报率来看，商业地产的投资回报率并不高，中国大部分商业地产现阶段的投资回报率可能都不足8%。

“为什么大家还是趋之若鹜地去做？因为很多开发商把它当作一个具有杠杆效应的融资工具。”康红恩说，如开发贷，很快就能转化成为经营性物业贷款，而这笔钱低成本地从银行借贷出来之后，又可用于投资回报率更好的项目。

“苏宁的优势还在于，它可以通过苏宁云商本身这个强有力的商业品牌与当地政府或者物业方进行谈判，所以在拿地成本方面也有一定的议价能力。”康红恩说。但这里面存在一个风险：在轻资产公司向重资产公司转型的过程中，如何控制风险？资金沉淀太多，一旦遭遇宏观调控，某个环节资金链发生问题，很可能就是牵一发而动全身。

截至2009年9月，苏宁云商已在全国拥有885家连锁店，经营面积达到377.5万平方米。随着连锁店数量的增加，苏宁云商对销售渠道的控制能力有所加强，同时对供应商的控制能力也在加强。这些能力的增强，都是对苏宁云商集团商业地产版图的莫大支撑。

（二）苏宁云商的商业模式创新

2013年对苏宁来说是重要的一年。2013年2月19日，苏宁发布公告称，基于线上线下多渠道融合、全品类经营、开放平台服务的业务形态，苏宁拟将公司名称变更为“苏宁云商集团股份有限公司”，以更好地与企业经营范围和商业模式相适应。此次更名可看作苏宁在科技转型战略方面迈出的又一大步，也宣告着苏宁“云商”新模式的正式面世。在苏宁的变革背后，可以看到的是电商时代的崛起，网购规模的逐年提升，网络交易额占社会消费品零售总额的比重也在大幅上升。此外，电商已经开始冲击传统零售业，吸引百货、超市、家电连锁、家居建材等各行业都纷纷涉足电商。

张近东在内部讲话中统一思想，他指出，面对苏宁的互联网零售战略，既不能认为要舍弃店商、发展电商，更不能认为要保护店商、遏制电商，应秉持“店商+电商+零售服务商=苏宁云商”的理念，实现云商的根本出路在于店商的全面互联网化。

2013年6月8日，超乎很多人的想象，苏宁云商的战略迅速进入第二阶段，其宣布全国所有苏宁门店、乐购仕门店销售的商品将与苏宁易购实现同城同品同价，以打破实体零售在转型发展中与自身电商渠道的左右互搏的现状。“双线同价的终极目标是实现苏宁互联网零售的转型。”张近东在之前的内部动员誓师大会上指出，双线同价是苏宁实现O2O融合、转型互联网零售的根本性突破，是中国零售业变革的里程碑事件。

2013年9月12日晚，被定义为3.0模式的苏宁开放平台正式于北京揭开神秘面纱，平台被命名为“苏宁云台”，其拥有四大核心特点：双线开放、统一承诺、精选优选和免费政策。开放平台的落地，标志着苏宁全面转型互联网零售企业的步伐在继续加快。

苏宁不大不小，既有零售基础又有互联网基因，所以能够将二者结合起来。“我们绝对不会照搬，也不会跟随，而是吸收它们的理念和思路，走出一条自己的路。前无古人，后无来者，我们就是要做标杆。”张近东说。

六、关键要点

1.理解OPM战略的利与弊。这种商业模式能为企业带来充裕现金流的同时，会使企业财务弹性降低，因此企业必须建立风险防范体系，做好风险防范工作。

2.理解现金周期、净现金需求和财务弹性的含义和作用，要学会通过这些指标计算和评价企业的现金使用效率。一般来讲，现金周期越短，净现金需求越小，财务弹性越高，企业的资金使用效率越高。但是正如苏宁云商案例所示，在实行OPM战略后，现金周期和净现金需求出现了负数，财务弹性减弱了，因此需要总体权衡企业的营运策略。

七、建议课堂计划

本案例可以用于专门的案例讨论课。以下是按照时间进度提供的课堂计划建议，仅供参考：

整个案例课的课堂时间控制在80～90分钟。

1.课前计划：提出启发思考题，请学生在课前完成阅读和初步思考，建议学生在上课前阅读以下文献：

［1］黄世忠．OPM战略对财务弹性和现金流量的影响——基于戴尔、沃尔玛、

国美和苏宁的案例分析［J］．财务与会计，2006（23）．

［2］孔宁宁．营运资本管理的OPM战略实践分析——基于苏宁电器的案例［J］．财会通讯，2009（34）．

2.课中计划：简要的课堂前言，明确主题（2～5分钟）。分组讨论（30分钟），告知发言要求。小组发言（每组5分钟，控制在30分钟内）。提出进一步思考的问题，如：哪些企业适合使用OPM策略？其优缺点是什么（2～5分钟）？引导全班进一步讨论，并进行归纳总结（15～20分钟）。

3.课后计划：如有必要，请学生采用报告形式给出更加具体的解决方案，包括具体的职责分工，为后续章节内容的学习做好铺垫。

思政园地

第6章

利润分配管理案例

财务管理案例

Cases in Financial Management

案例13

格力电器不分红事件

摘要

现金股利政策作为回馈投资者的重要方式，一直受到上市公司和投资者的重视。本案例通过分析格力电器2018年宣布不分红计划及后续妥协这一事件，阐明股利政策的价值效应，以及上市公司利益相关者反应对公司股利政策的反向影响。本案例对理解我国上市公司如何协调利益分配关系以及投资者如何选择投资对象具有借鉴意义。

关键词

股利政策　现金分红　公司价值

案例正文

一、引言

上市公司良好的股利政策是企业经营状况良好的一种标志，既可以改善股东收益，又可以提升企业形象和企业价值，促进企业持续发展。珠海格力电器股份有限公司（以下简称格力电器）是家电行业的龙头企业，长期保持着优秀的经营业绩，并且连续分红十余年，一直是投资者心中的“分红大户”。

格力电器作为绩优公司必须分红吗？不分红会有什么样的后果？这是值得研究的问题。在格力电器2016年10月的临时股东大会上，格力电器董事长董明珠曾怒怼股东，“格力没有亏待你们！我讲这个话一点都不过分。你看看上市公司有哪几个这样给你们分红的？我5年不给你们分红，你们又能把我怎么样？”“给你们越多，你们话越多，两年给你们分了180亿，你去看看哪个企业给你们这么多？格力从1个亿、从1%利润都没有甚至亏损的企业做到今天，达到13%的利润，是靠你们来的吗？是靠我们的心。”[①]2018年4月25日，格力电器发布2017年年度报告，年报显示公司营业收入、净利润增幅均超过37%，创历史新高，且公司当年货币资金金额为996亿元。但在这种发展良好、现金充足的情况下，格力电器2017年度利润分配预案为：拟定2017年度不派发现金红利，不送红股，不以公积金转增股本，余额转入下年分配。格力电器这一异常的股利政策，引起了投资者强烈反应，公司股价一时暴跌。

① 佚名．董明珠发飙：两年分红180亿，格力没有亏待你们［EB/OL］．［2016-10-31］．https：//www.sohu.com/a/117690066_495736.

二、公司简介

格力电器成立于1991年，隶属于珠海市国资委。1996年11月18日，格力电器在深圳证券交易所挂牌上市，股票代码000651。

格力电器是一家多元化、科技型的全球工业集团，旗下拥有TOSOT、格力、晶弘等品牌，产业覆盖家用消费品和工业装备两大领域。格力电器在“2019年《福布斯》全球上市公司2 000强”榜单中位列第260位，排名较2018年上升34位；在“2019年《财富》世界500强排行榜”中位列第414位，同时，2019年格力电器营业收入达到1 981亿元，净利润248.27亿元，在上榜的129家中国企业中格力电器净资产收益率位列第一。

三、相关背景

（一）格力的发展

格力电器的前身可追溯到1985年成立的珠海经济特区工业发展总公司，该总公司相继成立了珠海经济特区冠雄塑胶有限公司和珠海海利空调器厂。1991年8月两厂合并，成立格力空调器厂，由朱江洪出任总经理。同年11月18日，格力电器一期工程在前山河畔开工奠基，这被认为是格力电器公司正式诞生的日子。

多年来，格力电器内部流传着一句话：“跟着朱江洪，格力不会穷；跟着董明珠，格力不会输。”

1990年，董明珠进入珠海海利空调器厂。她出色的销售成绩令当时格力电器总经理朱江洪刮目相看。1994年，格力电器部分骨干销售人员“集体兵变”。这时，董明珠临危受命，出任公司经营部部长。经过董明珠一系列的内外部整肃，1995年格力空调产销量跃居全国首位。此后，格力电器保持了连续11年空调产销量、销售收入、市场占有率均居全国首位的成绩，格力电器进入了一个辉煌的时代。

1996年，格力电器在深交所挂牌上市。2001年，董明珠升任格力电器总裁，整顿工作作风和干部队伍，确立“打造百年企业”的发展目标，格力电器开始进入高速发展的10年。2012年5月，格力电器在董明珠的带领下成为中国首家营收突破千亿元的家电上市企业。

（二）董明珠其人

董明珠，格力电器董事长、总裁。1954年8月出生于江苏省南京市，先后毕业于中南财经政法大学EMBA、中国社会科学院经济学系研究生班、中欧国际工商学院EMBA。1990年进入格力电器做业务经理。1994年开始相继担任经营部部长、副总经理、副董事长等职务。2012年5月，被任命为格力电器董事长，目前兼任格力集团、合肥格力、武汉格力、郑州格力等董事长，并连任第十、十一、十二和十三届全国人大代表，担任民建中央常委、全国妇联第十届执委会委员、广东省女企业家协会副会长、珠海市女企业家协会会长、珠海市红十字会荣誉会长、联合国“城市可持续发展宣传大使”等。

董明珠获得较多荣誉，如入选“《财富》杂志2019年中国最具影响力的25位商界女性”“2020年中国最具影响力的50位商界领袖”，在“2020胡润全球白手起家女富豪榜”位列第94位，在“2019全球最具影响力女性榜”位列第44位等。

四、主题内容

（一）格力电器的不分红计划

1.不分红决议内容

2018年4月25日晚，格力电器发布2017年年报，营业收入和净利润均再创新高。数据显示，报告期内，格力电器实现营业收入1 482.86亿元，同比增速为36.92%；实现归属于母公司所有者的净利润224.02亿元，同比增速达45.27%。同时格力电器在年报中说明，公司本年度不实施股利分配。其中利润分配预案明确表示：不派发现金红利，不送红股，不以公积金转增股本，余额转入下年分配。同日，格力电器董事会决议也公告了同样的内容，独立董事已就该利润分配预案表示了同意意见。

格力电器管理层就2017年不进行股利派发的解释是：公司从实际经营情况出发，为满足资本性支出需求，保持财务稳健性和自主性，增强抵御风险能力，实现公司持续、稳定、健康发展，更好地维护全体股东的长远利益，公司2017年度不进行利润分配。根据2018年经营计划和远期产业规划，公司预计未来在产能扩充即多元化拓展方面的资本性支出较大，为谋求公司长远发展即股东长期利益，公司需做好相应的资金储备。公司留存资金将用于生产基地建设、智慧工厂升级以及智能装备、智能家电、集成电路等新产业的基础研发和市场推广。

2.公司上市以来分红情况

格力电器自上市以来至2016年度，累计分红19次，累计派发金额417.92亿元，分红率为52.53%。派现金额最低为每10股派现3元，最高为每10股派现30元。由表6-1可知，格力电器的股利政策具有连续性与稳定性，除1997年和2006年未派现之外，其他年份都派发了现金股利，说明分红具有连续性；2017年前连续分红长达十年，分红金额总体呈稳定上升趋势，2016年分红甚至高达108亿元，可见格力电器分红存在稳定性。考察格力电器上市以来分红水平，具体又可以划分为以下三阶段：

（1）1998—2005年度期间为第一阶段，公司分红率均超过40%，波动范围为42%～62%。公司股利发放均保持较高水平，波动幅度小，较稳定。

（2）2007—2011年度期间为第二阶段，格力电器分红率徘徊在19%～33%之间，与上一阶段分红率水平相比有所降低。

（3）2012年之后是第三阶段，分红率又上升至新水平，范围内40%～72%，分红金额稳步上升。

表6-1　　格力电器1996—2016年现金分红情况一览表

年份	货币资金（亿元）	净利润（亿元）	分红金额（亿元）	分红率
1996	1.34	1.86	1.50	80.65%
1997	1.59	1.98	—	0.00%
1998	4.58	2.11	1.30	61.61%
1999	6.10	2.29	1.30	56.77%
2000	16.09	2.54	1.43	56.30%
2001	12.98	2.72	1.61	59.19%
2002	17.65	2.96	1.72	58.11%
2003	12.98	3.37	1.77	52.52%
2004	6.07	4.21	2.04	48.46%
2005	5.73	5.10	2.15	42.16%
2006	12.77	6.28	—	0.00%
2007	41.31	12.70	2.50	19.69%
2008	36.66	19.66	3.76	19.13%
2009	229.05	29.13	9.39	32.23%
2010	151.66	42.76	8.45	19.76%
2011	160.41	52.37	15.04	28.72%
2012	289.44	73.80	30.08	40.76%
2013	385.42	108.71	45.12	41.50%
2014	545.46	141.55	90.24	63.75%
2015	888.20	125.32	90.24	72.01%
2016	956.13	154.21	108.28	70.22%
合计		795.63	417.92	52.53%

综合2017年以前的现金股利分配情况来看，格力电器的现金分红持续性好，即使外部环境恶劣或是内部经营滑坡，净利润都未受严重影响，稳定连续分红情况也未改变，而2017年的突然不分红行为，相比之前的分红表现，的确值得思考。

此外，如表6-2所示，格力电器2003—2016年机构投资者持股一直保持在高水平，持股总数整体呈稳步上升态势。2005年，机构投资者持股比例甚至达到80.9995%。2015年和2016年机构投资者持股比例看似有所下降，实际上持股总数是上升的。

表6-2　　　　格力电器2001—2016年机构投资者持股情况一览表

截止日期	机构投资者总持股数	机构投资者总持股比例（%）
2001-12-31	45 600	0.0085
2002-12-31	6 848 305	1.2754
2003-12-31	346 236 221	64.4636
2004-12-31	423 663 797	78.8985
2005-12-31	435 017 300	80.9995
2006-12-31	574 854 456	71.3785
2007-12-31	659 361 280	78.9663
2008-12-31	972 834 522	77.6793
2009-12-31	1 327 880 573	70.6831
2010-12-31	1 726 406 493	61.2646
2011-12-31	1 794 343 245	63.6742
2012-12-31	2 079 967 675	69.1517
2013-12-31	1 872 480 989	62.2538
2014-12-31	1 612 267 610	53.5969
2015-12-31	2 514 258 305	41.7762
2016-12-31	2 842 088 343	47.2401

■　3.市场反应

格力电器2017年不实施股利分配的年报发布后引起了股票价格的剧烈波动。由表6-3数据可知，2018年4月25日晚公布不分红方案后，格力电器连续两日股价大跌12.26%，4月27日股价报收44.08元/股，两天内市值蒸发275亿元。26日股票换手率达到6.27%，27日股票换手率达到3.84%，同时这两日内公司大股东均未进行股票抛售，股票成交总量为60 389.12万股，因此换手股东皆为机构投资者和个人投资者，在大宗交易中机构投资者成交量为182.86万股，占总换手股东的0.3%，由此可见，换手股东中的99.7%均为个人投资者。这在一定程度上表明不分红政策使个人投资者对企业价值以及未来发展产生怀疑。

表6-3　　格力电器2018年4月25日—2018年5月3日股价变动及换手情况表

日期	开盘（元/股）	收盘（元/股）	涨跌额（元/股）	涨跌幅	成交量（手）	成交金额（万元）	换手率
2018-04-25	50	50.07	−0.12	−0.12%	433 751	217 238.73	0.73%
2018-04-26	45.12	45.58	−4.49	−8.97%	3 745 625	1 712 054.5	6.27%
2018-04-27	46.3	44.08	−1.5	−3.29%	2 293 287	1 036 432.81	3.84%
2018-05-02	44.23	45.2	1.12	2.54%	974 178	437 746.94	1.63%
2018-05-03	45.16	45.79	0.59	1.31%	930 896	421 668.44	1.56%

对此，4月26日深交所下发了对格力电器的关注函，询问2017年度未进行现金分红的具体原因及合理性，以及该行为是否切实保护了中小投资者的利益。

■ 4.媒体与专家评述

《券商中国》分析指出，4月9日董明珠在博鳌论坛的讲话为市场带来了错误信号。董明珠称，格力成立以来分红“接近800亿元”后，一些投资者猜测，格力电器2017年的现金分红需要达到每股6.3元，才能达到近800亿元的分红水平。在董明珠博鳌演讲的次日，格力电器即大涨4%以上，一批短线投资者也在年报披露前抢夺筹码，希望再次上演中国神华的过往故事。不过，一切的美好期待都在格力电器2017年年报公布的那一刻全部落空。

华创证券首席分析师王君4月27日分析认为：“蓝筹股和白马股近期下跌，本质上是宏观经济进入到下行阶段，股票的确定性大大下降。昨日格力电器不分红，大家就认为是不及预期。”

沪上某私募基金表示，从不分红这个事情可以看出格力电器内部有较大的治理问题，令人对公司业绩的稳定性产生怀疑。公司计划不分红，投资集成电路等产业，不管这次是不是投资集成电路，都暴露了国有企业和管理层之间的利益博弈，这些问题比较难以解决。

长江证券则表示，尽管格力电器2017年年报未实施现金分红在一定程度上与市场预期不符，但从公司报表层面来看，公司经营表现稳健，报告期内公司收入实现快速增长且利润率逆势提升，留存充足会保障后续增长潜力，此外现金流也较为健康。基于公司以往分红政策、现金实力以及现金流状况，公司中长期均有望恢复较好的分红水平以回报股东。公司的投资价值也不应该因一次分红政策而被全盘否定，基于空调行业本身成长空间及公司稳固的行业地位，公司的长期发展依旧值得期待。

证券之星发布了一篇标题为《格力不分红背后有大格局大目标》的财经评论，主要观点是通过跨界、跨地区甚至跨国并购以创造规模放大效应是格力电器的必选项，因此格力电器就更需要将更多的利润留在公司，如果格力电器能借助资金的规模效应开发出真正的“中国芯”，那将是整个国家之福。

光大证券认为，格力电器是高股息蓝筹股的代表，近年随着市场长期资金的增加，投资者对稳增长、高股息的个股更为重视。此次分红预案的改变给公司未来分红预期带来较大的不确定性；配合分红政策的调整，公司提出在新领域进行投资的计划。公司前期也在手机、新能源汽车等领域做过多元化尝试，此次事件可能改变了部分投资人对公司长期发展方向及现金流的预期。

■ 5.澄清

2018年4月27日，格力电器回复深交所下发的关注函，针对2017年度未进行现金分红的原因进行了具体分析：公司主业所处空调行业具有资产投入大、消费季节性和地域性差异显著等特征，且物流成本日益提高，为满足市场需求，进一步降低经营成本，强化竞争优势，公司计划对空调产能进行逐步扩充；同时，公司经过近年的高速、高质量发展，空调主业龙头地位稳固，为谋求公司长远发展和股东长期利益，公司计划重点布局智能装备、智能家电、集成电路等产业领域，实现公司持续、稳定、健康发展。目前相关项目基本都处于研究筹划阶段，项目规划涉及面广、预计占用的资金量大、对公司影响深远，尚存在不确定性，难以准确测算资金需求和现金流，因此，公司难以确定2017年度现金分红的恰当金额。格力电器2017年不分红计划完全符合《公司章程》关于现金分红的相关政策：公司可以采取现金方式、股票方式或现金与股票相结合的方式分配股利，可以进行中期现金分红；在公司现金流满足公司正常经营和长期发展的前提下，公司最近三年以现金方式累计分配的利润不少于最近三年实现的年均可分配利润的30%。因此，在2017年格力电器不进行分红的情况下，2015—2017年累计分配利润19 851 911 897.40元，占三年年均可分配利润的109.30%，完全符合《公司章程》规定的利润分配政策。

（三）尾声

在股价下跌、投资者质疑和深交所问询的三重压力下，格力电器选择了妥协。面对投资者的质疑，曾任格力电器财务总监、董事会秘书的望靖东在2018年4月27日举行的格力电器2017年报与2018年第一季度业绩电话会议上表示："没想到市场反响那么大。市场上也有很多不分红的公司，而我们这些长期坚持分红的公司，有一次不分红大家就对我们很失望，但是这事已经翻篇了"。

的确，格力电器在分红这件事情上已经改口，在4月26日回复深交所的关注涵中称："将尽快明确资金需求和现金流测算，充分考虑投资者诉求，进行2018年度中期分红。分红金额届时将依据公司资金情况确定。"

2019年2月19日，格力电器发布《2018年半年度权益分派实施公告》，公告显示，2018年半年度权益分派方案为：按公司总股本6 015 730 878股计，向全体股东每10股派发现金6元（含税），共计派发现金3 609 438 526.80元，余额转入以后年度分配。

表6-4是2017—2019年格力电器的分红情况，2017年后格力电器整体的现金分红水平有所降低，可以看作是公司保留了更多的利润在扩充空调产能以及其之前布局的智能装备、智能家电、集成电路等产业领域，格力电器并没有放弃多元化发展战略，只是在现金分红上做了让步。

表6-4 **格力电器2017—2019年现金分红情况一览表**[①]

年份	净利润（亿元）	分红金额（亿元）	分配比率（元/10股）	分红率
2017	224.02	—	—	0
2018	262.03	126.33	21[①]	48.21%
2019	246.97	72.19	12	29.23%

① 2018年半年度利润分配方案公布向全体股东每10股派发现金6元，共计派发现金36.09亿元；2018年全年度利润分配方案公布向全体股东每10股派发现金15元，共计派发现金90.24亿元。

案例使用说明

一、教学目的

1.本案例主要适用于财务管理、财务管理案例等相关课程课堂教学的案例讨论。

2.本案例的教学目的是使学生了解上市公司现金股利分配政策的制定依据以及现金股利分配政策对公司价值的影响。

二、启发思考题

1.总体上看，格力电器是什么样的股利分配政策？

2.格力电器2017年为什么不分红？哪个股利理论能够较好地解释格力电器的不分红政策？

3.格力电器的不分红政策公布后受到了哪些方面的压力？

4.格力电器的不分红政策对公司价值产生了什么影响？请用事件研究法来计算不分红政策对格力电器公司价值的影响。

5.格力电器不分红事件能够给上市公司带来哪些启示？

三、关键概念与理论依据分析

（一）关键概念辨析：现金股利与股票股利

现金股利是指以现金形式分派给股东的股利，是股利分配最常见的方式。大多数投资者都喜欢现金分红，因为现金分红可以消除股东对未来收入不确定性的疑虑，增强股东对公司的信心。现金股利一般是在公司有足够多的累计盈余以保证再投资的资金需求，并有足够多的现金用于股利支付的情况下才适宜发放。

股票股利是指公司用无偿增发新股的方式代替货币资金，按股东股份的比例分发给股东作为股息的股利支付方式。股票股利既可以不减少公司的现金，又可使股东分享利润，因而对长期投资者更为有利。市场通常认为，公司如果发放股票股利往往预示着公司会有较大的发展和成长，这样的信息传递会使公司的股票价格上升。

（二）股利分配政策

股利分配政策是公司财务管理政策的重要组成部分，关系到公司股东和债权人的利益。一般来说，公司的股利分配政策有以下几种：

1.剩余股利政策。这是以首先满足公司资金需求为出发点的股利政策。根据这一政策，公司按如下步骤确定其股利分配额：确定公司的最佳资本结构；确定公司下一年度的资金需求量；确定按照最佳资本结构为满足资金需求所需增加的股东权益数额；将公司税后利润首先用于满足公司下一年度的增加需求，剩余部分用来发放当年的现金股利。

2.稳定股利政策。这一政策以确定的现金股利分配额作为利润分配的首要目标优先予以考虑，一般不随资金需求的波动而波动。这一股利政策有以下两点好处：一是稳定的股利给股票市场和公司股东传递了一个稳定的信号；二是许多作为长期投资者的股东（包括个人投资者和机构投资者）希望公司股利能够成为其稳定的收入来源，以便安排消费和其他各项支出，稳定股利政策有利于公司吸引和稳定这部分投资者的投资。采用稳定股利政策，要求公司对未来的支付能力有较好的判断。一般来说，公司确定的稳定股利额不应太高，要留有余地，以免公司陷入无力支付困境。

3.固定股利政策。这一政策要求公司每年按固定的比例从税后利润中支付现金股利。从企业支付能力的角度看，这是一种真正稳定的股利政策，但这一政策将导致公司股利分配额的频繁变化，给外界传递了公司不稳定的信号，所以很少有企业采用这一股利政策。

4.正常股利加额外股利政策。按照这一政策，企业除每年按固定股利额向股东发放称为正常股利的现金股利外，还在企业盈利水平较高、资金较为充裕的年度向股东发放高于一般年度的正常股利额的现金股利，其高出部分即为额外股利。

从分配的表现形式看，股利有股票股利和现金股利两种方式。一般来说，如果公司处于高速成长状态，有较好的投资机会，对资金的需求量大，同时面临资本限额的约束，可以采取股票股利政策，这样，公司将收益留在企业，降低了从其他渠道筹集资金的压力。如果公司处于成熟期，没有大的投资项目，而且有充足的现金流入，则可以以现金形式将利润分配给股东，一方面可以通过可观的收入吸引股东，另一方面可以避免发放股票股利对每股利润和控制权的稀释。

（三）股利信号理论

在不完美市场中，公司内部管理者与外部投资者之间存在信息不对称，管理者掌握着更多的公司信息，如果管理者预计公司未来发展前景良好，他们可以通过增加股利的方式向外部投资者传达这一利好消息。因此，现金股利可以作为从公司内部管理者传递给外部投资者的可信任信号，这样公司股利政策就有传递新信息的功能。公司提高股利支付水平意味着公司管理者对公司将来能够保持较高的收益水平以支持较高的股利充满信心，即股利增加表明公司正常盈利能力的“永久”增长；反之，当公司股利支付水平削减，外部投资者会认为股利削减传递了坏消息，只有当公司的财务状况恶化而管理者没有其他选择时，才会削减股利。

Ross（1977）证明，公司股利的增加能向市场传递一种无法模仿的明确信号，说明公司的前景已改善。为了使股利信号发挥作用，必须满足以下四个条件：

（1）管理者必须有正确的激励机制，以向市场发出真实信号，即使信息是不完善的；

（2）成功企业的信号不能轻易被微利企业所模仿；

（3）信号必须与可观察的事件密切相关（如今天的高股利必须与未来的较高现金

流量相关);

(4) 不存在发布同样信息的成本更低的方法。

(四) 股利的顾客效应理论

股利的顾客效应理论最先是由米勒和莫迪格利安尼 (Miller and Modigliani) 提出来的。他们注意到,有些股东偏好未来的资本利得,从而购买当期股利支付率低但成长性好的股票;有些股东则倾向于当期股利收入,因而喜欢股利支付率高的股票,即股利顾客效应。

(五) 股利迎合理论

股利迎合理论认为公司发放现金股利的决策取决于投资者的需求。投资者对支付现金股利公司和未支付现金股利公司的兴趣以及股利政策偏好时常变化,并对股票价格产生影响。公司管理者通常会迎合投资者偏好制定股利政策,迎合的最终目的在于获得股票溢价。当投资者倾向于风险规避时,他们可能偏好发放现金股利的股票,因而可能认为这类公司风险小 (一鸟在手理论),于是对支付现金股利的股票给予溢价,管理者就支付现金股利。当投资者偏好股票股利,对发放股票股利的股票给予溢价时,管理者就改为发放股票股利。如果股票价格与管理者薪酬相关,管理者更有可能取悦投资者,抓住股票溢价机会改变股利政策。

四、分析思路

教师可以根据自己的教学目标(目的)灵活使用本案例。这里提出本案例的分析思路,仅供参考。

1.上市公司的股利分配政策的影响因素较多,通常需要考虑法律因素、公司自身因素、股东因素、债务契约因素等,其中自身因素包括经营现金流、利润、成长性和财务杠杆等。

2.用股利信号理论、顾客效应理论解释不分红产生的市场反应。

3.用事件研究法分析格力电器不分红事件对公司价值产生的影响。

五、背景信息

(一) 法律关于公司股利发放的相关规定

《中华人民共和国公司法》规定,公司分配当年税后利润时,应当提取利润的10%列入公司法定盈余公积。公司法定盈余公积累计额为公司注册资本的50%以上时,可以不再提取。公司的法定盈余公积不足以弥补以前年度亏损的,在提取法定盈余公积之前应当用当年利润弥补亏损。公司从税后利润中提取法定盈余公积后,经股东会或者股东大会决议还可以从税后利润中提取任意盈余公积。公司弥补亏损和提取盈余公积后所余税后利润，股份有限公司按照股东持有的股份比例进行分配，但股份有限公司章程规定不按持股比例分配的除外；股份有限公司将法定盈余公积转为资本时，所留存的该项公积金不得少于转增前公司注册资本的25%。

按照《中华人民共和国个人所得税法》和国家税务总局《关于印发〈征收个人所得税若干问题的规定〉的通知》，对于个人拥有的股权取得的股息、红利和股票股利，应征收20%的个人所得税。

（二）证监会关于上市公司分红的监管政策

证监会从2001年起循序渐进地颁布一系列政策文件，将再融资资格与股利分配水平相挂钩，致力于引导和规范上市公司分红行为 。这种将再融资资格与股利分配水平相挂钩的规定被学术界称为“半强制分红政策”。

2004年12月7日，证监会发布《关于加强社会公众股股东权益保护的若干规定》，规定：上市公司董事会未做出现金利润分配预案的，应当在定期报告中披露原因，独立董事应当对此发表独立意见；上市公司最近三年未进行现金利润分配的，不得向社会公众增发新股、发行可转换公司债券或向原有股东配售股份。

2008年10月9日，证监会发布《关于修改上市公司现金分红若干规定的决定》，规定：上市公司公开发行证券应符合最近三年以现金方式累计分配的利润不少于最近三年实现的年均可分配利润的30%；对于报告期内盈利但未提出现金利润分配预案的公司，应详细说明未分红的原因、未用于分红的资金留存公司的用途；应披露现金分红政策在报告期的执行情况；应以列表方式明确披露公司前三年现金分红的数额、与净利润的比率。

2022年1月7日，证监会发布了修订后的《上市公司监管指引第3号——上市公司现金分红》，旨在进一步规范上市公司现金分红管理，通过监管指引将现金分红作为资本市场的一项重要基础制度建设，规定：上市公司应当在章程中明确现金分红相对于股票股利在利润分配方式中的优先顺序。具备现金分红条件的，应当采用现金分红进行利润分配。采用股票股利进行利润分配的，应当具有公司成长性、每股净资产的摊薄等真实合理因素。上市公司应当采取有效措施鼓励广大中小投资者以及机构投资者主动参与上市公司利润分配事项的决策，充分发挥中介机构的专业引导作用。

六、关键要点

1.格力电器分红总体采用的是较为稳定的股利政策，2017年年报不分配现金股利与其未来投资计划有关，也与公司管理者的理念有关。

2.格力电器2018年4月宣布的不发放股利的政策影响了个人投资者的投资决策，他们抛售股票，导致股价下跌。

3.格力电器根据投资者的需求调整了公司的股利政策，在2018年中报发放了股利。

七、建议课堂计划

本案例可以用于专门的案例讨论。以下是按照时间进度提供的课堂计划建议，仅供参考。

本案例课的课堂时间控制在50分钟。

1.课前计划：提出启发思考题，请学生在课前完成阅读和初步思考，并分组讨论告知发言要求，要求各小组将讨论意见做成讨论报告（PPT格式）。建议学员课前阅读以下文献：

[1] 唐国琼，邹虹．上市公司现金股利政策影响因素的实证研究［J］．财经科学，2005（2）．

[2] 姚彦雄，王晨，顾新莲．我国上市公司股利分配政策的市场反应研究——以格力电器为例［J］．价格理论与实践，2020（1）．

2.课中计划：简要的课堂前言，明确主题，说明本案例讨论的目的（2分钟）；小组发言（每组8分钟，控制在35分钟内）；引导全班进一步讨论，并进行归纳总结（15分钟以内）。

3.课后计划：请学员根据全班讨论意见修改讨论报告，给出具体的解决方案。

案例14

后MBO公司水井坊高现金分红

摘要

上市公司的管理层收购（MBO）改变了公司治理结构，并对公司的股利政策产生显著影响。本案例通过观察上市公司水井坊MBO前后分红行为的显著变化，分析了MBO对上市公司股利政策产生的影响，并进一步分析了这种影响的经济后果。本案例有助于学生理解公司治理对上市公司理财行为的影响过程，提升对上市公司现实股利政策的理解能力。

关键词

后MBO　公司治理结构　高现金股利

案例正文

一、引言

MBO即“管理层收购”，在国外已有多年历史，中国MBO的产生虽然时间较短，但也曾掀起一股“MBO热”。此后，MBO公司所产生的种种问题迫使国资委于2005年4月出台文件规定大型国有企业不得向管理层转让股权。但是，已经完成收购的公司不应该因争论暂时平息而被忽视，不少MBO公司已经运营了六七年，作为一类独特的群体在中国资本市场和经济生活中存在着。它们的独特性不仅体现在后MBO公司的身份上，更体现在一些异乎寻常的经营活动和股利政策上。水井坊（600779）就是其中一家因高现金分红而备受瞩目的公司。2008年5月，水井坊以每10股派发5.3元红利再度大比例现金分红。在MBO后连续派发高现金红利的第5个年头，水井坊的行为一石激起千层浪，从而成为各方关注和质疑的焦点。

管理层收购与古井坊的高现金股利政策有无内在关联？这种高股利政策对公司价值有何影响？

二、相关背景

水井街酒坊建于明清时期，经过不断增修重建，连续使用600余年，被国家有关部门授予“中国白酒第一坊”称号。四川水井坊股份有限公司（简称水井坊）的前身是四川全兴股份有限公司。1999年，四川全兴股份有限公司整体资产注入上市公司四川制药股份有限公司，上市公司也更名为四川全兴股份有限公司，并成为白酒类上市公司，股票代码600779，其第一大股东为四川省国资委下属的四川成都全兴集团有限公司（简称全兴集团）。

2003年，经四川国资委批准，全兴集团管理层自筹资金设立的成都盈盛投资控股有限公司（简称盈盛投资）、全兴股份工会和深圳市矢量投资发展有限公司分别受让原全兴国有股的67.7%、12.3%和20%，水井坊成功实行MBO。2006年1月，四川全兴股份有限公司更名为四川水井坊股份有限公司。

三、主题内容

（一）MBO前后分红政策对比

表6-5显示了水井坊MBO之前的分红情况与MBO之后至2009年的分红情况。

表6-5 水井坊历年现金股利

年　份	每10股派送现金红利（元）	每股净利（元）	现金分红率（分红总额/净利润）（%）
2000	1	0.439	22.78
2001	0.5	0.39	12.82
2002	0（利润大幅下滑）	0.03	0
2003	0（亏损）	−0.36	0
2004	1	0.14	71.43
2005	1.3	0.16	81.25
2006	1.56	0.21	74.29
2007	3.8	0.41	92.68
2008	5.3	0.64	82.81
2009	5.4	0.66	81.82

从表6-5不难看出，MBO之前水井坊仅有过两次“微薄”的分红，自MBO之后，水井坊每年的现金分红力度却在不断增强，2009年竟达到每10股派送现金红利5.4元（含税）的高红利分配方案。从2004年到2009年，水井坊的净利润总额为10.85亿元，而分红总额为8.97亿元，总分红率高达82.67%。

（二）高分红行为对公司成长性的影响

通过对水井坊公布的2008年年报的分析，水井坊2009年度的项目投资计划共需资金29 725万元，包括蓉上坊项目一、二期工程投资款21 967万元等。尽管项目需要大量资金，水井坊却并没有充沛的现金。2008年水井坊经营活动产生的现金流量净额约为2 539.7万元，但是2008年每股分红0.53元，现金分红总额达25 892.9万元，造成23 353.2万元的资金缺口。这表明水井坊当年经营所赚取的现金不足以支付高额股利，更不能支持其公布的2009年的投资项目。

连续多年的高现金分红使水井坊的优质投资项目面临巨大的资金缺口，企业因此丧失了财务弹性，失去了宝贵的成长机会。此处用全部现金流量比率（经营活动现金净流量÷（筹资现金流出+投资现金流出））来衡量企业的财务弹性。水井坊2001—2008年全部现金流量比率和同行业对比数据见表6-6。

表6-6　　水井坊与同行业全部现金流量比率对比（%）

年　份	同行业平均全部现金流量比率	水井坊全部现金流量比率
2001	36.45	9.20
2002	43.74	43.74
2003	58.56	48.39
2004	73.19	73.19
2005	106.98	10.87
2006	109.83	18.66
2007	103.08	94.60
2008	253.36	3.26

从表6-6可以看出，在同行业平均全部现金流量比率增长的同时，水井坊的全部现金流量比率反而下降。经营活动产生的现金净流量连续多年均不能满足投资和筹资现金需求，这导致水井坊缺乏财务弹性，使之不能投资优质项目。以2008年为例，水井坊共有17个项目都处于计划中的状态，且距离项目公告日都已过了六七年，其中不乏对水井坊的发展起重要作用但被搁浅多年的优质项目，从而影响到了公司的成长及发展。

（三）高分红行为对公司业绩的影响

受益于中国经济的腾飞，食品饮料行业在21世纪初获得了长足的发展，这给水井坊的发展提供了良好的市场条件。为了观察分红行为对公司业绩的影响，我们选取了与之规模相近的泸州老窖做比较（见表6-7）。

表6-7 **水井坊与泸州老窖业绩比较** 单位：亿元

年 份	资产总额		营业收入		营业利润	
	水井坊	泸州老窖	水井坊	泸州老窖	水井坊	泸州老窖
2001	24.76	21.54	11.44	9.97	2.21	1.14
2002	24.85	24.67	10.52	10.45	0.76	0.98
2003	23.05	26.47	9.19	11.77	−1.56	1.04
2004	15.87	25.06	7.93	12.82	1.35	0.96
2005	17.22	26.51	6.04	14.56	1.47	1.52
2006	18.85	34.14	8.05	18.69	2.23	4.86
2007	22.64	44.92	10.04	29.27	4.31	10.63
2008	25.13	50.93	11.79	37.98	4.89	16.76
2009	27.94	59.83	16.73	43.70	4.87	21.55
2010	21.42	80.26	18.18	53.71	3.78	29.17
2011	25.29	124.77	14.82	84.28	4.05	40.32
2012	26.52	155.73	16.36	115.56	5.10	60.89

从表6-7可以清楚地看出，两家白酒企业在12年的时间里财务业绩天壤之别。在这12年期间，泸州老窖资产总额增长率约为623%，其营业收入、营业利润增长率更是达到了1 059%和5 241%；而水井坊资产总额增长率仅为7.1%，营业收入增长率为43%，营业利润增长率为130.8%。特别是2009年以后，泸州老窖净利润年均增长40%左右，水井坊的净利润在派送高现金股利后却连续两年下降。水井坊为何一改MBO之前的“吝啬”形象，在MBO之后如此“慷慨”分红，甚至无视公司成长性丧失与价值下降呢？下面将结合高分红背后的利益流动对水井坊的高分红行为动机进行分析。

（四）高分红动机：管理层股东利益分析的视角

以2003年为界，水井坊MBO前后分红有两大变化：一是MBO后分红力度明显加大；二是MBO后分红主要方式由送股变为派现。“杀鸡取卵”式的高分红给水井坊的管理层带来了丰厚的回报。

以杨肇基、陈可等为代表的全兴集团管理层全资控股的成都盈盛投资控股有限公司是2003年水井坊MBO的实施主体，2002年购买全兴集团持有的67.7%的水井坊股权共计支付了4.126亿元。盈盛投资成立时，全兴集团董事长杨肇基出资1 156万元，为第一大股东，持股20%；黄建勇、陈可等5人各出资578万元，各占10%的股权；邓禄银等6人各出资173.4万元，各占3%的股权；董秘张宗俊等6人各出资115.6万元，各占2%的股权。

2004—2009年水井坊分红总额达8.97亿元，总分红率高达82.67%，管理层股东盈盛投资共分得约1.94亿元（税前），见表6-8。

表6-8　2004—2009年管理层股东所获分红情况

年份	盈盛投资持有水井坊股份数（股）	盈盛投资持股比例（%）	分红方案	盈盛投资所得红利（税前）（元）
2004	160 208 542	32.79	10派1	16 020 854
2005	160 208 542	32.79	10派1.3	19 225 025
2006	98 352 633	20.13	10派1.56	15 343 011
2007	98 752 560	20.21	10派3.8	37 525 973
2008	98 938 186	20.25	10派5.3	52 437 239
2009	98 938 186	20.25	10派5.4	53 426 621
合计	—	—	—	193 978 723

值得注意的是，这种“杀鸡取卵”式的高分红方式还与管理层收购的筹资方式有关。盈盛投资当初购买全兴集团持有的水井坊股权需支付4.126亿元。公开资料显示，支付渠道有两条：一是管理层自筹1.426亿元；二是通过信托方式筹集2.7亿元。显然，现金分红是企业管理层偿付信托借款本金与利息的重要资金来源。

（五）尾声

综合分析后可以发现，水井坊这种高现金分红的现象对公司价值产生了负面影响，高现金分红的动因来自公司管理层的还贷及利益实现需要。对已完成MBO的上市公司群体来说，如何解决高现金分红引起的利益侵害问题，需要引起各方关注。

案例使用说明

一、教学目的

1.本案例主要适用于财务管理、高级财务管理和财务管理案例等相关课程的课堂讨论和课后研究。

2.本案例的教学目的是使学生了解公司治理对上市公司股利分配政策的影响，使学生理解上市公司股利分配政策的决策过程及经济后果。

二、启发思考题

1.MBO前后水井坊的股利政策发生了什么变化？发生这种变化的原因是什么？

2.水井坊在制定股利政策时主要考虑了哪些因素？

3.水井坊MBO后的股利政策对公司价值产生了什么影响？如何衡量这种影响？

4.从保护投资者的视角出发，如何对上市公司后MBO时期的股利政策进行规范？

三、关键概念与理论依据分析

（一）管理层收购

管理层收购（Management Buy-out，MBO），是指目标公司的管理层利用外部融资购买本公司的股份，从而改变本公司所有者结构、控制权结构和资产结构，进而达到重组本公司的目的并获得预期收益的一种收购行为。MBO作为一种有效的所有权转换方式和融资方式，自20世纪80年代开始在英、美等国流行。

（二）管理层收购的几个特征

1.管理层收购的主要投资者是目标企业内部的经理和管理人员，他们对本企业非常了解，并有很强的经营管理能力。他们通常会设立一家新的企业，并以该新企业的名义来收购目标企业。管理层收购完成后，这些经理和管理人员的身份由单一的经营者变为所有者与经营者合一的双重身份。

2.管理层收购主要是通过借贷来完成的，因此，管理层收购的融资结构由优先债（先偿债务）、次级债（后偿债务）与股权三部分构成。这样，目标企业的管理者必须有较强的组织运作资本的能力，融资方案必须满足贷款者的要求，也必须为权益持有人带来预期的价值。

3.管理层收购完成后，目标企业可能由一个上市公司变为一个非上市公司。一般来说，这类企业在经营了一段时间后，又会寻求成为一个新的公众公司并且上市套现。另外一种情况是，当目标企业为非上市公司时，管理层收购完成后，管理者往往会对该企业进行重组整合，待取得一定的经营绩效后再寻求上市的机会，使管理层获得超常的投资回报。

（三）管理层收购在我国的实践

我国管理层收购的理论和实践与市场经济体制改革及产生的问题紧密相连，改革过程中出现的产权结构不合理、所有者缺位、内部人控制等现象，使得管理层收购成为解决问题的现实途径之一。从1999年第一家实施管理层收购的四通集团开始，短短几年时间，国内便出现了管理层收购的热潮，2000年粤美MBO的成功实施更是促进了我国管理层收购的迅速发展。然而，有关MBO的政策在2003年出现了波折。考虑到大规模推行管理层收购可能会导致的高风险，2003年4月管理层收购被紧急叫停，财政部暂停受理和审批上市公司及非上市公司的管理层收购。2003年，国务院办公厅又重新对管理层收购实行有限制的允许，转发了国资委《关于规范国有企业改制工作的意见》，对企业国有产权转让行为进行了规范。随后，国资委、财政部又公布了产权变革的标志性文件——《企业国有产权转让管理暂行办法》，对企业国有产权向管理层转让做出更为明确的规定。两份文件在程序和可操作性方面被认为是“从政策层面基本堵住了国企改制转让过程中的所有漏洞”。但在管理层收购被解禁之后，在学术界、企业界却产生了一次关于管理层收购的大讨论，有学者认为管理层收购是导致国有资产流失的主要途径，管理层收购不适合中国。2004年12月，国资委明确国有大型企业不准实行MBO。2005年4月14日，国资委和财政部公布了《企业国有产权向管理层转让暂行规定》，对企业国有产权向管理层转让提出了规范性要求，对管理层出资受让企业国有产权的条件、范围等进行了界定，并明确了相关各方的责任，明确提出中小型国有及国有控股企业的国有产权可向管理层转让，而大型国有企业的国有产权不得向管理层转让。

四、分析思路

教师可以根据自己的教学目标（目的）灵活使用本案例。这里简要给出本案例思考题的分析思路，仅供参考。

1.水井坊MBO后现金分红比例显著增加，这种股利政策的变化与MBO所引起的公司治理结构变化有内在的关联。

2.水井坊在制定股利分配政策时，其考量的依据并非企业价值或股东财富，而是上市公司管理层兼大股东的利益诉求。

3.水井坊的股利政策以高现金分红为特征，对企业价值产生了负面的影响。这种影响可以通过分析水井坊与同行业的成长性以及各项财务指标的比较反映出来。

4.从保护投资者的视角出发，对上市公司后MBO时期的股利政策规范的思路主要是完善公司治理，防止出现新的“一股独大”和“内部人控制”现象。

五、背景信息

水井坊后来发生的情况：

2011年6月，盈盛投资再次转让全兴集团4%股权，获得1.4亿元收益。2013年7月23日，水井坊发布公告称，四川省商务厅已批复同意盈盛投资将其持有全兴集团合计47%的股权转让给英国帝亚吉欧（简称帝亚吉欧）。帝亚吉欧拟以2.33亿英镑（约22亿元人民币）收购全兴集团剩余47%股权。在这之前的2006年，盈盛投资已转让全兴集团43%股权给帝亚吉欧（获得收益约5.172亿元）。通过三次转让，盈盛投资彻底退出全兴集团，据初步估算，盈盛投资的股权转让加上累计分红（税前），其收益总额在30亿元以上。

在完成第二轮股权转让后，公司的现金分红已开始大幅度降低，2011年、2012年（派现实际执行时间都是在下一年）均为每10股派2.3元，现金分红占净利润的比例分别为34.85%、33.33%。与2004—2009年的82.67%相比，有大幅度的下降。

2013年7月，以杨肇基为首的原全兴集团142名中高层在MBO过程中获得高溢价全身而退，水井坊从国有企业变为民营企业，最后变成外资企业。帝亚吉欧能否通过收购水井坊打开旗下洋酒在中国的增长束缚，并带领水井坊通过国际化成为国际品牌？收购案尘埃落定，水井坊全新的江湖才刚刚开始。

六、关键要点

1.公司治理是影响上市公司股利政策进而影响公司价值的重要因素。

2.水井坊在MBO后进行高现金分红，更多的是考虑上市公司管理层兼股东的利益诉求。这种高现金分红行为损害了公司价值和中小股东利益。

七、建议课堂计划

本案例可以作为专门的案例讨论课来进行。以下是按照时间进度提供的课堂计划建议，仅供参考。

本案例课的课堂时间控制在50分钟。

1.课前计划：提出启发思考题，请学生在课前完成阅读和初步思考并分组讨论，告知发言要求，要求各小组将讨论意见做成讨论报告（PPT格式）。建议学员课前阅读以下文献：

［1］汪伟，金祥荣，汪淼军. 激励扭曲下的管理层收购［J］. 经济研究，2006（3）.

［2］杨咸月，何光辉. 上市公司管理层收购的绩效出现结构性变化［J］. 中国工业经济，2007（1）.

［3］王欢，汤谷良. “借道”MBO：路径创新还是制度缺失？——基于双汇MBO的探索性案例研究［J］. 管理世界，2012（4）.

［4］黄韦华，刘秀春，裘益政. MBO上市公司高现金分红行为分析——以水井坊为例［J］. 财务与会计（理财版），2010（3）.

2.课中计划：简要的课堂前言，明确主题，说明本案例讨论的目的（2分钟）；小组发言（每组8分钟，控制在35分钟内）；引导全班进一步讨论，并进行归纳总结（15分钟以内）。

3.课后计划：请学生根据全班讨论意见，修改讨论报告，给出更加具体的解决方案。

思政园地

第7章

企业并购案例

财务管理案例

Cases in Financial Management

案例15

长电科技并购星科金朋的融资创新

摘要

江苏长电科技股份有限公司（股票代码600584，简称长电科技）联合国家集成电路产业投资基金（简称产业基金）与芯电半导体（上海）有限公司（简称芯电半导体）完成了对新加坡上市公司STATS ChipPAC Ltd.（股票代码：STATSChP，简称星科金朋）的并购。长电科技借助巧妙的融资安排，以交易总价1/3的出资额完成了这项规模巨大的海外并购。本案例描述了各参与方的基本情况、并购的融资安排、并购进程、并购融资的创新模式。本案例对解决企业并购中的融资问题以及如何进行融资创新具有指导意义。

关键词

并购融资　融资创新　战略联盟

案例正文

一、引言

随着“走出去”战略的提出，海外并购正式成为贸易中不可替代的重要环节。特别是近几年来，很多中资企业不断入驻国际市场，通过海外并购来提升企业的发展规模。2015年10月，长电科技以2.6亿美元的出资撬动对星科金朋总价7.8亿美元的并购交易，通过巧妙的融资安排最终拿下了全球第四大芯片封测厂商100%的股权，实现了“蛇吞象”式的海外并购，对中国企业如何进行海外并购、如何规避海外并购风险具有重要的借鉴意义。

二、背景简介

（一）“走出去”的战略思想

胡锦涛同志在中国共产党第十七次全国代表大会上的报告中明确指出：“坚持对外开放的基本国策，把‘引进来’和‘走出去’更好地结合起来。”党和政府在“走出去”战略思想的指导下，鼓励国内优秀企业进行海外并购等投资活动，在全球化的平台上建立市场渠道、学习发达国家的先进技术和理念、树立良好的国际品牌形象。

美国市场调研机构Gartner公司的调查结果显示，长电科技2013年已位列世界集成电路封测行业第6名。公司希望拓展海外市场并增强研发实力，以进一步提升国际影响力和行业地位。海外并购为长电科技快速获得并整合国际资源提供了良好的途径。

（二）并购融资的现实困境

海外并购目标往往都拥有优良的资源，这意味着并购方需要支付昂贵的对价来获取目标资源。在过去的实践中，我国企业在海外并购交易中支付方式比较单一，大部分为现金支付，因此，国内企业进行海外并购需要面临的第一个考验便是并购资金问题。另外，海外并购项目的高风险性为其融资带来了巨大的约束和高昂的成本，同时国内资本市场发展尚未成熟、融资工具较为有限。这些因素都导致了我国企业在海外并购活动中会面临资金不足的巨大挑战。

三、并购参与各方简介

（一）并购企业——长电科技

长电科技主营半导体封装测试业务，为海内外客户提供芯片测试、封装设计、封装测试等全套解决方案，2014年资产规模为75.83亿元。2012—2014年长电科技境外销售收入占比相对较高，其营业收入、净利润情况见表7-1。

表7-1　　**长电科技2010—2014年营业收入、净利润**　　单位：万元

年份	2010	2011	2012	2013	2014
营业收入	361 624.42	376 243.25	443 615.97	510 206.01	642 827.33
净利润	23 268.57	8 812.31	3 927.04	4 880.64	20 875.84

资料来源：长电科技2010—2014年年报。

长电科技第一大股东为江苏新潮科技集团有限公司（简称新潮集团），截至2014年底持股比例为14.11%，公司的股权较为分散。实际控制人为王新潮先生，截至2014年底其持有新潮集团50.99%的股权。

（二）目标企业——星科金朋

星科金朋主要从事半导体封装测试业务，总部位于新加坡，在新加坡、韩国、中国、美国、瑞士等国家建有半导体封装制造、测试工厂和研发中心。2013年公司收入位居其所在行业全球第4位，其实现的年营业收入折合人民币为98.27亿元，资产总额折合人民币为143.94亿元。但2012—2014年扣除非经常性损益后的净利润仍为负数，公司资产负债率始终处于较高的水平，较高的利息支出也是导致其出现净亏损的原因之一。星科金朋因盈利状况不佳，使公司估值水平低于同行业水平。因星科金朋资产中包括大量无形资产，所以公司采用P/TBV（扣除无形资产的市净率）的估值方法。星科金朋100%股权的交易价格为7.8亿美元，其2014年9月末扣除无形资产后的净资产为3.96亿美元，故相对估值水平（P/TBV）为1.97倍，远低于同行业估值水平。并购前，持有目标企业5%以上普通股的股东仅STSPL一家，STSPL是淡马锡

公司的全资子公司，持有星科金朋83.8%的股份。

（三）共同投资者——产业基金

产业基金成立于2014年9月，源于国家层面对集成电路产业的重视，用多种形式投资集成电路行业内企业，重点投资集成电路芯片制造业，兼顾芯片设计、封装测试、设备和材料等产业。产业基金由国开金融、中国烟草、亦庄国投、中国移动、上海国盛、中国电科、紫光通信、华芯投资等企业发起，募集资金总规模约1 300亿元，产业基金采用公司制形式。产业基金是本案例中并购的主要财务支持者之一。

（四）共同投资者——芯电半导体

芯电半导体主要从事半导体（硅片及各类化合物半导体）集成电路芯片制造、针测及测试，与集成电路有关的开发、设计服务，光掩膜制造，测试封装，销售自产产品。

该公司为中国香港上市公司中芯国际集成电路制造有限公司（股票代码688981，中芯国际）间接持有的全资子公司，大唐电信科技产业控股有限公司为中芯国际第一大股东。芯电半导体参与本次并购项目的实际意图主体是中芯国际。

四、主题内容

（一）并购过程

从2014年11月长电科技董事会审议通过收购星科金朋的议案开始，到2015年10月完成收购目标企业100%股权，这项跨国并购历时将近1年，期间完成了各事项的决策审批程序，以及对目标企业进行重组分立安排、债务重组等活动，并购过程简表见表7-2。

表7-2 并购过程简表

时间	内　　容
2014年11—12月	长电科技审议通过并购的具体方案与相关事宜
2014年12月26日	长电科技向星科金朋发出附生效条件要约
2015年6月26日	附生效条件要约的生效条件已全部获得满足，长电科技向星科金朋发出自愿有条件全面要约（正式要约）
2015年8月6日	正式要约的生效条件均已获得满足，目标企业已有超过50%的股份接受了本次要约
2015年10月15日	完成强制收购程序，要约人及其一致行动人合计持有星科金朋100%的股份

资料来源：长电科技对外披露的相关重大资产重组进展公告。

2014年11—12月，长电科技先后召开3次董事会，分别通过收购提议、与共同投资者的《共同投资协议》等议案以及具体的要约收购相关事宜。2014年12月26日，长电科技向星科金朋发出附生效条件的要约。2015年2月12日，长电科技召开股东大会，审议通过了并购交易方案及相关议案。

2015年6月下旬，并购相关的核准、审批程序基本已经完成，先后包括韩国反垄断审查、中国地区投审会批准子公司重组的相关事宜、新加坡法院批准目标企业减资、中国商务部反垄断审查、江苏省商务厅对本次境外投资的备案等。2015年6月26日，附生效条件要约的生效条件已全部获得满足，长电科技向星科金朋发出自愿有条件全面要约（即正式要约），每股星科金朋股票要约收购价格为0.46577新加坡元。

2015年8月6日，正式要约的生效条件均已获得满足，目标企业已有超过50%的股份接受了本次要约，要约在各方面宣告为无条件。要约期间于2015年8月27日结束，结束时有效接受要约的股份，与已经由要约人及其一致行动人持有、控制或即将收购的股份之和，占目标企业总股本的比例不低于90%。根据新加坡的相关法规，要约人已于2015年10月12日行使强制收购权利并于10月15日完成强制收购程序，要约人及其一致行动人合计持有星科金朋100%的股份，10月19日，星科金朋在新加坡证券交易所退市。

从2014年11月起至2015年10月，长电科技与共同投资者完成对星科金朋的并购交易，合计持有目标企业100%的股权。2016年1月至5月，长电科技股票停牌，开始筹划重大资产重组事项，公司向产业基金及芯电半导体定向增发购买两方持有的苏州长电新科投资有限公司（简称长电新科）与苏州长电新朋投资有限公司（简称长电新朋）的股权，同时向芯电半导体发行股份募集配套资金，募集资金总额不超过拟购买资产交易价格的100%。由此，产业基金取得长电科技9.54%的股份，芯电半导体取得长电科技14.27%的股份，新潮集团对长电科技的股权被稀释至13.99%，不再是长电科技的第一大股东。同时，长电科技的董事会构成也随之发生变化，新潮集团、产业基金和芯电半导体都将分别委派两名非独立董事，新潮集团失去以往对长电科技的控制权。

并购完成后长电科技与星科金朋股权结构如图7-1所示。

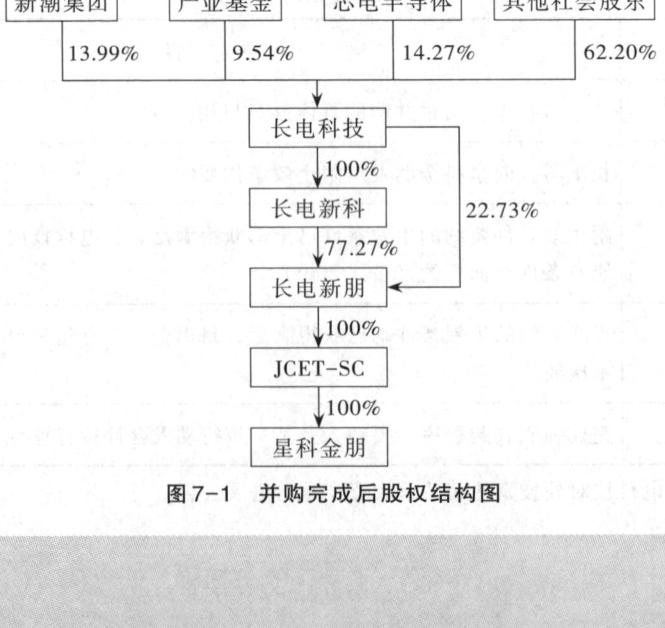

图7-1 并购完成后股权结构图

（二）并购融资架构

该项并购交易总价为7.8亿美元，而长电科技根据其自身资金规模能提供2.6亿美元，仅占总金额的1/3；同时，由于长电科技长期以来一直处于高负债状态，资产负债率均为行业平均水平的两倍以上，若共同投资者以债务方式投入并购资金，无疑将进一步加剧长电科技的财务负担，其盈利能力也难以继续负担如此巨大的还本付息压力；增加债务资本会使长电科技负担过重，共同投资者可考虑以权益资本方式投入并购资金，然而，如此一来两方投资者投入的权益资本将超过长电科技，又该如何保证作为并购企业的长电科技取得对目标企业的控制权呢？为此，三方通过协议确定了如图7-2所示的融资架构安排。

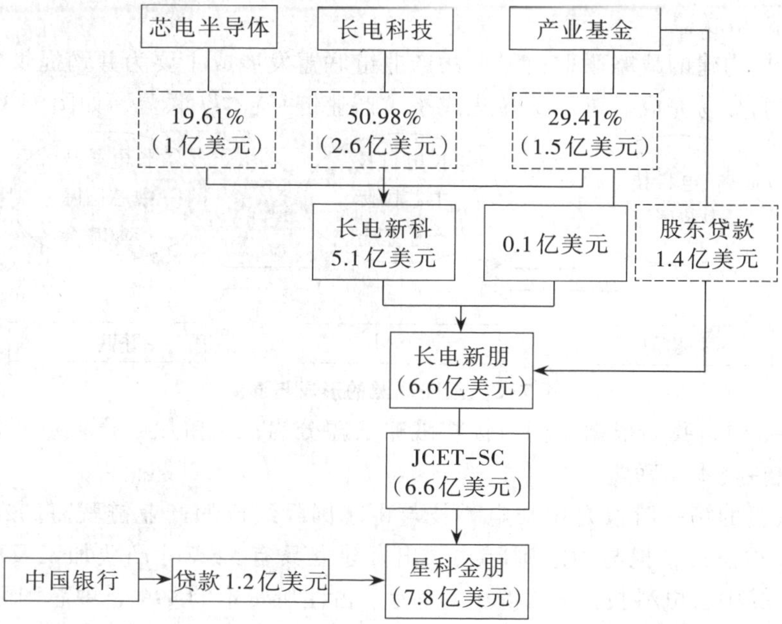

图7-2　融资架构安排示意图

首先，长电科技与产业基金及芯电半导体共同出资设立第一层合作公司——长电新科。在这一层面，芯电半导体出资1亿美元、长电科技出资2.6亿美元、产业基金出资1.5亿美元，三方成员联合出资共5.1亿美元，对长电新科的持股比例分别为：长电科技50.98%、产业基金29.41%、芯电半导体19.61%，长电科技的持股比例超过50%。

其次，长电新科与产业基金共同出资成立第二层合作公司——长电新朋。长电新科以5.1亿美元作为权益资本出资，产业基金在这一层面出资1.5亿美元，同时这1.5亿美元又以两种不同方式进入长电新朋，其中，0.1亿美元作为产业基金的权益资本投入。由此，长电新科持股98.08%，产业基金持股1.92%。对于另外的1.4亿美元，产业基金以股东贷款形式提供给长电新朋，并约定可以在适当的时机实施债转股。

最后，长电新朋将5.2亿美元股东出资及1.4亿美元股东借款，合计6.6亿美元出资用于在新加坡设立收购主体公司JCET-SC（Singapore）Pte. Ltd.（简称JCET-SC）。

同时，在股东各方协调下，中国银行出具了1.2亿美元的贷款承诺函，为JCET-SC的收购行为提供融资安排。这样，JCET-SC可用于收购的资金合计达7.8亿美元。

在7.8亿美元收购资金中，三家股东共出资6.6亿美元，但长电科技仅出资了2.6亿美元，主要是产业基金出资3亿美元。按常理来讲，应该是产业基金在收购中占据控制地位，但是通过三层融资架构的安排，将产业基金的多数出资拆分在不同层面，由此使得长电科技拥有了对目标企业的控制权。

（三）并购融资的创新：通过战略联盟融资

长电科技通过引进战略联盟伙伴，利用联盟方的资金突破了传统融资方式下的困境，完成了“蛇吞象”式的海外并购。

1.结成战略联盟

长电科技构建的战略联盟由早期的产业链联盟发展成主要为并购提供融资的并购联盟，在并购交易完成后进而又转化成了“产业链+资本”联盟，如图7-3所示。

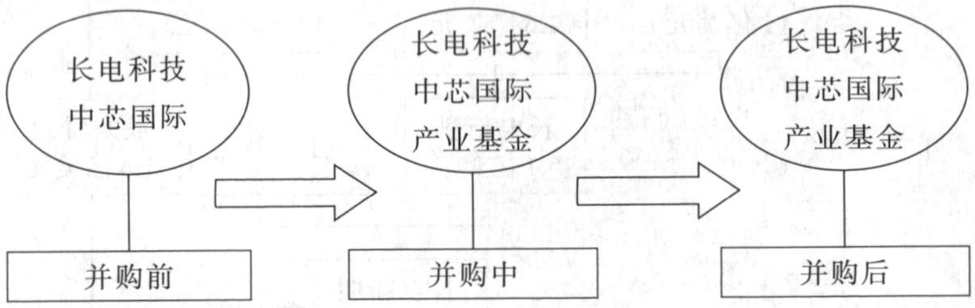

图7-3 战略联盟的形成与演变

在图7-3中，我们根据不同目标将战略联盟分为三个阶段：产业链联盟、并购联盟、“产业链+资本”联盟。

战略联盟的第一阶段是由长电科技与中芯国际组成的产业链联盟。2014年3月，长电科技发布公告，拟与中芯国际共同出资建立具有12英寸凸块加工及配套测试能力的公司，其中长电科技出资2 450万美元，占注册资本的49%，中芯国际出资2 550万美元，占注册资本的51%。长电科技此次牵手中芯国际，是为了将其在封装测试技术领域的优势放大，在双方合作中，由中芯国际做前端，长电科技做后端，双方共同出资设立的公司做中端，目标是更好地整合产业链的前、中、后端，更好地为终端客户提供集成电路全产业链一站式服务。

在相近的时间段内，淡马锡公司有意出售星科金朋的信息已经在市场中流传，星科金朋所拥有的技术也正是长电科技与中芯国际在产业合作中所急需的技术。就此，星科金朋以其国际市场地位以及特有的技术成为长电科技海外并购的目标企业。虽然星科金朋陷入了经营与财务状况均不佳的局面中，但是其规模对于长电科技而言仍然庞大，并购方尚无足够资金开展并购交易。为了解决巨额并购资金的来源问题，中芯国际愿意出资1亿美元，同时以自身的行业地位与产业基金方面进行沟通洽谈。产业基金代表着国家层面对集成电路产业的支持，这一规模巨大且影响全球行业格局的海外并购案引起了产业基金的兴趣，很快其便加入了长电科技与中芯国际，形成了由三方构成的并购联盟，为并购交易提供了大量资金支持。

随着并购交易的完成，中芯国际与产业基金将在并购中投入的资金注入长电科技，两方联盟伙伴同时向长电科技董事会派出董事，三方之间形成了“产业链+资本”联盟。中芯国际与长电科技继续在产业链上下游协作中深化合作关系，同时与产业基金一起为星科金朋的后续整合提供相应的资金协助，为长电科技谋求国际市场布局、完成战略升级提供多方位的资源支持。

■　2.融资方式的持续性与灵活性

战略联盟在并购前成立，没有随着并购交易的完成而解散，并将在后续的经营整合中继续发挥作用。在对目标企业的并购过程中，长电科技从这一战略联盟中获取了4亿美元的并购融资，在随后对星科金朋的整合中又从联盟内获得26.5亿元人民币的资金支持，在这个过程中展现了联盟提供融资功能的持续性。一方面，联盟伙伴的雄厚实力是形成这种持续性的基本保障。另一方面，战略联盟这一组织形态本身就具有长期性、战略性的特征，在成员间充分合作、相互信任的状态下，联盟会长久地存续下去，并不断为成员企业创造价值提供便利。因此，战略联盟在提供融资方式上具有持续性的特点。传统融资方式如银行贷款、发行股份等，往往只能满足并购企业完成并购交易的需要，在并购整合阶段仍需要企业寻找后续投入资金。这可能会使企业虽然完成了并购事项，但由于缺乏整合资金而导致整合失败，使其无法发挥并购效应，甚至会令自身受目标企业所累而陷入困境。在战略联盟的持续性融资支持下，并购企业将更充分地完成并购整合，实现并购目标。

以战略联盟作为融资方式与传统的融资方式相比还具有灵活性强的特点。若企业以银行贷款、发行股份等方式进行融资，一方面，需要面对较多的审批限制，需要企业付出更高的时间成本、机会成本等。另一方面，在融资的期限、规模等条件的确定上，企业并不具备太高的自主权，可能与并购项目的规模、风险等无法匹配，导致了融资成本上升和融资效率下降。以战略联盟作为融资方式，长电科技引进的联盟伙伴是同行业公司以及专业的机构投资者，成员间信息不对称程度较低，并且对于海外并购这样的专业化程度与风险都较高的项目而言，战略联盟为企业融资显著提升了效率。长电科技与两方伙伴间共享信息与资源，相互间能够通过协商与签订契约的形式为并购项目确定恰当的合作方式与融资安排，相关的具体条款在执行当中也具备一定的协商更改余地，具有一定的灵活性。另外，战略联盟提供的融资方式并不需要像负债融资那样面临按期还本付息的压力；后续向联盟方进行定向增发时，长电科技也具有较强的自主性，对发行时间、发行价格、发行数量等条件进行掌控，这对于企业自身股权结构的安排以及后续整合融资的需要来说起到了一定的作用，体现了这一融资方式灵活性强的特点。

案例使用说明

一、教学目的

本案例的教学目的是使学生了解我国企业并购融资的方式，启发学生对案例中融资创新的思考，与常见的融资方式相比有何优势与风险，以拓宽学生对企业并购融资问题的研究领域和研究思路。

二、启发思考题

1.国内企业常见的并购融资方式有哪些？各有何特点？

2.本案例中的并购融资方式与一般的杠杆并购有何异同？分析案例中的融资方式的利弊。

3.从企业内部的角度出发，具体分析长电科技为何会选择这样的并购融资方式？

4.从外部环境来看，哪些因素对案例中并购的成功起到了促进作用？

5.搜集相关资料，查找近年来企业并购中还出现了什么样的融资方式或融资工具创新？

三、关键概念与理论依据分析

（一）关键概念辨析：并购与战略联盟

并购是指两家或者更多的独立公司合并组成一家公司，通常由一家占优势的公司吸收一家或者多家公司，并购一般是指兼并和收购。收购属于并购的一种形式。并购除了采用收购的方式，还可以采用兼并的方式。兼并又称吸收合并，是指两个独立的法人——兼并和被兼并公司，通过并购的方式合二为一，被兼并公司的法人主体资格消亡，其财产和债权债务等权利义务转移至实施兼并公司，实施兼并的公司需要相应办理公司变更登记；收购则是收购者取得了目标公司的控制权，目标公司的法人主体资格并不因之而必然消亡，在收购者为公司时，体现为目标公司成为收购公司的子公司。

战略联盟只是两家企业为了追求共同的目标决定共同发展的合作手段，两家企业联盟的同时也保证自身的独立经营。战略联盟与合并或兼并是有区别的。美国战略管理学家迈克尔·波特说：战略联盟是“企业之间达成的既超出正常交易，又达不到合并程度的长期协议”。并购意味着投入大量资金，全盘接受对方企业的全部资产，操作复杂、风险很大；而战略联盟强调伙伴之间的全面相容性，它所重视的是相互之间某些经营资源的共同运用，对相容的要求是部分的、有选择的。

（二）价值链理论

迈克尔·波特（1985）认为，企业是一个由各种活动共同组成的集合体，包括研发、生产、销售、物流和管理等，这一系列各有特点但又彼此紧密联系的经济活动组成企业价值创造的过程，其相互之间共同作用构成企业的“价值链”。价值链理论认为，行业中某些特定价值创造活动所带来的竞争优势会进一步产生行业的垄断优势，抓住了特定的价值创造环节，相当于获得了整个价值链的关键节点。然而，不管何种企业都不可能在价值链的所有环节上均拥有优势，只能是拥有部分优势。在一些价值创造活动中，本企业具有了一定优势，而在其余的环节中，其他企业将会拥有本企业所不具备的优势，因而企业之间在各自的优势环节上进行共享与合作，将会获得共赢的效应，最终在整体上获得收益的最优化。因此，企业为了获得更强的竞争优势往往会选择构建战略联盟。不同企业价值链中的合作与互补（如生产与营销方面的合资经营）为横向联盟，而波特称为纵向联系的企业价值链，即与供应厂商、销售渠道的价值链之间的联盟（如供货协定）为纵向联盟。两种形式，两种联系，其结果都是通过协调和合作获得资源优化及竞争优势。

（三）资源基础理论

20世纪80年代中期，B. Wemerfelt、R. M. Cront和J. Barney等学者在对企业资源进行系统研究的基础上，形成了资源基础理论这一企业战略管理理论的新兴流派。资源基础理论流派所依据的前提条件在于不同企业之间的资源的差异性是巨大的，而且这些差异巨大的资源在企业之间无法自由交易或流动。拥有异质性的资源不光能为企业带来竞争优势，也是获得经济租金或者获得超额收益的来源。对于企业而言，异质性的资源往往具有不可模仿性、稀缺性和难以替代性的特点，所以其才能够成为企业获得可持续竞争优势的重要资源。当企业能够借助市场进行资源交换时，其会倾向于保持独立，并且对市场渠道更加依赖。然而，在现实情况下市场是不完备的，有许多障碍会约束企业之间在市场上进行资源交易，与此同时更存在着某些无法自由交易的特定资源，因为它们要么嵌入在组织整体中无法单独分离，要么也同时与其他资源结合在一起。因此，当企业在市场中遭受获得资源的巨大障碍时，就需要与其他公司就相关资源寻求共享与集聚。资源基础理论提出企业之间构建战略联盟的组织关系以共享其他企业的资源，最终是为了达到获得更强的竞争优势和提升企业价值的目的。企业进入战略联盟的目的有两个：一是分享其他公司的资源；二是维护对自己有价值的异质性资源。

四、分析思路

教师可以根据自己的教学目标灵活使用本案例。这里提出本案例的分析思路，仅供参考。

1.企业的并购融资方式大致可分为内部融资、债务融资、权益融资和混合融资四种方式。

内部融资主要来源于企业的留存收益及生产经营活动中所提的折旧等。内部融资具有较大的自主性，但是融资的规模会受制于企业的盈利能力和财务积累，当大量占用经营资金时会妨碍企业的正常运营，导致现金流的不足，甚至会使资金链断裂。

债务融资有向银行贷款及发行债券等方式，我国企业目前更常用的是银行贷款融资。债务融资由于能让企业在享受节税收益、获得财务杠杆效应的同时不存在股权稀释的风险，因而更具成本优势。然而，这一方式会加重企业的债务负担，同时可能会存在诸如破坏企业最优资本结构和再融资能力的隐性成本。

权益融资除发行股票筹集并购资金外，还有换股并购、反向并购等形式。权益融资方式由于资金能够长期使用并且没有还本付息的压力，因而融资风险较小，同时有助于提高公司的信誉，从而增强企业负债融资能力，但其最大的缺点是会使企业控制权稀释，并且发行费用高昂，税收负担加重，存在信息披露成本。

混合融资包括可转换债券、可转换优先股等。该方式能够充分结合权益性和债务性融资工具两者的优点，避免单一融资工具所诱发的风险，给予融资企业更多的自主权和变通空间。然而受制于我国资本市场的不完善，混合融资工具的市场较小，政策法律方面对混合融资的限制仍然较多，因而现阶段企业并购依靠混合融资尚未成为主流。

2.从以往杠杆并购的融资方式来看，采用债务融资是其一大特征，即通过向银行或其他投资者筹措借款来对目标企业进行并购，并以所并购企业未来的利润和现金流来偿还负债。从杠杆并购的实际效果来看，“以小博大”是其另一项重要特征。通过杠杆并购，并购企业以少量的自有资金撬动总价规模远超自身的并购交易，实现“蛇吞象”式的并购。

虽然案例中长电科技的并购资金主要来源于共同投资者投入的权益资本，与一般杠杆并购资金来源于债务资本有所不同，但都有形式相同的特征，即并购企业都是以少量的自有资金撬动总价规模远超自身的并购交易，实现“以小博大”。本案例中的融资安排设计可以看作是对传统杠杆并购的改进与创新，具有一般杠杆并购所不具备的优势，对于企业而言也会面临不同的风险。

首先，本案例中使用的融资方式的财务风险远远小于一般杠杆并购的财务风险。公司通过结成战略联盟的形式为其带来了大量的权益资本投入。权益资本相对于债务资本而言风险较低，无须面临按期还本付息的压力，而且后期对其进行资本运作的空间比债务资本更充分。在并购完成后共同投资者寻求投资退出时，长电科技不必真正为此支付巨额现金，其可以通过向两方定向增发来购买它们所持的子公司股权。除此之外，与共同投资者组建战略联盟后，各方之间具有战略目标的长期一致性，投资者也将为并购后续的整合继续提供资金支持，降低后续并购整合失败的概率。

其次，在共同投资者为长电科技提供资金帮助其完成并购以外，它们还提供了额外的无形资源。产业基金凭借自身的国资背景和专业团队为长电科技提供了多方面的帮助。作为专业投资者，产业基金在规避风险方面具有更加成熟的经验和专业优势，有利于促进并购的成功，降低并购风险。也正是在产业基金的支持下，长电科技才得以获得中国银行1.2亿美元的并购贷款，若只凭长电科技自身，其贷款难度将很大。芯电半导体背后的意志主体——中芯国际作为同行业中在中国香港上市的公司，对国际资本市场及资本运作较为熟悉，其国际化视野与管理能力无疑能为并购后的整合与经营提供全面的配合，为进一步开拓国际市场的长电科技提供可借鉴的国际客户管理经验，加速了整合的进程。

最后，长电科技也需面对该种融资方式下所带来的新的风险。从最终整体的股权结构来看，产业基金取得长电科技9.54%的股权，芯电半导体取得长电科技14.27%

的股权，新潮集团对长电科技的股权被稀释至13.99%，不再是长电科技的第一大股东。三方中的任意一方都将无法单独控制长电科技，这可能会加剧公司未来发展的风险。

3.案例中的融资安排具有一定的复杂性和新颖性，企业没有选择过去较为常见的融资方式来进行交易，为何采用如此特殊的形式？

从内部融资方式来看，长电科技2010—2014年5年里达到的最高营业收入为64亿元，达到的最高净利润为2.3亿元，2010—2014年的净利润之和为6.2亿元，这与收购对价（折合人民币47.8亿元）相去甚远，公司自身的规模以及凭借内部融资都无法支撑其完成这项跨国并购。

从债务融资方式来看，长电科技在过去扩张的过程中已经较大限度地使用了负债融资，公司的资产负债率从2010年末的46.47%增长到2014年中期的67.70%，然而一直以来行业平均水平在30%左右，长电科技的资产负债率已然偏高。若公司为了支撑这项45亿元以上的收购行为而开展债务融资，其融资空间是十分有限的。如果此时进行大额的债务融资，无疑会加大公司陷入财务危机的风险。

从权益融资方式来看，发行股票募集资金在当时也并不是一个明智的选择。首先，长电科技股权结构十分分散，2014年第一大股东持股比例仅有14.11%，若发行股票进行融资，其所持长电科技的股份比例无疑还会进一步下降，导致丧失对上市公司的控制权。其次，在此前的2014年9月，长电科技已完成一次非公开发行，募资12.5亿元，短时间内再进行发行股票募资，时机显然不成熟。

因此，在当时的情形下，传统的融资方式无法满足长电科技开展并购的需求。长电科技选择了与其他投资者集聚、共享并购所需的资金，通过组建战略联盟的形式获得了巨额的资金支持开展并购，并通过三层架构的出资安排保证自身对目标企业的控制权。

4.相关行业背景：中国半导体封装测试行业市场规模受到了全球封测产能向中国转移、国内封测技术突破、国内半导体设备国产化需求上升和下游电子设备消费需求增长等额外因素的促动，保持了平稳增长，其规模已超过1 000亿元。中国已成为世界第一大半导体消费市场，但半导体的自给率不到40%，未来半导体市场的高增长还将持续，芯片国产化需求旺盛。对于半导体封测企业而言，一方面，劳动力成本呈现不断上升的趋势，国内劳动力低成本优势逐渐减弱；另一方面，终端厂商对技术以及设计工艺的严格把控，使得封测行业企业的盈利能力受到挤压。原有发展模式的转变需要较长时间与较大的资本投入，跨国并购将给予长电科技较快学习境外先进技术并整合国际资源的机会，提升综合竞争力及全球话语权。

相关政策背景：国家对集成电路产业的扶持力度不断增强。在2014年两会政府工作报告中，在“以创新支撑和引领经济结构优化升级”部分提出了“设立新兴产业创业创新平台，在新一代移动通信、集成电路、大数据、先进制造、新能源、新材料等方面赶超先进，引领未来产业发展”。各项政策的相继出台不仅为业界相关公司布局带来了最佳战机，也为新晋企业提升自身实力带来了绝佳机遇。

五、背景信息

在并购活动顺利进行并完成之后，长电科技与联盟伙伴方之间依然没有停止资本运作，相关后续资本运作安排如图7-4所示。

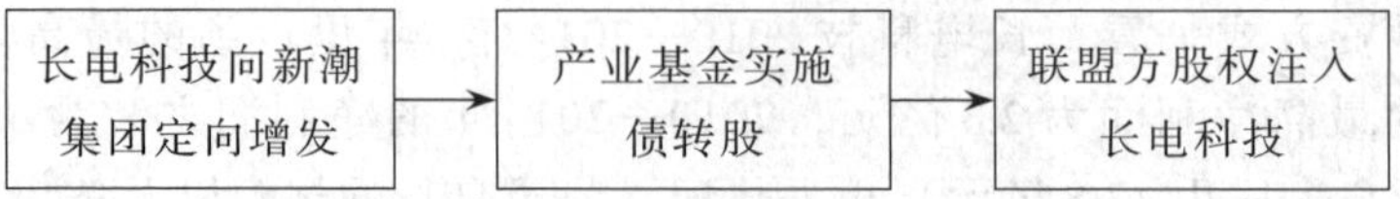

图7-4　后续资本运作安排

（一）长电科技向控股股东定向增发

2015年5月，长电科技召开董事会审议通过发行股份购买资产并募集配套资金的相关议案。本次发行的方式是定向增发，增发对象为公司控股股东新潮集团。长电科技以发行股份方式购买新潮集团持有的江阴长电先进封装有限公司（简称长电先进）16.188%的股权。同时，长电科技向新潮集团非公开发行股份募集配套资金，募集配套资金总额不超过购买资产交易价格的100%。该次交易完成后，长电科技直接和间接持有长电先进100%的股权。

发行股份购买资产的发行价格为董事会决议公告日前120个交易日公司股票交易均价的90%，经除息计算后发行价格定为11.71元/股。根据资产评估报告，截至评估基准日2015年4月30日，标的公司长电先进全部股东权益评估价值为203 100万元，标的资产长电先进16.188%股权对应价值为328 778 280元。经交易双方协商，标的资产的交易价格确定为328 778 280元，由此计算本次长电科技向新潮集团发行股票数量为28 076 710股。

募集配套资金发行股份价格为董事会决议公告日前20个交易日公司股票交易均价的90%，经除息计算后发行价格定为14.13元/股。根据本次发行股份购买资产交易价格328 778 280元计算，本次募集配套资金总额不超过328 778 280元，由此计算得出向新潮集团非公开发行的股份数量不超过23 268 101股。

到2015年11月，本次交易最终完成。长电科技一共向新潮集团定向增发51 344 811股，本次交易前后，长电科技股本结构变化见表7-3。

表7-3　**交易前后长电科技的股本结构变化**

股东名称	本次交易前		本次交易后	
	持股数量（万股）	持股比例	持股数量（万股）	持股比例
新潮集团	13 892.74	14.11%	19 027.22	18.37%
其他社会股东	84 564.26	85.89%	84 564.26	81.63%
合计	98 457.00	100%	103 591.48	100%

资料来源：长电科技关联方交易报告书。

（二）长电科技与联盟方后续资本运作

■　1.产业基金债转股

根据前期长电科技与产业基金签订的《共同投资协议》和《债转股协议》，产业基金对长电新朋的1.4亿美元股东贷款在收购目标公司股份交割完成满3年后，产业基金有权行使债转股选择权。2015年12月，长电科技董事会披露了关于长电新朋股权变更的公告。公告中表示，产业基金已经将对长电新朋的股东贷款本金1.4亿美元等额转换为对公司的出资，折合人民币83 406万元。增资完成后，长电新朋注册资本为人民币393 201万元，实收资本为人民币393 201万元，其中：股东长电新科出资303 837万元，持有77.27%的股权；产业基金出资89 364万元，持有22.73%的股权。

■　2.联盟方股权注入长电科技

根据《共同投资协议》、《售股权协议》和《投资退出协议》，芯电半导体与产业基金可以将持有的长电新科与长电新朋的股份选择以新潮集团通过现金购买的方式实现投资退出，也可以选择长电科技对它们定向增发来购买相应的子公司股权。2016年1月，处于停牌中的长电科技发布公告称，将向芯电半导体与产业基金定向增发来购买其所持有的子公司少数股东权益。2016年4月29日，长电科技公告了发行股份购买资产并募集配套资金的交易报告书，披露了具体交易细节，并且在本次交易完成后实际控制人将发生变更。

在本次交易中，长电科技以发行股份的方式购买产业基金持有的长电新科29.41%的股权、长电新朋22.73%的股权以及芯电半导体持有的长电新科19.61%的股权。同时，长电科技向芯电半导体非公开发行股份募集配套资金，募集配套资金总额不超过拟购买资产交易价格的100%。交易完成后，长电科技将持有长电新科100%的股权及长电新朋100%的股权，从而间接持有星科金朋100%的股权。本次募集配套资金总额不超过265 500万元，不超过拟购买资产交易价格的100%，认购对象芯电半导体将以现金方式全额认购。本次交易前后长电科技股本结构变化见表7-4。

表7-4　**交易前后长电科技的股本结构变化**

股东名称	本次交易前		本次交易后	
	持股数量（万股）	持股比例	持股数量（万股）	持股比例
新潮集团	19 027.22	18.37%	19 027.22	13.99%
产业基金	—	—	12 970.68	9.54%
芯电半导体	—	—	19 402.39	14.27%
其他社会股东	84 564.26	81.63%	84 564.26	62.20%
合计	103 591.48	100%	135 964.55	100%

资料来源：长电科技关联方交易报告书。

本次交易完成后，新潮集团将持有上市公司13.99%的股权，产业基金持有上市公司9.54%的股权，芯电半导体持有上市公司14.27%的股权，成为上市公司第一大股东，三个主要股东的股权比例较为接近。未来新潮集团将向公司提名2名非独立董事、产业基金将提名2名非独立董事、芯电半导体将提名2名非独立董事。

六、关键要点

1.并购融资方案的设计是并购成功的关键，选择适当的支付方式有利于促进并购方案的顺利实施。

2.战略联盟融资是对杠杆并购的融资创新。

七、建议课堂计划

本案例可以作为专门的案例讨论课来进行。以下是按照时间进度提供的课堂计划建议，仅供参考。

本案例课的课堂时间控制在50分钟。

1.课前计划：提出启发思考题5个，请学员在课前完成阅读和初步思考，并分组讨论，告知发言要求，要求每小组将讨论意见做成讨论报告（用PPT的形式表现）。建议学员课前阅读以下文献：

[1] 庄建威. 长电科技海外并购融资创新的研究——基于战略联盟的视角［D］. 杭州：浙江工商大学，2016.

[2] 屈琴，龚丁虹，石声萍. 杠杆收购的风险分析——基于长电科技和星科金朋的案例研究［J］.中国注册会计师，2018（5）.

2.课中计划：讲授者做一个简要的课堂说明（约2分钟），明确主题，说明本案例讨论的目的；小组发言（每组8分钟，整体控制在35分钟以内）；引导全班进一步讨论，并进行归纳总结（约15分钟）。

3.课后计划：请学员根据全班讨论意见，修改讨论报告，给出更加具体的解决方案。

案例16

东方航空吸收合并上海航空

摘要

东方航空并购上海航空是中国航空业的一次重大资产重组事件，它改变了中国航空业的竞争格局。本案例描述了东方航空吸收合并上海航空的并购方案、并购动机、并购风险，对通过横向联合做强做大企业、提高企业市场竞争力具有借鉴意义。

关键词

吸收合并　换股合并　股东利益保护

案例正文

一、引言

2009年6月26日，中国东方航空股份有限公司（以下简称“东方航空”）发布公告称，公司正在筹划与上海航空股份有限公司（以下简称“上海航空”，股票代码600591）的重大联合重组事宜。

2009年7月10日，东方航空发布换股吸收合并上海航空预案，并与上海航空签订了《换股吸收合并协议》。2009年12月30日，中国证券监督管理委员会（以下简称“中国证监会”）核准东方航空吸收合并上海航空。2010年1月25日，上海航空终止上市。2010年1月28日，东方航空完成对上海航空的换股，原上海航空的资产、负债、权益并入东方航空第一季度财务报表。由此，中国航空业形成了中国国航、南方航空与新东航“三足鼎立”的局面。

东方航空吸收合并上海航空为什么采用换股合并的方式？合并方案如何保护双方股东利益？

二、并购双方简介

■ 1.主并方——东方航空

东方航空是由中国东方航空集团有限公司（以下简称“东航集团”）于1995年4月独家发起设立的股份有限公司，注册地为上海市浦东新区国际机场大道66号，主要经营国内和经批准的国际、地区航空客、货、邮、行李运输业务及延伸服务、国内外航空公司的代理业务及与航空运输有关的其他业务等。1997年2月经国家体改委（〔1996〕180号文）和国务院证券委员会（〔1997〕4号文）批准发行了156 695万H股并在美国纽约和中国香港两地上市。1997年5月经中国民用航空总局和中国证监会批准，东方航空向境内投资者发行30 000万股人民币普通股（A股，股票代码：600115），成为国内首家在三地上市的航空公司。东方航空的实际控制人为国务院国有资产监督管理委员会。

截至2008年12月31日，东方航空股本为486 695万股，第一大股东东航集团持有290 400万股，占59.67%，第二大股东HKSCC NOMINEES LIMITED持有154 001.71万股（H股流通股），占31.64%。东方航空已通航21个国家，服务国内外约134个城市；机队规模达240架，经营客运航线423条，货运航线16条。其中，国内客运航线332条、货运航线1条；国际客运航线75条、货运航线14条；地区客运航线16条、货运航线1条。此外，公司还经营中国台湾常态化包机客运航线5条、货运航线1条。

2008年由于受到国内外宏观环境变化、自然灾害和突发事件的影响，东方航空的大部分运营指标出现了不同程度的下滑。国际油价大幅波动以及因此造成的东方航空2008年燃油成本大幅增加和大额的金融衍生品账面浮亏，使东方航空2008年大幅亏损139.28亿元，巨亏之下使得本已有高额负债的公司进入“资不抵债”的窘境。2008年12月31日，东方航空经审计的股东权益为负值，从2009年4月17日开始公司股票被实行其他特别处理——戴上“ST”的帽子。

2009年以来，国际航空运输环境依然艰难，但中国经济和航空运输市场正逐步得到恢复。东方航空积极实施一系列的降本增效措施，加之国际航油价格较2008年有所上升、油料套期公允价值变动损失转回、政府补贴等因素的共同影响，使得东方航空2009年上半年经营业绩得到大幅改善，实现归属于母公司所有者的净利润117 351万元。

东方航空2006—2008年各项业务指标基本保持稳定（见表7-5），2007年至2009年上半年主要财务指标见表7-6。

表7-5　**东方航空2006—2008年各项业务指标**

项目		2006年	2007年	2008年
载运力	可用吨千米（ATK）（万吨千米）	1 106 557	1 208 588	1 164 223
	可用座千米（ASK）（万座千米）	7 046 828	7 771 723	7 596 428
载运量	客运量（人次）	35 039 740	39 161 360	37 231 480
	货邮载运量（吨）	893 220	940 120	889 480
	旅客周转量（RPK）（万人千米）	5 027 188	5 718 256	5 378 527
	货邮周转量（RFTK）（万吨千米）	244 401	261 407	242 014
	总周转量（RTK）（万吨千米）	693 097	771 392	721 899
载运率	客座率（PLF）（%）	71.34	73.58	70.8
	综合载运率（OLF）（%）	62.64	63.83	62.01

■　2.目标公司——上海航空

上海航空于2000年10月25日经上海市人民政府批准整体改制为股份有限公司（沪府体改审〔2000〕030号文），发起人为上海联和投资有限公司、中银集团投资有限公司、锦江国际（集团）有限公司、上海对外经济贸易实业有限公司、上海轻工业对外经济技术合作有限公司和上海汉森进出口有限公司，主要经营国内航空客货运输业务、航空公司间的代理业务、经批准的自上海始发至邻国或邻近地区的航空客货运输等业务。2002年9月6日，经中国证监会核准（证监发行字〔2002〕99号文），上海航空向社会公开发行人民币普通股股票20 000万股。上海航空A股于2002年10月11日在上海证券交易所上市交易，股票代码为600591，其实际控制人为上海市国有资产监督管理委员会。

表7-6 **东方航空合并前近三期主要财务指标** 金额单位：万元

项 目	2007年12月31日	2008年12月31日	2009年6月30日
资产总额	6 650 448.1	7 318 400.6	7 297 293.8
其中：流动资产	969 025.2	1 040 106.9	1 060 176.9
非流动资产	5 681 422.9	6 278 293.7	6 237 116.9
负债总额	6 328 158.9	8 424 915.7	7 579 055.8
其中：流动负债	3 585 544.7	5 407 670.9	4 491 487.2
非流动负债	2 742 614.2	3 017 244.8	3 087 568.6
股东权益	322 289.2	−1 106 515.1	−281 762.0
其中：归属于母公司股东权益	251 775	−1 159 934.6	−338 405.6
资产负债率	95.15%	115.12%	103.86%
每股净资产（元/股）	0.52	−2.38	−0.44
项 目	2007年度	2008年度	2009年1—6月
营业收入	4 354 122.8	4 184 236.1	1 749 778.4
利润总额	72 483.4	−1 398 510.8	121 917.9
归属于母公司所有者的净利润	60 395.5	−1 392 765.6	117 350.7
基本每股收益（元/股）	0.12	−2.86	0.24

截至2008年12月31日，上海航空总股本108 150万股，其中上海联和投资有限公司占35.73%，中银集团投资有限公司占13.30%，锦江国际（集团）有限公司占7.93%，上海对外经济贸易实业有限公司占4.33%。上海航空拥有以波音客机为主的先进机队，各类飞机达66架，有先进的电子商务、财务管理、生产运行、教育培训等系统。公司的客运发展积极而稳健，拥有完善的国内航线网络，并且开通了上海至日本、韩国、泰国等国家的多条国际航线。现公司经营国内外客运航线170多条，通达60多个国内外大中城市，并与美联航空、汉莎航空、韩亚航空、泰国航空、全日空航空、北欧航空等星空联盟成员航空公司，开展了代码共享合作，通达上海到美国、日本、新西兰等多条国际航线。

自2007年以来，国际航油价格处于高位运行，对上海航空的运营成本造成了较大影响；上海航空新开辟了多条国际（地区）航线，但是尚未形成成熟市场，也尚未获得理想收益，2007年净亏损额近5亿元。特别是2008年受到全球金融危机的影响，民航市场需求大幅萎缩，国际原油价格剧烈波动，上海航空的经济效益改善乏力，2008年全年净亏损13.6亿元，归属于母公司所有者的净利润为−124 925万元。公司股票自2009年3月26日起被实行退市风险警示的特别处理，股票简称更名为：*ST上航。2009年1—6月，随着中国经济的逐步好转以及国际航油价格的回落，上海航空的经营业绩有所恢复，归属于母公司股东的净利润拉升至-9 129.4万元，但公司股票仍面临退市的风险。

上海航空2006—2008年各项业务指标见表7-7，2007年至2009年上半年主要财务指标见表7-8。

表7-7　**上海航空2006—2008年各项业务指标**

项目		2006年	2007年	2008年
载运力	可用吨千米（ATK）（万吨千米）	226 329	306 065	329 104
	可用座千米（ASK）（万座千米）	1 461 100	1 750 115	1 948 305
载运量	客运量（人次）	7 786 382	9 451 137	10 108 969
	货邮载运量（吨）	269 065	327 381	319 143
	旅客周转量（RPK）（万人千米）	1 010 314	1 273 316	1 375 080
	货邮周转量（RFTK）（万吨千米）	59 702	94 016	94 543
	总周转量（RTK）（万吨千米）	149 890	207 559	217 271
载运率	客座率（PLF）（%）	69.15	72.76	71
	综合载运率（OLF）（%）	66.23	67.82	66

表7-8　**上海航空合并前近三期主要财务指标**　金额单位：万元

项目	2007年12月31日	2008年12月31日	2009年6月30日
资产总额	1 303 790.4	1 421 228.3	1 595 315.9
其中：流动资产	292 084.9	268 318.6	383 032.7
非流动资产	1 011 705.5	1 152 909.7	1 212 283.2
负债总额	1 139 717.9	1 382 498.5	1 476 305.7
其中：流动负债	774 895.4	974 316.4	1 067 602.1
非流动负债	364 822.5	408 182.1	408 703.6
股东权益	164 072.5	38 729.9	119 010.2
其中：归属于母公司股东权益	15 858.88	33 158	113 321.5
资产负债率（%）	87.42	97.27	92.54
每股净资产（元/股）	1.47	0.31	0.87
项目	2007年度	2008年度	2009年1月—6月
营业收入	1 231 011.4	1 337 308	543 797.9
利润总额	-47 942.4	-134 693.1	-6 019.8
归属于母公司股东的净利润	-43 511.8	-124 925	-9 129.4
基本每股收益（元/股）	-0.4	-1.64	-0.08

三、主题内容

（一）合并方案

东方航空以换股方式吸收合并上海航空。东方航空为吸收合并方，上海航空为被吸收合并方。本次换股吸收合并完成后，东方航空会作为存续公司，上海航空的法人资格会被注销，上海航空全部资产、负债、业务、人员、合同及其他一切权利与义务被并入东方航空或者其全资子公司。

■ 1.换股价格及换股比例

东方航空换股吸收合并上海航空的换股价格为东方航空首次审议本次换股吸收合并事项的董事会决议公告日前20个交易日的A股股票交易均价，即5.28元/股；上海航空的换股价格为上海航空首次审议本次换股吸收合并事项的董事会决议公告日前20个交易日的A股股票交易均价，即5.50元/股。双方同意，作为对参与换股的上海航空股东的风险补偿，在实施换股时将给予上海航空股东约25%的风险溢价，由此确定上海航空与东方航空的换股比例为1∶1.3，即每股上海航空股份可换取1.3股东方航空股份。

根据《换股吸收合并协议》，除任何一方在换股日之前发生除权、除息事项，以及发生按照相关法律、法规或监管部门的要求须对换股价格进行调整的情形外，上述换股比例在任何其他情形下均不做调整。东方航空及上海航空已分别同意，自《换股吸收合并协议》签订之日至换股日，不开展任何可能导致其股票进行除权、除息的事项。

■ 2.换股合并双方股东利益保护机制

（1）为保护上海航空股东利益，减少本次吸收合并后存续公司股价波动等不确定因素可能导致的投资损失，东方航空和上海航空一致同意赋予上航异议股东以现金选择权。只有在审议本次换股吸收合并的上海航空股东大会正式表决时投出有效反对票，并持续保留股票至上航异议股东现金选择权实施日，同时在上航异议股东现金选择权申报期内成功履行申报程序的上航异议股东，方能行使上航异议股东现金选择权。行使上航异议股东现金选择权的上航异议股东，可就其有效申报的每股上海航空股份，在上航异议股东现金选择权实施日，获得由现金选择权提供方支付的按照定价基准日前20个交易日股票交易均价确定并公告的现金对价，具体价格为人民币5.50元/股。若上海航空股票在本次换股吸收合并定价基准日至上航异议股东现金选择权实施日期间发生除权、除息的事项，则上航异议股东现金选择权的价格将做相应调整。在换股日持有上海航空股票的股东，均有权亦均应当于换股日，就其持有的全部上海航空的股份，包括现金选择权提供方因向上航异议股东提供上航异议股东现金选择权而获得的上海航空的股份，按照规定的换股比例换取东方航空的股份。

（2）为保护东方航空股东的利益，减少本次吸收合并后存续公司股价波动等不确定因素可能导致的投资损失，双方一致同意赋予东航异议股东以东航异议股东收购请求权。只有在审议本次换股吸收合并的东方航空股东大会、东方航空A股类别股东会和东方航空H股类别股东会正式表决时投出有效反对票，并持续保留股票至东航异议股东收购请求权实施日，同时在收购请求权申报期内成功履行申报程序的东航异议股东方能行使东航异议股东收购请求权。行使东航异议股东收购请求权的东航异议股东，可就其有效申报的每股东方航空股份，在东航异议股东收购请求权实施日，获得由异议股东收购请求权提供方支付的按照定价基准日前20个交易日股票交易均价确定并公告的现金对价，具体价格为A股人民币5.28元/股，H股港币1.56元/股。若东方航空股票在本次换股吸收合并定价基准日至东航异议股东收购请求权实施日期间发生除权、除息的事项，则东航异议股东收购请求权的价格将做相应调整。

3.换股吸收合并前后东方航空股本及股权结构变化情况

（1）换股吸收合并前后东方航空股本变化情况见表7-9。

表7-9　**换股吸收合并前后东方航空股本变化情况**　单位：万股

变更日期	股本	流通A股	实际流通A股	变更原因
2010年1月28日	1 127 653.89	778 221.39	39 600.00	吸收合并
2009年12月23日	958 170.00	608 737.50	39 600.00	增发
2009年12月10日	823 170.00	473 737.50	39 600.00	增发
2009年7月2日	774 170.00	473 737.50	39 600.00	增发
2009年6月26日	630 432.50	330 000.00	39 600.00	增发H股

东方航空于2009年6月26日完成向东航国际定向增发14.37亿股境外上市外资股（H股），发行价格为1元/股。2009年7月2日，东方航空向东航集团非公开发行14.37亿股A股股票，每股面值1元，发行价格为3.87元/股。12月10日，东方航空完成向东航国际定向增发4.9亿股境外上市外资股（H股），发行价格为1.56港元/股。12月23日，东方航空向包括东航集团在内的不超过10家特定对象非公开发行不超过13.5亿股（A股），其中公司控股股东——东航集团以现金认购不超过4.9亿股，占本次发行股票总数的36.3%，发行价格为4.75元/股。

2010年1月28日，东方航空换股吸收合并上海航空完成，东方航空因本次换股吸收合并新增1 694 838 860股A股股票，总股本达到11 276 538 860股。

（2）吸收合并前后东方航空股权结构变化情况见表7-10。

本次换股吸收合并完成后，国务院国资委仍然是东方航空的实际控制人。因此，本次换股吸收合并不会导致东方航空的控股股东和实际控制人发生变化。

表7-10　**吸收合并前后东方航空股权结构变化情况**　计量单位：股

股东类型	吸收合并前（2009年7月1日）		吸收合并后（2010年1月28日）	
	持股数量	持股比例	持股数量	持股比例
东航集团及其下属企业	5 778 750 000	74.64%	6 758 750 000	59.94%
其中：A股	4 341 375 000	56.08%	4 831 375 000	42.84%
H股	1 437 375 000	18.57%	1 927 375 000	17.09%
A股社会公众股东	396 000 000	5.12%	2 950 838 860	26.17%
其中：上海联和投资有限公司	0	0	502 400 262	4.46%
锦江国际（集团）有限公司	0	0	400 334 918	3.55%
中银集团投资有限公司	0	0	187 052 580	1.66%
其他A股社会公众股东	396 000 000	5.12%	1 861 051 100	16.50%
H股社会公众股东	1 566 950 000	20.24%	1 566 950 000	13.90%
合计	7 741 700 000	100.00%	11 276 538 860	100.00%

（二）并购动机

东方航空是以上海为基地，昆明、西安为区域枢纽的中国排名前三的航空企业。上海航空亦是以上海为基地的国内著名航空企业。东方航空通过换股吸收合并上海航空以优化航线网络，有效降低营运成本，增强公司盈利能力，提升公司竞争力，更好地为世博会服务，并分享中国经济发展、上海“两个中心”建设所带来的巨大发展机遇，从而为全体股东创造更多的利益。

■　1.提高运营规模，增强竞争实力

中国已经成为全球最大的航空运输市场之一，但中国航空运输企业与国际航空运输巨头相比仍然缺乏规模优势。根据民航局统计，按照2008年的市场情况，本次换股吸收合并完成后的东方航空在上海航空市场的客运市场份额将从32.1%上升至46.6%，货运市场份额将从17.6%上升至26.6%。本次换股吸收合并完成后，存续公司运营规模、市场覆盖率得到进一步提升，从而有利于存续公司提高规模经济效益、推进枢纽网络型航空公司战略目标的实现。

■　2.整合资源，实现协同效应

换股吸收合并完成后，东方航空通过一体化整合发挥协同效应。合并的协同效应将有助于降低管理成本，提高经营效率，主要体现在以下几个方面：

（1）吸收合并后，东方航空可以优化国内航线网络布局，提高资源配置和使用效益。国际航线方面，东方航空与上海航空存在互补优势，有助于建立广泛的销售渠道，从而提升东方航空国际/地区航线的收益水平。东方航空的上海始发和到达时刻资源将增加，通过合理的统筹规划，时刻资源的经济效益将提升。

（2）吸收合并后，东方航空会成为机队规模仅次于南方航空的中国民航运输企业。通过飞机、航油、航材等的集中采购，东方航空可以有效降低采购成本。随着融资规模的扩大，通过统一的融资安排，东方航空可以降低融资成本，而且通过统筹规划重大投资项目，有利于合理配置资源，避免重复投资。

（3）吸收合并后，双方可以充分利用各自在全国的直属营业部、售票点进行交叉销售，从而提高网点的市场覆盖率和网点资源的经济效益。同时，双方在国内外的机票代理机构也可以在统筹规划的基础上实现销售渠道布局的优化和渠道经济效益的提升。双方还可以通过新信息系统的统一建设、统一使用维护，降低建设信息平台的相关成本。

■ 3.推进上海"两个中心"的建设

《国务院关于推进上海加快发展现代服务业和先进制造业建设国际金融中心和国际航运中心的意见》（国发〔2009〕19号）提出，到2020年，将上海基本建成与我国经济实力和人民币国际地位相适应的国际金融中心、具有全球航运资源配置能力的国际航运中心。本次换股吸收合并对于推进上海"两个中心"的建设具有重要意义。

首先，航空枢纽是航运中心的重要组成部分，上海国际航空枢纽港战略的实施对于上海国际航运中心的建设至关重要。世界主要航运中心，例如新加坡和中国香港，同时也是主要的国际航空枢纽。其次，上海国际航空枢纽港的建设，有利于加强上海对外交流，提升上海国际形象，从而推动上海国际金融中心的建设。世界级金融中心，如纽约、伦敦、东京、香港等城市，均同时拥有世界领先的航空枢纽港。本次换股吸收合并完成后的东方航空在航线网络、机队规模、市场份额、管理效率等方面都将获得大幅提升，竞争实力会大幅加强。强大的基地航空公司将促进上海航空枢纽港的建立，从而推进上海"两个中心"的建设。

（三）并购的支付方式

本次换股吸收合并的对价由东方航空和上海航空以双方的A股股票在定价基准日二级市场上的价格为基础协商确定。

东方航空的换股价格为定价基准日前20个交易日东方航空A股股票的交易均价，即为5.28元/股；上海航空的换股价格为定价基准日前20个交易日上海航空的A股股票的交易均价，即为5.50元/股。双方同意，作为对参与换股的上海航空股东的风险补偿，在实施换股时将给予上海航空股东约25%的风险溢价，由此确定上海航空与东方航空的换股比例为1∶1.3，即每1股上海航空股份可换取1.3股东方航空股份。

按重组方案，东航拟以换股吸收合并方式重组上航，上航成为东航的全资子公司，但将保留原上海航空的品牌、经营权、债权债务和合同义务。

(四)并购风险

1.市场风险

2008年金融危机对包括中国民航在内的全球航空业产生了较大的负面影响，航空客运和货运需求呈现出了较大幅度的下降，导致了全球范围内的行业亏损。虽然各国陆续推出了稳定和刺激经济发展的财政和货币政策，全球经济出现了企稳的迹象，但全球经济复苏仍存在较多的不确定因素。若未来国内或国际的宏观经济难以恢复增长或继续下滑，将对存续公司的财务状况和经营业绩造成不利影响。

同时，随着国内民航运输业市场的逐步开放，竞争会更加激烈。国内各航空公司在价格、航线、航班时刻、服务质量、机队配置、航空枢纽等方面的竞争日趋激烈，行业竞争格局变数增大。此外，相对于欧美航空运输巨头和日本航空、香港航空、新加坡航空等亚洲航空公司，我国内地的航空运输企业规模小，品牌影响力弱，航线网络不完善，在国际竞争当中处于相对劣势。激烈的市场竞争对公司的经营模式和管理水平提出了较大的挑战，并可能对存续公司的市场份额及盈利能力带来一定的不利影响。

此外，航空运输、铁路运输、公路运输在短途运输方面存在一定的可替代性。随着动车组的推广、京沪高速铁路的建设以及城市间高速公路网络的完善，成本相对低廉的铁路运输、公路运输的竞争和替代对存续公司航空运输业务形成了一定的竞争压力。

2.体制风险

2008年3月，经全国人民代表大会决议，国务院组建中华人民共和国交通运输部，撤销原中华人民共和国交通部和中国民用航空总局。交通运输部下设中国民用航空局，作为中国航空运输业的直接管理机构，对航空运输业实施宏观管理以及代表国家处理涉外民航事务等方面的职能。“十一五”期间，新一轮航空改革围绕市场准入、退出制度，改革国内和国际航线航班管理，改革航班时刻管理办法，改革价格管理政策等方面而展开。新航空公司的设立、航权开放以及在航线、价格等方面的放松管制将有可能会影响公司业务未来的发展。

东方航空并购上海航空的行为在很大程度上是由政府强行撮合才实现的。尽管大规模的公司并购活动离不开政府的支持和引导，但是并购行为毕竟是一种市场行为。如果政府依靠行政手段对公司的并购活动大包大揽，不仅背离了市场原则，难以达到预期效果，而且往往会给并购公司带来风险，使公司并购偏离了资产最优组合目标。

3.内部整合风险

本次并购对象——上海航空近年来财务状况不佳，是已经被标明为“*ST”的公司，并且其下属企业众多。东方航空在整合上海航空及其下属企业的过程中面临着一定的挑战，若换股合并完成后一段时间内未能建立统一、完善的管理模式和相关制度，将影响存续公司的健康发展。

由于本次吸收合并完成后管理体系、后续业务和组织结构的整合到位尚需一定时间，因此短期内存续公司盈利水平的提高、协同效应的发挥存在不确定性。

■ 4.财务风险

财务风险是此项并购业务面临的最大风险，具体包括：

（1）高负债与流动性风险。本次换股吸收合并完成后，预计存续公司仍维持较高的负债比率，流动比率和速动比率仍较低，并且需支付大额资本性开支和缴纳相关民航建设基金，因此存续公司的资金流动性存在一定问题，短期偿债能力较弱。此外，存续公司的流动性主要取决于营业收入和短期贷款的持续获得，如果存续公司未来资金来源无法得到保障，那么可能影响存续公司的偿债能力。

（2）利率变动风险。截至2008年12月31日和2009年6月30日，东方航空的带息债务总额分别为559.10亿元和529.72亿元（包括长短期借款和应付融资租赁款），其中短期债务的比例分别为50.85%和46.71%，在长期带息债务中亦有部分为浮动利率债务。截至2008年12月31日和2009年6月30日，上海航空的带息债务总额分别为100.27亿元和111.78亿元，其中短期债务的比例分别为59.49%和65.08%。即使考虑本公司和上海航空前次发行募集资金已归还部分带息债务，存续公司的剩余债务也将受现行市场利率波动影响。

（3）汇率波动风险。从财务构成看，东方航空和上海航空的期末外币负债远大于外币资产。在汇率大幅波动情况下，由外币负债折算产生的汇兑损益金额较高。得益于人民币升值加速，2008年和2009年1—6月，东方航空的汇兑收益分别为19.71亿元和0.41亿元，上海航空的汇兑收益分别为2.80亿元和-0.08亿元。由于大量外币净负债的存在，若未来人民币对美元贬值或者人民币对美元升值速度减缓，将对存续公司的经营业绩产生负面影响。

（4）价格波动与油料套期保值业务风险。航油是航空公司最主要的成本支出。受国际原油价格的直接影响，近年来航油价格持续上涨。受国际金融危机的影响，2008年下半年国际油价大幅下滑，进入2009年以来，国际油价又有所上涨。虽然东方航空已采用各种节油措施控制单位燃油成本，降低航油消耗量，并运用套期保值等衍生工具对冲航油采购价格波动风险，但如果未来航油价格继续上升，或国际油价仍出现大幅波动，那么存续公司的经营业绩仍可能受到较大影响。在航油价格持续上升的情况下，东方航空进行了油料套期保值交易，交易品种系以美国纽约西得克萨斯中质油（WTI）原油和新加坡航空煤油等为基础资产的金融衍生产品。上海航空也开展了少量的以WTI原油为交易标的物的油料套期保值业务。2008年国际油价大幅波动，造成2008年年底东方航空油料期权合约公允价值损失约62.56亿元，上海航空油料套期保值合约公允价值损失约1.72亿元。2009年1—6月，东方航空油料套期保值合约公允价值变动收益为27.94亿元。汇率波动将对存续公司的盈利和资产状况产生影响。

（五）并购前后相关财务指标

■ 1.交易前后的资产构成

东方航空截至2009年6月30日（吸收合并前）与2010年3月31日（吸收合并后的新东航）资产构成对比见表7-11。

表7-11 东方航空合并前后资产构成对比 金额单位：万元

项目	2009年6月30日（合并前）	占资产总额的比例	2010年3月31日（合并后）	占资产总额的比例
流动资产	1 060 176.9	14.53%	1 406 227.8	15.33%
其中：货币资金	550 109.4	7.54%	643 543.2	7.01%
应收账款	127 034.0	1.74%	243 706.5	2.66%
其他应收款	207 374.4	2.84%	260 793.9	2.84%
存货	91 838.4	1.26%	129 086.6	1.41%
非流动资产	6 237 116.9	85.47%	7 768 919.0	84.67%
其中：固定资产	5 256 647.6	72.04%	6 500 481.9	70.85%
在建工程	620 531.9	8.50%	759 260.9	8.28%
资产总额	7 297 293.8	100.00%	9 175 146.8	100.00%

2. 交易前后的负债构成

东方航空截至2009年6月30日（吸收合并前）与2010年3月31日（吸收合并后的新东航）负债构成对比见表7-12。

表7-12 东方航空合并前后负债构成对比 金额单位：万元

项目	2009年6月30日（合并前）	占负债总额的比例	2010年3月31日（合并后）	占负债总额的比例
流动负债	4 491 487.2	59.26%	5 058 699.7	56.85%
其中：短期借款	1 641 905.8	21.66%	1 690 580.6	19.00%
应付票据	335 503.7	4.43%	743 313.8	8.35%
应付账款	909 126.2	12.00%	1 066 053.3	11.98%
交易性金融负债	235 889.4	3.11%	67 764.9	0.76%
一年内到期的非流动负债	876 176.4	11.56%	790 745.4	8.89%
非流动负债	3 087 568.6	40.74%	3 840 179.3	43.15%
其中：长期借款	985 131.7	13.64%	1 699 348.9	19.10%
长期应付款	2 053 754.7	27.10%	2 064 109.2	23.20%
负债总额	7 579 055.8	100.00%	8 898 879.0	100.00%

3. 交易前后相关财务指标

东方航空截至2009年6月30日（吸收合并前）与2010年3月31日（吸收合并后的新东航）相关财务指标对比见表7-13。

表7-13　　东方航空合并前后相关财务指标对比

项目	2009年6月30日（吸收合并前）	2010年3月31日（吸收合并后）
资产负债率	103.86%	96.99%
流动比率	0.24	0.25
速动比率	0.22	0.22
利息保障倍数	1.03	3.09
应收账款周转率	6.29	8.76
存货周转率	8.34	11.80
流动资产周转率	0.91	1.29
总资产周转率	0.13	0.19

合并后新东方航空2010年第一季度与合并前上年同期相关指标比较见表7-14。

表7-14　　合并后新东方航空2010年第一季度与合并前上年同期相关指标比较

金额单位：万元

项目	2009年1—3月	2010年1—3月	变动金额	变动比例
营业收入	8 946 14.6	15 568 92.5	6 622 77.9	74.03%
毛利	522 66.5	2 606 75.8	2 084 09.3	398.74%
营业利润	-850 35.6	753 20.1	1 603 55.7	-188.57%
毛利率	5.84%	16.74%		
营业利润率	-9.51%	4.84%		
净利润率	0.45%	4.95%		
每股收益	0.01	0.07		
每股净资产	-2.37	0.19		
项目	2009年1—3月	占收入比例	2010年1—3月	占收入比例
销售费用	595 09.2	6.65%	1 073 71.8	6.90%
管理费用	305 33.3	3.41%	470 92.2	3.02%
财务费用	684 45.8	7.65%	388 63.5	2.50%
期间费用合计	1 584 88.3	17.72%	1 933 27.5	12.42%

案例使用说明

一、教学目的与用途

1.本案例主要适用于财务管理课程，也适用于公司理财课程。

2.本案例的教学目的是使学生了解公司并购的动机，掌握公司并购的财务管理方法。

二、启发思考题

1.东方航空吸收合并上海航空为什么采用换股合并的方式？

2.东方航空非公开发行A股及定向增发H股对存续公司的财务状况有何影响？

3.东方航空吸收合并上海航空的交易价格合理吗？

4.从东方航空吸收合并前后各项财务指标变化来看，在短期内能否看到此项并购事项的协同效应？

三、关键概念与理论依据分析

（一）关键概念辨析：换股合并和定向增发

换股吸收合并是公司合并的一种重要方式，我们可以将其分为换股并购和公司吸收合并两个方面逐步理解。

首先来了解公司吸收合并的相关问题。换股吸收合并中的公司吸收合并可以简单从字面上解释为一个公司吸收其他公司，被吸收公司解散的行为。当这两个或者两个以上的公司合并设立一个新的公司，合并各方全部解散重新组合时，这种合并称为新设合并。

换股吸收合并中的换股并购是指并购公司将目标公司的股权按一定比例换成本公司的股权，目标公司则被解散，成为并购公司的子公司。换股并购根据其具体情况还可以分为增资换股、库存股换股、母子公司交叉换股等。

定向增发是增发的一种。向有限数目的资深机构（或个人）投资者发行债券或股票等投资产品，有时也称“定向募集”或“私募”。发行价格由参与增发的投资者竞价决定。发行程序与公开增发相比更为灵活。一般认为，该融资方式较适合融资规模不大、信息不对称程度较高的企业。在新版《中华人民共和国证券法》自2020年3月1日起正式施行后，上市公司较多采用此种股权融资方式。

定向增发包括两种情形：一种是大投资人（例如外资）欲成为上市公司战略股东甚至成为控股股东。以前没有定向增发，它们要入股通常只能向大股东购买股权（如摩根士丹利及国际金融公司联合收购海螺水泥（600585）14.33%股权），新股东掏出来的钱进的是大股东的口袋，对做强上市公司直接作用不大。另一种是通过定向增发融资后去并购其他公司，迅速扩大规模。

（二）并购协同效应理论

该理论认为企业通过并购，可以获得“1+1>2”的规模效应和协同效应，包括管理协同效应理论、经营协同效应和财务协同效应理论。

■ 1.管理协同效应理论

管理协同效应主要是指并购给企业管理活动在效率方面带来的变化及效率的提高所产生的效益。其主要表现在以下几个方面：

（1）节省管理费用。通过并购将许多企业置于同一企业领导之下，企业一般管理费用在更多数量的产品中分摊，单位产品管理费用可以大幅度减少。

（2）提高企业的运营效率。根据差别效率理论，如果A公司的管理层比B公司更有效率，那么在A公司收购B公司之后，B公司的效率便被提高到A公司的水平，效率通过并购得到了提高，使得整个经济效率水平由于此类并购活动而提高。

（3）充分利用过剩的管理资源。如果一家公司有高效率的管理队伍，其一般管理能力和行业专属管理能力超过了公司日常的管理要求，那么该公司便可以通过收购一家在相关行业中管理效率较低的公司来使其过剩的管理资源得以充分利用，以实现管理协同效应。这种并购之所以能获得协同效应，理由主要有两个：第一，管理人员作为企业的雇员，一般对企业专属知识进行了投资，他们在企业内部的价值大于他们的市场价值，管理人员的流动会造成由雇员体现的企业专属信息的损失，并且一个公司的管理层一般是一个有机的整体，具有不可分割性，因此剥离过剩的管理资源是不可行的，但并购提供了一条有效的途径，把这些过剩的管理资源转移到其他企业中而不至于使它们的总体功能受到损害。第二，一个管理低效的企业如果通过直接雇用管理人员增加管理投入来改善自身的管理业绩是不现实的，这是因为受规模经济和时间的限制，无法保证一个管理低效的企业能够在其内部迅速发展其管理能力，形成一支有效的管理队伍。

■ 2.经营协同效应理论

经营协同效应主要是指并购提升了企业生产经营活动的效率及由此产生的效益，主要表现在以下几个方面：

（1）规模经济效应。规模经济是指随着生产规模的扩大，单位产品所负担的固定费用下降从而导致收益率的提高。显然，规模经济效应的获取主要是针对横向并购而言的。两个产销相同（或相似）产品的企业合并后，有可能在经营过程的任何一个环节（供、产、销）和任何一个方面（人、财、物）获取规模经济效应。

（2）纵向一体化效应。纵向一体化效应主要是针对纵向并购而言的。目标公司或者是主并公司原材料或零部件供应商，或者是主并公司产品买主或顾客。纵向一体化效应主要表现在：第一，可以减少商品流转的中间环节，节约交易成本；第二，可以加强生产过程各环节的配合，有利于协作化生产；第三，企业规模扩大可以节约销售费用，由于纵向协作化经营，不但可以使营销手段更为有效，而且可以使单位产品的销售费用大幅度降低。

（3）市场力或垄断权。获取市场力或垄断权主要是针对横向并购而言的。两个产销同一产品的公司合并，有可能导致该行业的自由竞争程度降低，合并后的大公司可以借机提高产品价格，获取垄断利润。因此，以获取市场力或垄断权为目的的并购往往对社会公众无益，也可能降低整个社会经济的运行效率。所以，对横向并购的管制历来是各国反垄断法的重点。

（4）资源互补。合并可以达到资源互补从而优化资源配置的目的，比如有这样的两家公司A和B，A公司在研究与开发方面有很强的实力，但是在市场营销方面十分薄弱，而B公司在市场营销方面实力很强，但在研究与开发方面能力不足，如果这两家公司进行合并，就会把整个组织机构好的部分同本公司各部门结合与协调起来，而去除那些不需要的部分，使两家公司的能力达到协调并加以有效的利用。

3.财务协同效应理论

财务协同效应是指兼并给企业在财务方面带来的种种效益，这种效益的取得不是由于经营效率的提高，而是由于税法、会计处理惯例以及证券交易内在规律，主要表现在以下几个方面：

（1）节税利益。许多国家的税法规定，若某公司在某一年度出现了营业净亏损，那么它不仅可免缴当年所得税，而且其亏损还可以向前抵扣若干年，从而从政府取得退税款（如果以前年度缴纳过所得税），或者向后抵扣若干年，使以后年度少缴纳所得税（如果以后年度有盈利）。这一规定促成了为数众多的企业并购，一个盈利丰厚、发展前景良好的企业与一个拥有大量累积亏损而又无法使其得以利用的企业合并，可以带来巨额的税收利益。节税利益也可能来源于其他方面。例如，如果主并企业采用“购买法”对合并进行会计处理，那么按照规定，被并企业的净资产应按购买日的“公平市价”进行重估。在通货膨胀条件下，这可能会导致一些资产项目的“升值”。根据某些国家的税法，资产“升值”的摊销可以冲抵应税利润，因而“购买法”可带来显著的抵税效果。

（2）自由现金流量的充分利用。产品处于成熟阶段的企业，其营业现金流量往往超过内部可行投资机会（即净现值大于零的项目）之所需，从而形成大量的“自由现金流量”；而另外一些处于发展阶段的企业，虽然有很多的投资机会，但却面临严重的现金短缺。若上述两种企业合二为一，自由现金流量就可以得到充分利用。

（3）资本需求量的减少。并购可能会降低两个企业总资金占用水平，例如，通过对现金、应收账款和存货的集中管理，可以降低营运资本的占用水平。此外，合并之后，企业还可能出售一些多余或重复的资产，所得现金可用于偿还债务、回购股份等，以降低企业的资本成本。

（4）融资成本的降低和举债能力的提高。合并扩大了企业的规模，在一般情况下，大企业更容易进入资本市场，它们可以批量发行证券，从而使证券的发行成本相对降低（财务规模经济）。此外，合并可以降低企业经营收益和现金流量的可变性，从而降低企业的财务风险，这样企业的举债成本会随之降低，举债能力会随之提高。

（5）每股收益的“自展”效应。每股收益的“自展”效应，是指在不完善的市场中，即使没有协同效应，主并公司仅仅通过收购市盈率低的公司，就可以使本公司的每股收益魔术般地增长，由于每股市价等于每股收益与市盈率的乘积，而市盈率又取决于“预期增长率”和“风险”两个因素，因此，每股收益的提高必然使每股市价提高，合并后企业的市场总价值大于合并前两家企业的市场价值之和。

（三）企业低成本扩张、低风险扩张理论

企业扩张（包括向原有生产方向的扩张和向新的生产经营方向的扩张）有两条基本途径：一是通过自身投资来实现扩张；二是通过并购同类型企业来实现扩张。两种方法相比较而言，并购往往是效率较高、成本较低、风险较低的扩张办法。这是因为：第一，并购可以有效地降低进入新行业的障碍；第二，并购可以大幅度降低企业发展的风险和成本；第三，企业通过并购的方法扩张时，不仅可以充分利用原企业的资产、销售渠道等优势，而且可以获得原企业的经验（包括生产工人和技术、管理人员的经验），这使企业拥有了成本上的竞争优势。

（四）市场势力理论

市场势力是指企业对市场的控制能力。该理论认为，公司并购的主要动因是凭借并购减少竞争对手，增强企业对经营环境的控制能力，提高市场占有率，并增加长期的获利机会。现有研究表明，企业通过并购提高市场份额容易使行业内“过度集中”，导致共谋和垄断。垄断集中程度越高，所能维持超额利润的时间越长、强度越高，由超额利润转化为垄断利润的数额就越多。

（五）信息与信号理论

信息与信号理论力图解释为什么无论收购成功与否，目标企业的股票价值在要约收购中都会被永久性地提高。这一理论可分为信息理论和信号理论。

信息理论认为新的信息是作为要约收购的结果而产生的，且重新估价是永久性的。该假说可以分为两种形式：一种形式是认为收购活动会散布关于目标企业股票被低估的信息并且促使市场对这些股票进行重新估价，目标企业和其他各方不用采取特别的行动来促进价值的重估，即“坐在金矿上”的解释；另一种形式是认为要约会将信息传递给目标企业的管理者，从而激励其依靠自身的力量贯彻更有效的战略，即“背后鞭策”的解释，收购要约之外不需要任何外部动力来促进价值的重新高估。

信号理论说明特别的行动会传达其他形式的重要信息，信号的发布可以多种方式包含在并购活动中，公司收到收购要约这一事实可能会传递给市场这样的信息：该公司拥有迄今为止尚未被认识到的额外价值，或者企业未来的现金流量将会增长。当一个主并企业用普通股来购买其他企业时，可能被目标企业或其他各方视为主并企业的普通股价值被高估，而当企业重新购回它们的股票时，市场又会将其视为这样一种信号：管理层有其自身企业股票价值被低估的信息，且该企业将会获得有利的新成长机会。

四、分析思路

教师可以根据自己的教学目标（目的）来灵活使用本案例。这里提出本案例的分析思路，仅供参考。

1.对于严重亏损且负债比率极高的东航来说，采取现金支付是具有很大困难的，采用换股吸收合并是最佳的选择。上海航空被终止上市，人们难免会为“壳资源”浪费感到可惜，但如果采取保留“壳资源”并向其注入优质资产的做法，会使此次交易延期完成，考虑上海航空近期难以扭亏为盈的实际情况，选择换股吸收合并的方式比较合适。

2.东方航空非公开发行13.5亿股A股，发行价格为4.75元/股；定向增发4.9亿股H股，发行价格为1.56港元/股；A股募集资金和H股募集资金总额约为70.85亿元，全部用于补充公司的流动资金。上述募集资金的成功运用将有利于改善存续公司的财务状况以及抗风险能力，有利于存续公司日常经营活动的正常运行。具体来说，一是降低存续公司资产负债率，改善财务状况；二是补充流动资金，缓解营运资金压力；三是降低财务费用支出，改善存续公司的盈利能力。东方航空和上海航空的短期债务比例较高，财务费用较大。本次非公开发行A股及定向增发H股的募集资金全部用于补充流动资金，可以有效降低未来存续公司对于短期债务融资的需求，从而降低财务费用，提升盈利能力。以一年期短期借款利率5.31%的水平测算，由于非公开发行A股及H股募集资金合计约70.85亿元，相当于减少每年的财务费用约3.76亿元，对提高存续公司的经营业绩将起到积极的促进作用。

3.关于换股价格：

（1）本次换股吸收合并交易定价较好地平衡了两家上市公司股东的利益。本次交易充分考虑了换股吸收合并的交易性质，以东方航空和上海航空各自首次审议换股吸收合并相关事项的董事会决议公告日前20个交易日的A股股票交易均价为基础确定换股价格。作为对参与换股的上海航空股东的风险补偿，东方航空拟在实施换股时给予上海航空股东约25%的风险溢价，从而较好地维护了双方股东利益。

（2）符合相关市场惯例。由于吸收合并方和被吸收合并方均为上市公司，因此本次换股吸收合并以市价法确定吸收合并双方的换股价格。以东方航空和上海航空在首次审议换股吸收合并相关事项的董事会决议公告前20个交易日A股股票交易均价作为换股价格是合理的，符合《重组办法》的相关规定，也符合市场惯例。

4.吸收合并后对企业的影响如下：

（1）吸收合并后公司的资产结构有所改善。2010年3月31日的资产总额由吸收合并前的729.7亿元增加到917.5亿元，增长了25.7%，表明吸收合并壮大了公司规模；流动资产总额增长率（32.64%）高于非流动资产总额增长率（24.56%），在一定程度上提升了公司的流动性。其中占资产比例最高的仍为固定资产，其绝对值上升，比例略有下降；在流动资产总额中占比最高的仍为货币资金，比例也略有下降。

（2）吸收合并后公司的偿债能力有所改善。资产负债率由吸收合并前的103.86%

下降至96.99%，流动比率与速动比率变化不大，主要由于流动资产增加的同时流动负债也相应增加；利息保障倍数在吸收合并后得到了大幅改善（2009年上半年的利息保障倍数为1.03，吸收合并后的2010年第一季度利息保障倍数达到3.09）。但较高的负债比率和严重的短债长投随时威胁着存续公司的安全性。

（3）吸收合并后资金周转能力指标与交易前相比基本稳定，应收账款周转率与存货周转率明显提高，吸收合并后营运能力也有所提高。

（4）营业收入有较大幅度的上升，主要是由于吸收合并后经营规模的扩大。2010年第一季度同比增长74.03%；毛利同比增长20.8亿元；期间费用占收入的比例有所下降，其中销售费用占收入的比例与吸收合并前相比略有提升，管理费用占比略微下降，而主要归功于财务费用占收入比例大幅下降。财务费用占收入比例从7.68%降到2.50%，主要原因可能为吸收合并后由于规模经济相应降低了管理费用和财务费用。吸收合并交易完成后，存续公司的期间费用比率下降，三费管理能力有所提高。吸收合并后毛利率高达16.74%，同比增长较快；每股收益和每股净资产指标相比吸收合并前均得到了明显改善。

综上所述，吸收合并后东方航空无论盈利能力、偿债能力还是营运能力都有所提高。2010年企业成功脱帽，毛利率、营业利润等都显著提高。这虽然与经济环境回暖有关，但是也体现了东方航空和上海航空两者联合带来的协同效应：资源互补优势，提高市场竞争能力；同时，规模经济效应降低了成本，减少了期间费用，其协同效应在短期内有所体现。

五、背景信息[①]

东方航空后来发生的事情如下：

在被实施其他特别处理（即“戴帽”）后1年零1个月又10天之后，东航股票终于摘掉了其头上的“ST”标志。2009年，情况出现了显著变化：一方面，公司获得政府补贴70亿元，公司本身也通过定向增发融资70亿元，基本解决了巨额负债的问题，资产负债率回到100%之内；另一方面，国际原油价格上升使得公司燃油套期保值出现一定浮盈，加上民航建设基金的返还使得公司2009年得以扭亏为盈。2010年第一季度，全球经济尤其是国内经济的复苏进一步使得公司在剔除各种影响后实现了主营业务的盈利。由于对上海航空的整合已经基本完成，公司从2010年第一季度开始合并上海航空的数据。受益于航空业的整体复苏，公司2010年第一季度的主营业务收入同比增长74%，至155.69亿元，净利润更是暴增18.2倍，至7.7亿元；考虑到未来人民币升值预期下公司的汇兑收益、世博会带来庞大客流量等各种利好因素，东航2010年的业绩表现值得期待，其协同效应将逐步体现。

① 本案例理论依据与本章“SEB并购苏泊尔”案例的理论依据相同，故省略。

六、关键要点

1.正确理解并购动机是前提。

2.并购方案的设计是并购成功的关键，选择恰当的支付方式有利于促进并购方案的顺利实施。

3.正视并解决并购存在的风险，是促成并购顺利完成的有力保障。

七、建议课堂计划

本案例可以作为专门的案例讨论课来进行。以下是按照时间进度提供的课堂计划建议，仅供参考。

本案例课的课堂时间控制在60分钟。

1.课前计划：讲授者提出启发思考题4个，请学员在课前完成阅读和初步思考，并分组讨论。讲授者告知学员发言要求，并要求各小组将讨论意见做成讨论报告（以PPT形式展现）。

2.课中计划：讲授者做简要的课堂介绍（2分钟），明确主题，说明本案例讨论的目的；小组发言（每组10分钟，整体控制在40分钟）；引导全班进一步讨论，并进行归纳总结（20分钟以内）。

3.课后计划：请学员根据全班讨论意见，修改讨论报告，制作更加具体的解决方案。

思政园地

第8章

企业集团财务管理案例

财务管理案例

Cases in Financial Management

案例17

L集团[①]财务组织的设计与变革

摘要

本案例主要从阐述L集团财务组织变革前的状况及存在的问题入手，介绍其财务组织变革的背景及基于利益相关者关系的财务战略与组织变革思路的形成，进而介绍了L集团新的财务组织结构和功能，分析了财务组织变革后的效果。本案例为学生理解集团公司财务战略意图、财务管控模式和财务组织设计这三者的内在联系提供了参考，为集团公司财务组织设计提供了参照。

关键词

财务组织变革　财务组织设计　变革效果

案例正文

一、引言

集团化是我国企业发展的一个显著趋势，但是很多企业的组织形式在向企业集团过渡的时期，由于缺乏管理经验，在财务管控上出现了较多的问题，如集团财务组织的效率低下，财务数据分割导致的汇总和分析困难，财务分析和管控薄弱，财务经理面临多重指挥等。如何解决企业集团财务组织的功能优化问题，是企业集团财务管理亟需解决的一大课题。L集团的财务组织设计与变革强化了企业集团对下属分子公司的财务管控，提高了财务治理的效率，为我们理解集团公司财务战略意图、财务管控模式和财务组织设计这三者的内在联系提供了参考，也为集团公司财务组织设计提供了参照。

二、公司简介

L集团是全球最大的零售超市集团之一，也是最早进入中国的外国超市集团之一，在我国已有10多年的经营历史。L集团下属的直营门店超过50家，覆盖10多个省市。L集团未来3年的目标是要达到100家门店的规模。L集团在中国大陆的业务均是大卖场，并且均采用直营连锁经营方式。L集团最近5年每年的营业额都以超过20%的速度增长，年营业额已超过100亿元人民币。

① 本案例资料主要来自胡贵毅等人撰写的论文《建立面向利益相关者的企业集团财务组织——基于某外资大型超市集团财务组织变革的案例分析》(2008)、《大型超市集团财务组织的设计与变革——基于某跨国超市集团的案例分析》(2008)，原文隐匿了该集团的具体名称，以L集团代替。

三、主题内容

（一）L集团变革前财务组织的状况及存在的问题

L集团的财务组织在变革前是一种以门店为重心的分权式组织结构，其定位是集团的一个内部服务部门。

■ 1.变革前财务组织的状况

（1）集团总部财务部门和各区财务部。

集团总部财务部门以集团财务总监（CFO）为第一责任人，下设会计部、资金部和管控部，共有职员20多人。集团总部财务部门的主要职能是汇总各区财务部发来的基于“店”这个层级的财务报表，并按母集团的要求汇总成符合母集团准则的会计报表，向L集团管理层提供业绩报表。同时，在全国设立7个区财务部，作为集团总部财务部门的派出机构，各区财务部有职员2~3人。各区财务部的人事关系和任命都由总部决定，日常业务由集团总部财务部门负责联络。区财务部的主要职能是汇总区内各店的财务报表，为本区区长提供管理分析报表，同时担当总部与店的联系人，上传下达。

（2）店财务部。

店财务部是整个财务组织的核心和重心，几乎具备一家独立公司的全部财务职能。一个店有财务人员10~15人，分为会计小组、供应商发票小组、供应商付款小组、金库小组，还有出纳和经理助理。每个店都独立出具包括利润表、资产负债表和现金流量表等在内的标准会计报表、独立缴税，有自己独立的银行账户，对外以自己的名义付款。

L集团的财务组织是高度分权的。各店的财务经理直接由总经理任命，向店总经理负责，同时在业务上，店财务经理还要受命于区财务经理，并且集团总部财务总监及集团各业务部门经理都可以直接向店财务经理下达业务指令。

■ 2.变革前存在的问题

变革前L集团财务组织存在的问题主要有以下几个方面：

（1）效率低下。这反映在三个方面：一是每个店财务人员人数多，而且财务人员数量将随着门店数目成比例增长；二是各门店财务组织雷同，都在独立完成类似的工作，没有规模效益；对供应商来说，需要逐家店去交发票、对账、催款，非常烦琐；三是反应速度慢，门店遇到自己不能处理的事务，需要层层汇报。

（2）财务数据分割，很难汇总和进一步利用。当时，不同的门店使用不同的会计软件，虽然有统一的会计准则，但在具体计量上各有差别，导致即使同一资产在不同店也有不同的折旧和计价方法。而且总部很难直接看到各店的会计明细账目，所有报表和业务分析都建立在手工的表格基础上，只能进行数据核对。整个集团财务信息的整合利用和综合分析很难进行。

（3）财务分析与管控功能薄弱。一方面，由于数据不能整合，财务分析明细化很难做到（如分析每家门店一个月的电费用量），各店提供的数据存在差异、准确度低；另一方面，在人员设置上，没有突出财务分析和控制的功能，即使店财务经理想加强分析和控制，也没有足够的人力。

（4）多重指挥。由于店财务经理处于店总经理、集团财务总监、区财务经理以及集团总部财务部门经理的多重领导之下，当各级指令冲突时，店财务经理往往无所适从。

（二）L集团基于利益相关者的财务组织再设计

2002年，L集团的CFO已经意识到集团的财务功能需要进行整合，但由于集团整体组织还是有一定活力的，以店为基本单位的运营也取得了不错的业绩，整个管理层并没有进行大规模组织变革的动力。

2004年年初，L集团更换CEO，新的CEO重新审视现有的组织框架和业务战略。L集团的CFO认识到这是一个推动组织变革的大好机会，于是向CEO提出了从财务组织开始进行组织变革，得到了CEO的同意和支持，很快便成立了财务组织变革行动小组（以下简称变革小组）。

首先，变革小组与集团管理委员会和集团总裁沟通了对财务组织进行重新设计和变革的设想，取得了他们的同意和支持。在沟通过程中，变革小组特别陈述了利益相关者管理的战略思想。然后，变革小组召开了财务部门中高级管理人员头脑风暴会议，专题讨论了基于利益相关者管理战略的财务组织变革的问题，并草拟了行动计划。这样，L集团历时2年的财务组织变革的序幕就拉开了。

1.分析财务组织的内、外部利益相关者

在专题会议上，经专家和财务管理人员讨论，列出了L集团财务部门的利益相关者名单，并按重要性排序，如图8-1所示。

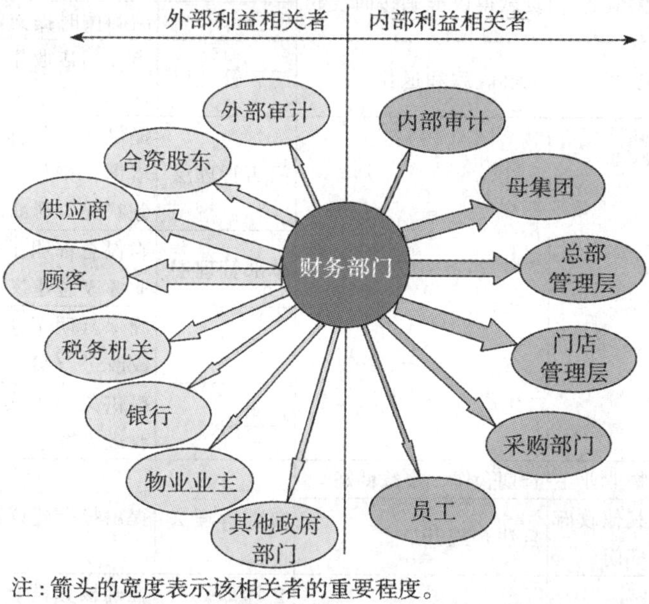

图8-1 L集团财务部门的关键利益相关者

L集团财务部门共有8个关键外部利益相关者。其中，供应商和顾客是最重要的，其次是合资公司的中方股东和各地税务机关，再者是银行、外部审计、商场物业的业主、统计局等政府部门。把银行置于相对次要的位置是由于L集团资金盈余较多，不需贷款，财务部门与银行的主要合作内容是服务好顾客，及时调配资金。

同时，财务部门有6个关键内部利益相关者。其中，总部管理层、门店管理层和母集团是最重要的，其次是采购部，再者是员工和内部审计。把内部审计列入其中是因为集团内部审计直接向母集团董事会汇报工作，内部审计对L集团做出的评价会影响母集团对L集团绩效的评价。

在识别关键利益相关者的基础上，变革小组进一步用简短的词语描述了各关键利益相关者同财务部门的主要利益关系（见表8-1），慎重地确认了财务部门需要完成的关键目标。

表8-1　**财务部门的关键利益相关者清单与财务功能分块**

财务部门	财务功能	关键外部利益相关者		关键内部利益相关者	
		名称	主要利益关系	名称	主要利益关系
会计部	会计核算	外部审计	确保报表准确、恰当地反映股东利益	总部管理层	准确及时地提供业绩报表
				母集团	准确及时地提供业绩报表
		合资股东	正确反映合资股东权益	内部审计	核算准确，遵守法规和会计准则
薪资部	工资支付			员工	准确记录工时和计算薪资，准确按时支付薪酬福利
资金部	资金管理	银行	资金按合约使用和偿付	付款部	按申请准确按时支付
付款部	供应商关系管理	供应商	贷款得以准确按时支付	采购部	准确计算贷款和退佣等
				资金部	准确按时提交付款申请
收银部	顾客关系管理	顾客	准确收款和退款	门店管理层	指导门店收银部工作，提供培训
管控部	业务管理与支持			门店管理层	提供有效的标准化业务流程及培训，确保门店管理层明了业务状况，帮助改进方案
				总部管理层	确保总部明了业务状况，提供业务改进建议
				采购部	确保其明了业务状况，帮助达成改进方案
				母集团	提供关于本集团的业绩分析与改进方案
投资部	发展与投资支持	物业业主	长期合作，收益良好	总部管理层	提出投资建议与分析
		其他政府部门	合法合规开店		
税务部	税务管理	税务机关	准确按时交税	会计部	准确核算税金
				薪资部	准确核算个人所得税

■ 2.确认集团财务组织的功能目标

一方面，通过与集团管理层沟通，变革小组确认了L集团今后5~10年的总体发展战略，并针对总体发展战略分析了其中的利益相关者，明确了集团与利益相关者的关系以及追求的战略目标：

（1）为顾客提供多样、低价、优质的商品和良好的服务，提高市场份额，成为行业的楷模；

（2）与供应商建立良好的长期互利合作的关系，分享信息和资源；

（3）快速、合规发展，与中国经济一起壮大，同时关注当地社区和政府的需要，成为良好的企业公民。

另一方面，企业的业务特点对组织特征也有着决定性的影响。L集团作为大型超市集团，在运营方面有着以下独特性：

（1）单店投资总额大，经营规模大，品种众多，员工较多，顾客流量巨大；

（2）门店数量多、分布广，供应商众多，有超过1万家商品供应商和上千家资产供应商；

（3）销售量大，利润薄，销售毛利主要来自进销差价和供应商的价格折让，控制经营费用是关键；

（4）顾客和供应商是对于企业成功至关重要的利益相关者，只有赢得顾客的满意和信任才能有火爆的销售，只有保持与供应商的双赢合作关系才能有稳定充足的低价货源。

基于以上分析，变革小组将L集团财务组织的基本目标定为以下三点：

（1）加强对内部利益相关者的支持与服务，使各级管理人员对企业经营的状况和方向有明确的了解和把握；

（2）加强外部利益相关者关系管理，主动履行社会责任，为顾客和供应商提供更好的服务；

（3）在促进销售的前提下，控制运营流程和费用，确保预算的完成。

■ 3.建立基于为利益相关者服务的业务流程和内部组织

在分析集团财务组织的利益相关者以及财务组织运作目标的基础上，变革小组重新梳理了财务部门的业务流程，并规划设置相应的内部组织。

（1）财务部门的业务流程。

经过3个月的时间，变革小组整理了集团财务部门的工作流程，绘制了流程图，编写了关键控制点。在此期间发现，现有的许多工作流程都是先有业务，然后才去规范，是被动形成的，没有设置明确的业务目标和控制范围。在分析列示每个现有流程缺点的基础上，变革小组根据利益相关者管理战略指出了需要改进的方向。

（2）按照利益相关者管理战略进行财务功能划分。

根据上述对L集团财务部门利益相关者的辨识和对财务组织目标的讨论，变革小组对L集团的财务功能重新进行了划分，从为关键利益相关者服务的角度出发，着重突出了各功能模块的服务对象和服务功能。整个财务功能分为会计核算、工资支付、资金管理、供应商关系管理、顾客关系管理、业务管理与支持、发展与投资支持、税务管理等8个功能模块，然后以8个功能模块为基础，建立相应的财务子部门（见表8-1）。以下是与传统功能划分区别较大的几个财务功能模块：

①供应商关系管理。供应商关系管理功能主要是负责管理与供应商有关的财务事项，包括发票开具与收发、供应商应收款核对、发票内部处理以及向供应商付款等。供应商关系管理是变革小组从利益相关者战略管理的角度出发拟定的功能称呼，因为供应商是超市的重大利益相关者和业务伙伴，采购部门和门店一般把供应商当作谈判对手来看待，而财务部门主要是为供应商提供服务，在供应商与超市的关系中可以缓冲一下供应商与采购部门和门店的紧张关系。该功能模块不只是定位于完成供应商付款的任务，而且是把维护公司与供应商的良好合作关系、改善合作效率放在首要位置，以期为公司带来巨大的价值。

②顾客关系管理。顾客关系管理功能主要是处理顾客与超市的关系，特别是其中的财务事项，最直接的功能就是门店的收银线管理，另外还包括发票的开具、顾客退款和投诉的处理、收银员收银款的核对与汇总缴存银行等。与供应商关系管理类似，变革小组把促进顾客与超市的互动关系、改进对顾客的服务作为该功能模块的目标。

③业务管理与支持。业务管理与支持功能是面向关键内部利益相关者服务的，特别是门店管理层、集团管理层和母集团。它包括三大功能：一是预算的编制与执行控制；二是为各级管理层提供财务分析与财务建议，以支持和帮助各业务部门更好地完成业绩；三是监督和控制涉及各个业务流程的统一业务标准和公司政策。

（3）重新设计业务流程。

在确定财务功能的各模块后，接下来要做的就是重新设计业务流程和具体的组织结构。变革小组要把每一个现有流程按照为利益相关者服务的目标进行改造，与流程设计同步的是，确定业务管理的集中度，并且区分每一个流程的业务内容和决策内容。

（4）重新设计后的财务组织结构和特点。

经过以上的分析和处理，变革小组对L集团的财务组织作了重新设计，主要的框架如下：

①集团总部和各区财务部。集团总部下设会计部、付款部、收银部、管控部、资金部、薪资部、投资部和税务部。

会计部履行会计核算功能。会计部采取业务集中的模式，采用统一的网络会计软件，全部会计人员统一归总部管理，各区和门店无权干涉。会计部下设总部会计部和各城市会计部。

付款部履行供应商关系管理功能。取消门店的供应商发票核对小组和供应商付款小组，全部集中到总部，采取集中业务、集中决策的模式，下设5个供应商发票管理中心和1个付款中心。

收银部履行顾客关系管理功能。收银部采取分散操作、分散决策的模式。总部收银部仅有3~4人，主要负责面向顾客流程的制定和培训、为门店的收银主管提供帮助和指导、组织经验分享活动等。各门店收银部基本上根据自己的客流状况自主管理。

管控部履行业务管理与支持功能。管控部是财务组织的核心部门，下面依次设置内部控制部和业务管理部，其中业务管理部下设门店业务管理部和采购业务管理部。

门店业务管理部和采购业务管理部都是采取分散操作、分散决策的模式，其他功能实行集中业务、集中决策的模式。

类似地，资金部履行资金管理功能，实行集中业务、集中决策的模式；薪资部履行工资支付功能，采取集中业务、集中决策的模式；投资部履行发展与投资支持功能，采取分散操作、集中决策的模式；税务部履行税务管理功能，也采取分散操作、集中决策的模式。

以前按区设立的区财务部与城市会计部合并，设置区业务管理经理，由区长任命，同时向总部管控部汇报。区业务管理经理的主要职责是为本区区长提供管理分析报表，指导所属门店业务管理经理的工作，组织本区内的经验分享活动，担当总部与门店的联系人。

②店财务部。店财务部在组织变革后变得非常精简，仅有2~3名员工。此时的店财务部实际上是店业务管理部，主要是为门店管理层这一关键内部利益相关者服务，负责店内业务流程的指导和监督，向各业务部门提供业绩报表和业务分析报表，帮助店总经理和各业务部门做出合理的决策。店业务管理经理的主要任务是与整个店的管理团队一起改善经营业绩，是价值创造者和商业伙伴。

■　4.建立基于为利益相关者服务的业绩评价体系

在组织设计完成的同时，变革小组还为财务组织中各子部门设定了业绩评价指标。评价体系以为利益相关者服务为主要衡量内容，如对于承担供应商关系管理功能的付款部而言，人均日处理发票张数、每百张发票录入错误行数、每月供应商投诉件数等是其关键业绩指标。对每一个评价指标尽可能数量化，做到可记录和可跟踪。

（三）组织变革前后的效果比较

L集团的财务部门经过上述组织变革，提升了组织活力。一年之后，变革小组进行了回顾比较，发现在以下几个方面取得了显著改进：

■　1.财务人员的服务效率大大提高

变革前后L集团财务人员数量变化表，见表8-2。

表8-2　**变革前后L集团财务人员数量变化表**

项　　目	变革前	变革后	变化率（%）	下一步发展	变化率（%）
店财务部平均人数	14	2.5	-82	2	-86
总部人数（含区和各城市财务部）	38	226	495	250	558
全部财务人数（A）	668	366	-45	450	-33
门店总数（B）	45	56	24	100	122
门店平均财务人数（A÷B）	14.8	6.5	-56	4.5	-70

在表8-2中，变革后门店平均财务人数从14.8降到了6.5，减少了一多半。而且新的组织架构能适应门店数的继续增加，因为这种以集中为主、结合分散的组织模式

打破了旧组织模式中的财务人数与门店数成正比例增加的局限，其服务的效率可以随着企业规模的增大而提高。可以推算，如果L集团门店数增加到100家（增加122%），效率可以提高70%，门店平均财务人数只要4.5人。

■ 2.提高了对外部关键利益相关者的服务水平

（1）顾客投诉减少，供应商满意度提高。

变革后平均单店顾客投诉数减少25%，平均单店供应商投诉数减少了近一半。顾客投诉的减少主要得益于两个方面：一是门店收银部有足够的权限及时处理顾客投诉，如规定200元以下的退货投诉可以由收银部员工直接决定，而变革前要求退货投诉由相关的商品销售科长签字后才能处理；二是门店收银部得到了总部的支持，包括专业培训、分享好的经验、解决门店无法处理的问题（如改进业务流程）等，使收银部员工更加专业，处理顾客问题的水平提高。

供应商是此次变革的最大外部受益者，其原因具体包括三个方面：一是供应商不再需要按门店递交发票，而是统一送交发票管理中心，账户核对也直接与总部付款中心联系，从而大大提高了效率，减少了处理收款的人工成本；二是由总部统一处理付款，不受门店的干涉，付款更加及时、准确；三是L集团定期将对账单发给供应商，供应商有任何疑问，随时可以拨打L集团付款中心的服务电话，供应商与L集团之间的账目一清二楚，因此，供应商与L集团之间的货款纠纷大大减少，供应商的投诉在媒体曝光少了，供应商的满意度大大提高，从而使得L集团与供应商的合作关系得以大幅改善。

（2）与其他利益相关者的关系得以改善。

财务组织变革也改善了L集团与银行、税务机关、统计局、工商局等其他利益相关者的关系。银行不用再和各家门店分别就合作条件进行谈判，只需面对资金部一个窗口。资金的往来、调拨等事务都由资金部与各银行直接决定。银行不必再与几十家门店进行烦琐的日常交流，可以将精力集中到为L集团理财并提高服务水平上，从而使得效率大大提高。同样，税务机关等政府部门可以找到L集团总部对应的窗口，有任何查询和稽查等，只需要与一个人联系而不用与几十个人联系。同时，税务机关主动来进行税务指导的次数也增多了。

总之，财务组织以利益相关者战略为核心的变革极大地提高了对外部关键利益相关者的服务水平，从而提高了顾客和供应商的满意度。同时，L集团为外部利益相关者提供服务，是一种主动承担企业社会责任的表现，获得了利益相关者的肯定和社会的认可，赢得了企业声誉，为企业的稳定发展做出了贡献。

■ 3.强化了对内部利益相关者的服务和支持水平

第一，财务数据得到整合，并可以及时进行准确分析，从而为各级管理层的业务决策提供了支持。例如，对于电费支出的分析，可以直接从会计系统中得到各店的营业额、电费支出额和当月电费度数，然后按电费占营业额的比例进行全国排名。这样，财务部门就可以很快找出哪家店对该项费用控制得好，哪家店控制得差，从而对业务有了非常细化的掌控，能更好地支持业务的发展和改进。

第二，从组织上加大了对运营部门的支持力度。由于单独设立了从上到下的业务管理部门，业务管理经理不再将精力分散到会计核算与付款等事务上，而是专门进行业务分析和管理，因而更精通于从财务与业务信息中得出改进的建议，有利于与所在单位管理层一起更好地完成业绩指标。

可见，财务组织重组不仅改善了对外部利益相关者的服务，而且加强了对内部利益相关者的服务，从而为集团业务的发展提供了更好的支持。

■ 4.提升了整个集团的绩效

综合来看，以上变化对整个L集团的绩效也产生了正面影响。将财务组织变革前1个月的数据与变革后第2年的同月比较，营业额同比提高了7.6%，而同期费用则下降了4.5%，平均单店经营费用率降低了约2%。财务部门直接节约的人事费用达上千万元；同时，财务部门一方面加强内部监控，控制了经营费用，另一方面加强了决策支持，提高了运营部门决策的及时性和准确度；同样重要的是，财务部门提供给外部利益相关者的服务提高了顾客对L集团品牌的忠诚度，加强了供应商与集团的合作意愿，这些都潜在地为集团绩效的改善做出了贡献。

案例使用说明

一、教学目的

本案例的教学目的是使学生了解集团公司财务组织设计应考虑的主要因素，进一步理解集团公司财权安排上集权与分权的利弊、财务组织设计中如何体现财务战略意图和管控模式等问题。

二、启发思考题

1.变革前L集团在财务组织上存在哪些问题？造成这些问题的原因是什么？

2.L集团在进行财务组织变革方案设计时主要改进了哪些方面？

3.为什么要提出建立基于利益相关者的财务组织变革方案？它反映了该集团公司财务战略上的何种意图？

4.从L集团财务组织变革前后的差异来看，在集团公司财务管理体制上集权和分权各有什么利弊？

5.如何理解财务战略意图、财务管控模式和财务组织设计三者的内在联系？

三、关键概念与理论依据分析

（一）关键概念辨析：财务战略、财务管控和财务组织

财务战略，是指为谋求企业资金均衡有效的流动和实现企业整体战略，为增强企业财务竞争优势，在分析企业内外环境因素对资金流动影响的基础上，对企业资金流

动进行全局性、长期性与创造性的谋划，并确保其执行的过程。企业财务战略的目标是确保企业资金均衡有效流动而最终实现企业总体战略；企业财务战略应具备战略的主要一般特征，即应注重全局性、长期性和创造性。

集团公司的财务管控是在所有权及法人财产经营权基础上产生的，财务管控的目标是实现企业价值最大化，而不仅仅是传统意义上管控一个企业的财务活动的合规性和有效性。财务管控应致力于将企业资源加以优化重整，从而使资源配置最佳、企业价值最大。集团公司对子公司的财务控制是通过一系列手段和方法，更好地实现对子公司的管理，发挥集团公司的规模优势，从而更加充分合理地利用资源，提高企业在市场竞争中的优势，实现企业规模和经济效益的同步增长。

财务组织既是一个相对独立的体系，又是企业组织结构的主要组成部分，是关于财务信息加工与传递、成本管理、资金管理、财务风险管理及相关内部控制的组织机构、岗位及其职能、权责、人员的体系。财务组织涉及组织机构设置、组织职能结构、组织职权结构、组织人员结构及岗位分工、会计行为规范。

（二）利益相关者理论

企业的利益相关主体包括任何一个影响企业目标达成或受企业影响的团体或个人，如员工、顾客、供应商、股东、银行、政府、社区以及能够帮助或损害企业的其他团体。可以将影响企业部门（或部门经理）的行为或结果的内部组织或个人称为内部利益相关者，如财务部（经理）的内部利益相关者可能包括企业高层管理人员、内部业务单元及其负责人、本部门员工、其他员工等。与之相对的，还有外部利益相关者，即企业外部影响部门行为或结果的利益主体。

一个企业或部门可能面临几十个乃至更多的利益相关者，根据影响的重要程度或利益相关程度可以识别其中的关键利益相关者并进行排序。现代企业为了达成企业价值最大化目标，在资源有限的条件下，可以根据企业利益相关者理论建立企业战略管理框架，进行企业预算和组织的规划。在财务管理上，也可以通过追溯利益相关者关系来确定具体的财务战略，设计相应的财务组织，并赋予其一定的财务职能，恰当地安排业务流程。

（三）集团公司财务管理体制理论

集团公司是由一个母公司与多个子公司组成的垂直型组织体制，一般按照直线职能制、事业部制或控股制建立内部的管控体系。在此基础上建立的财务管控体制，一方面依附于整个集团的组织结构，另一方面将财务管理权限赋予各个层次的财务组织和人员，以便协调各层级的财务行为，从而达成财务管理目标。这里的财务管理权限主要是指母子公司之间较重大的财务决策权，包括对外筹资权、投资决策权、收益分配权、营运资金控制权、资产处置权等。建立财务管控体制的焦点问题就是财务管理权限的集中与分散问题以及集权与分权问题。

1.集权模式

在集权模式下，企业集团的各种财务决策权均集中于母公司。母公司对子公司拥有所有财务决策事项的决策权，以及对公司所有财务机构设置与财务经理任免的决策权。子公司的财务部门受双重领导，即在经营上受制于子公司经理人员的管理，在业务上完全受母公司的领导。

集权模式的主要优点是：（1）财务管理效率较高，能够全方位地控制子公司的财务行为；（2）便于实现资源共享，集团公司较易调动内部财务资源，促进财务资源的合理配置；（3）通过集团产品结构和组织结构的整体优化，有利于降低成本，取得规模效益。

由于集权模式的前提假设是基于对子公司经理层的不信任，因此其最大缺点在于无法有效调动子公司的积极性，主要表现在：（1）由决策不灵活带来的低效率，最高决策层远离经营现场，信息掌握不完整易导致决策效率低下甚至决策失误；（2）制约子公司理财的积极性和创造性；（3）难以应付复杂多变的环境。

集权模式主要适用以下几方面：（1）企业集团规模不大，且处于组建初期，需要通过集权来规范子公司的财务行为；（2）子公司在集团整体的重要性使得母公司不能对其分权；（3）子公司的管理效能较差，需要母公司加大管理力度。

■ 2.分权模式

在分权模式下，母公司只保留对子公司重大财务事项的决策权或审批权，而将日常事项的决策权和管理权下放到子公司，母公司财务部门只负责集团整体的财务战略与预算管理，负责对子公司的业绩进行评价和考核；子公司设立独立的财务机构，接受母公司财务部门的业务指导，但不受母公司的管理，只就经营业绩向母公司作定期报告。

分权模式的优点：（1）有利于调动各子公司的积极性和创造性；（2）财务决策周期短，应对市场变化能力强。

分权模式的缺点：（1）各子公司之间的资源调动受到一定限制，不利于整个集团资源的优化配置；（2）影响规模经济效应的发挥，导致内部资源配置上的浪费，使得集团整体实力和市场竞争力下降。

因此，分权模式主要适用资本经营型集团公司和某些对集团没有重要影响的子公司。

■ 3.集权与分权混合模式

这是一种将上述两种模式兼容的混合模式。这种模式强调结果的重要性，但同时对可能出现的财务控制点实施关键点控制。一般的财务控制关键点包括财务人员控制、资产变卖控制以及重大资金调度控制。

这种模式不同于集权模式下的过程控制，也不同于分权模式下的结果控制，而是根据重要性实施点控制，既汲取了两种模式的优点，又避免了它们的主要缺点。

必须要指出的是，无论企业采用何种模式，都必须以加强财务制度控制为前提，并对财务管理权限进行适当分配。集权和分权是相对的，没有绝对的集权，也没有绝对的分权，二者没有明确的分界线。在不同的企业集团之间，由于各自不同的生产经营模式和组织结构特点，以及财务运行模式和环境的差异，其财务控制模式也缺乏横向可比性，因而，集团公司可根据外部环境和竞争需要，并结合集团内部组织结构，合理分布集团内部上下左右的财务权限，从而创造适合自身特点的财务管控模式。

四、分析思路

师生可根据自己的教学目标（目的）来灵活使用本案例。这里简要给出本案例思考题的分析思路，仅供参考。

1.变革前集团财务组织上存在的问题主要有四个方面：效率低下；财务数据分割导致的汇总和分析困难；财务分析和管控薄弱；财务经理面临多重指挥。造成这些问题的原因主要是财务管理控制目标不明确，集团总部、各区财务部和店财务部设置不合理、过于分权，从而导致人员庞杂、信息不畅、管控薄弱。

2.L集团财务组织变革方案设计主要进行了四个方面的改进：一是明确财务战略目标是追求利益相关者利益最大化，在此前提下重新设计业务流程；二是从为关键利益相关者服务的角度出发，将新的财务业务流程按财务功能分为会计核算、资金管理等八个功能模块，并建立相应的财务子部门；三是重新安排了集团总部财务部、区财务部和店财务部的财务组织结构和权限安排，完善了集团总部财务管理的职能，弱化了各区、店财务部的财务组织和权限，将财权集中管理；四是建立了全集团以为利益相关者服务为核心的业绩评价体系。

3.提出基于利益相关者的财务变革方案的主要原因有三点：一是变革前L集团财务管理上出现了诸多问题，已经影响到L集团的经营和竞争地位；二是新CEO在上任后重新审视现有的组织框架和战略，支持CFO推动财务组织变革；三是经过变革小组的调研分析，建立基于利益相关者的财务组织变革方案，该方案不仅符合集团公司经营的特点，而且有利于落实符合整个集团战略目标的财务战略意图。这种意图体现在：（1）加强对内部利益相关者的支持与服务，使各级管理人员对企业经营的状况和方向有明确的了解和把握；（2）加强外部利益相关者关系管理，主动履行社会责任，为顾客和供应商提供更好的服务；（3）在促进销售的前提下，控制运营流程和费用，确保预算的完成。

4.集权的主要优点在于：（1）有利于集团总部更好地管控下属子公司；（2）有利于实现资源共享；（3）有利于降低成本，取得规模经济效应。从L集团的财务变革来看，集权后这三方面优点得以充分体现，特别是总部财务管理职能的加强和完善，财务人员的大量减少，使得效率和成本都得到了改善。此外，由于财务变革的战略是围绕提高内外部利益相关者服务的，因此，在财务变革后，财务部能够为集团其他管理决策提供更全面有效的财务信息，优化了决策的效率和质量，还能够改善集团和供应商等其他利益相关者的关系，优化集团与其他利益相关者的收支结算，这些都是变革前的分权管理做不到的。但是，相对来说，变革前的分权管理模式，使得集团各分店财务职能比较完整，能使各分店主管及时掌握本部门的财务信息，并做出快速反应，这是集权之后丧失的优势。但总体上，由于L集团特殊的经营模式，变革后相对集权的财务管控模式更有利于集团的战略实施和发展。

5.财务战略意图、财务管控模式和财务组织设计这三者是密切相关的。简单来说，财务战略意图是决定财务管控模式和财务组织设计的重要因素，财务管控模式是体现和实施财务战略意图的重要规划，财务组织设计是根据财务战略意图和财务管控模式具体落实管理权限和职责的重要措施。企业只有将三者切实联系起来并一一落实，才能发挥财务管理的重要职能，达成战略目标，获得竞争优势，实现长足发展。

五、关键要点

1.理解财务组织设计应该以达成企业财务管理的目标为出发点；理解L集团从分析利益相关者关系入手确立具体财务战略目标，进而设计财务组织、配置财务功能的做法；理解这一做法的理论基础及其现实优越性。

2.理解财务组织设计应该与集团公司的组织结构和管控模式相配合，以落实企业财务战略，其关键内容在于各项财务权限在集团公司各个管理层级中的分配，即集权和分权的问题；分析新的财务组织设计中各项具体权限的设计和安排，变革前后权限集中还是分散的变化，进而理解L集团财务管控模式的思想和财务组织设计的合理性。

六、建议课堂计划

本案例可以作为专门的案例讨论课来进行，以此启发学生对集团公司财务管理的深入思考。以下是按照时间进度提供的课堂计划建议，仅供参考。

本案例课的课堂时间控制在60分钟。

1.课前计划：讲授者提出启发思考题，请学员在课前完成阅读资料和初步思考并分组讨论，告知发言要求，要求各小组将讨论意见做成讨论报告（PPT格式）。建议学员阅读以下文献：

[1] 胡贵毅，任崇明，王漫天. 建立面向利益相关者的企业集团财务组织——基于某外资大型超市集团财务组织变革的案例分析［J］. 会计研究，2008（4）：54-61.

[2] 胡贵毅，刘春荣. 大型超市集团财务组织的设计与变革——基于某跨国超市集团的案例分析［J］. 财务与会计，2008（4）：34-35.

2.课中计划：讲授者做简要的课堂介绍（2分钟），明确主题，说明本案例讨论的目的；小组发言（每组10分钟，控制在40分钟）；引导全班进一步讨论，并进行归纳总结（20分钟以内）。

3.课后计划：请学员根据全班讨论意见，修改讨论报告，给出更加具体的解决方案。

案例18

西门子财务公司及其资金管理

摘要

资金集中管理是企业集团资金管理的一个重要特征，财务公司是实现企业集团资金集中管理最为重要的载体之一。本案例介绍跨国企业集团西门子集团的财务公司设立与运作过程，详细介绍西门子财务公司各业务部门的主要业务及职能，并介绍了西门子集团借助财务公司设置资金池，集中管理整个集团资金的做法。本案例有助于学生理解财务公司的功能及其运作过程。

关键词

财务公司　资金集中管理　资金池管理

案例正文

一、引言

在经济全球化和信息技术迅猛发展的宏观背景下，在集团的规模和地域跨度越来越大、组织结构和经营领域越来越复杂和多元化的发展形势下，无论是从集团整体发展的战略高度考虑还是从集团财务管理的具体细节考虑，无论是从集团外部的适应能力和竞争能力考虑还是从集团内部的控制能力和管理能力考虑，随时掌控集团内部各成员企业的资金状况，并从集团整体的利益出发在集团范围内对资金进行集中调度、合理配置、实时监控和有效管理，都具有极其重要的意义。

西门子财务公司为西门子集团及其所有成员企业提供专业化、全方位的金融咨询服务和财务支持等，从而有效地控制了企业集团的金融风险，提升了资金管理的效率，取得了显著的经济效益。西门子财务公司是如何开展财务运作的？西门子财务公司在管理运筹方面的哪些经验值得我们借鉴？

二、西门子财务公司概况

1997年西门子财务（中国）公司获中国人民银行批准成立，成为国内第一家外资财务公司，2003年又被批准加入银行间同业拆借市场，成为一级会员。

西门子财务公司的正式名称是“西门子金融服务公司”（以下简称财务公司），是整个西门子集团的金融服务中心、金融营运中心和利润中心。最初，西门子集团的金融业务全部集中在集团财务部（又称中央财务部）。1997年，西门子集团将除集团财务政策制定和指导职能以外的全部金融业务职能完全从集团财务部分离出来，成立了财务公司，作为负责集团具体金融业务运作的全职部门。2000年4月，财务公司从职能部门进一步发展成为集团100%控股的独立法人，以适应金融市场及自身的发展需要。

从集团管理的构架上看，西门子集团的CFO（集团公司董事会成员之一）主要负责两块业务，即中央财务部和财务公司。其中，中央财务部负责整个集团的金融战略与政策制定，而财务公司则负责政策的执行和具体运作，不仅作为西门子集团的内部银行管理集团流动性、集中现金流、优化资产负债结构、管理资金风险等，还承担着为西门子所有成员企业提供专业化、全方位的金融咨询服务和财务支持等，如资金管理、项目和贸易融资、内部结算、信贷、应收账款管理、票据清算、外汇买卖、年金管理等。由于财务公司完全服务于集团内部成员企业，按照德国的相关法律，其业务开展不需要申领相关的金融牌照，也不必接受德国中央银行的监管或其他政府机构的限制（企业年金管理及其咨询业务的开展需要相关管理部门的认可）。

财务公司为西门子集团贡献了大量资产和稳定的高盈利：运作的资产平均为120亿欧元，占西门子集团总资产的15%。2011财年（2010年10月1日到2011年9月30日），西门子集团营业收入达到735亿欧元，其中西门子在中国的总营收达到63.9亿欧元。财务公司已成为西门子集团不可或缺的重要组成部分，虽然从资产负债表上反映的资产额仅占集团资产总额的15%，但其代集团管理600亿欧元的表外资产。在集团全球性的融资券安排（如欧元中长期债券、欧元双边信贷和以美元计价的银行贷款）中发挥核心作用。

三、主题内容

（一）西门子财务公司的职能定位及业务分类

财务公司有着明确的市场定位。为满足职能管理和业务发展的需要，财务公司按照业务分类，可分为两大类别共六大领域。其业务分类及具体内容如图8-2所示。

财务公司通过这种业务分类与职责分工，实现其作为西门子集团内部具有专业化优势和技能、能够提供全方位金融服务的机构和法人职能，并通过与中央财务部的人员交流，降低金融风险和财务成本，从而满足集团战略需求，提高金融服务竞争优势。

（二）司库及资金管理部：四大业务板块实施管理职能

作为财务公司“内部银行”职能的具体执行者，司库及资金管理部不仅对内提供诸如头寸管理、资金集中、内部结算及对外支付、风险管理与外汇交易等功能，而且参与资本市场交易，向集团和成员单位提供决策支持。同时，它还向外部（第三方）提供咨询、技术培训、顾问等服务。司库及资金管理部是连接西门子集团业务部门和外部金融市场（如银行等）的唯一中介。该部门内部又分为四个业务板块：

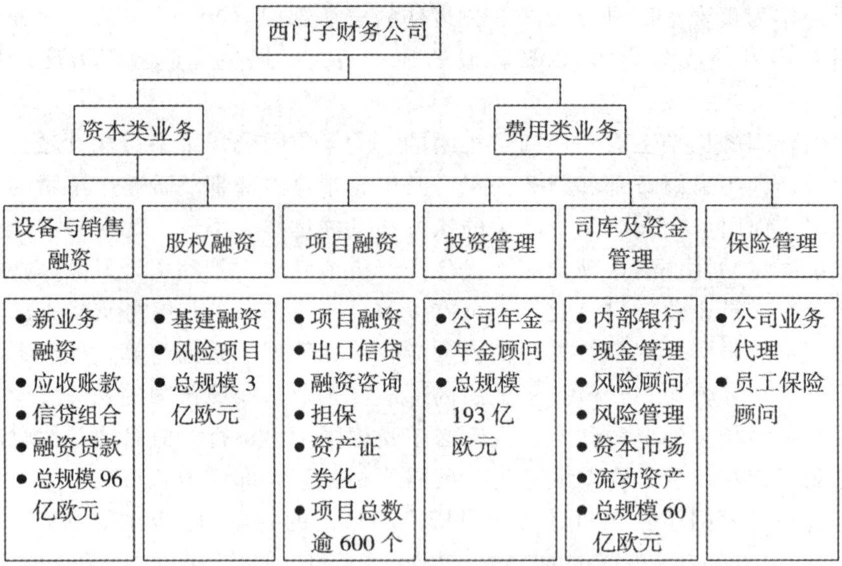

图8-2 西门子财务公司的业务类型

第一个板块为现金管理与支付业务，员工30人。其总体目标是通过建立集中化的账户架构、提供内部结算服务和标准化的全球执行系统，全面实现支付、交易和现金管理的高度集中，从而履行“内部银行”的职能。

西门子集团规定：所有成员企业之间的交易，必须通过财务公司支付和结算；成员企业的所有交易应尽最大可能通过内部账户进行（在新兴市场的可除外）；成员企业必须按照集团要求，实现资金集中，降低资金风险，节约成本。为此，司库及资金管理部强化了有关应收账款和应付账款的管理，通过增强透支便利、提高支付效率、实施成本控制和账户集中等管理措施保障公司目标的实现。但是，西门子集团的上述规定和目标在某些国家执行起来还存在着一些实际困难，比如在某些“禁运”国家以及某些货币仍不可自由兑换的国家，又如一些国家规定外国人不允许在当地开设本币账户等。这些现实问题也影响了财务公司资金集中管理的全面推行。

据了解，西门子集团共有下属企业1 900家，银行账户5 900多个。目前已经有1 100多家企业的3 900多个账户受财务公司的直接管理。成员单位新账户的开立须由财务公司审批，并要求一种货币必须汇集在一个资金池，自下而上地进行资金归集。在欧盟，为便于成员企业的业务开展，西门子集团设有多个欧元资金池，这些欧元资金池会进一步集中到一个中心账户里。

第二个板块是风险顾问与融资业务，员工25人。其主要业务内容是风险管理、保函贷款或担保、内部融资等。该板块有7项目标，分别是资金集中性管理、集中额外流动性、降低信贷风险、减少外部贷款、避免额外成本、提高集团公司财务报表透明度、提高或改善集团公司的外部评级。

针对内部融资，财务公司规定了司库及资金管理部的职责：吸收成员企业不超过期限为3个月的存款，并向成员企业提供不超过期限为1年的贷款。更长期的贷款业务不由司库及资金管理部负责，而是由财务公司内部的其他部门负责。有关成员企业存贷款事项的其他例外（包括期限、方式、用途或金额等），必须由本部门批准。司库及资金管理部提供的内部贷款实行优惠利率，与银行相比，贷款利率可下降15~55个基点。

风险管理业务板块是公司外汇风险管理的专责机构，通过深入分析集团资产负债表、尚未完成的交易合同和未决交易，以及未来3个月的销售或交易计划等，计算外汇净头寸，取得货币敞口。然后，据此与相关企业签订合同，进行市场交易的匡算。

公司规定，原则上要由企业自行计算风险敞口并自主决定是否进行避险以及避险的规模。西门子集团规定成员企业风险敞口的75%必须得到避险管理，敞口不得超过25%。作为西门子集团内部唯一可进行外部避险业务的机构，财务公司是有保值需求的成员企业唯一可进行外部避险业务的机构，也是有保值需求的成员企业的唯一交易对手。财务公司可以在24小时之内随时交易，成员企业只需电话通知即可。据介绍，目前经常有避险需求并与财务公司进行对冲交易的账户有500~600个。

第三个板块是资本市场业务，员工在20人左右。其主要任务是根据风险顾问与融资部门提出的（集团成员）要求，进行与外部银行及市场的具体操作，具体内容包括：

（1）外汇管理。外汇管理包括宏观管理和微观管理，目的是通过管理全球13种主要货币的外汇资金，实现外汇收益的最大化，并提供外汇顾问及咨询服务，并通过分析集团的债务结构、期限结构等，进行久期控制和利率结构优化，进而提供内部咨询。目前主要运用的金融工具包括货币即期（spot）、远期（forward）、掉期（swaps）和较简单的大众型期权（plain vanilla option）等。

（2）利率管理。其主要运用的金融工具和产品包括利率掉期、利率期货、远期利率协议（FRAs）、利率上限/下限（caps/floors）以及掉期期权（swaptions）等。

（3）流动性管理。其主要功能是在充分保障公司正常支付的情况下，努力提高额外流动性的收入。主要产品包括短期贷款或投资、第三方回购、发行商业票据、资产证券化（ABS）票据以及货币互换等。

（4）资本市场。其主要功能是发行股票或其他证券，通过资本市场其他融资来优化债务成本、创新性融资项目、信贷便利及银行授信，联系评级机构（与发行活动有关），进行公关等。目前司库及资金管理部已发行的短期融资高达90亿美元，中长期融资包括50亿欧元的中期票据、在欧洲债券市场上发行的20亿欧元长期债券、25亿欧元的ELNs（股权联系债券）和在美国市场上发行的50亿美元债券。另外，目前还有35家国际银行为财务公司提供了超过100亿美元的授信额度。

财务公司在资本市场上所进行的交易遵循严格的风险控制程序和管理规定，不仅要坚持严格的交易/避险分离原则，而且要根据风险状况配置资本或资源，以保证全球性风险均可得到规避。在严格限定交易条件、交易对手和交易品种的情况下，还必须取得最小15%的风险资产收益率。

第四个板块是信息技术支持业务。负责提供信息技术支持的部门为实现司库及资金管理部现金管理、账户管理、财务咨询和风险管理职能提供解决方案，是财务公司相当重要的部门。目前由两个部门组成，即将合并为一个部门，员工25人。该部门的主要任务是构建一套连接集团成员企业和外部金融/银行系统的平台和界面，实现多种功能，以适应财务公司流动性管理、资金集中与资金池、内部结算、外汇交易和全球支付中心的要求，同时达到“全球业务本地处理”的效果。

该部门开发的Finavigate系统，运用于集团的各成员企业，既满足了西门子全球流动性管理的要求，又发挥着全球支付中心的作用，更是整个西门子集团的全球数据中心。Finavigate系统每年处理超过1 000万笔的第三方支付，同时实现内部超过1 000万笔的全球成员的内部结算清单，并动态管理着超过9万个账户。该系统是由财务公司独立开发的，利用了微软数据库系统，并充分利用网络银行的信息平台，实现与银行结算系统的对接。该系统功能的实现，使得目前财务公司的客户已不单是内部成员企业，也包括集团已经出售的一些成员企业和其他国际化的第三方。该系统基于银行网络，不是与银行竞争，而是充分利用内部专业化的优势提供银行所不能提供的服务。

Finavigate系统正针对西门子财务（中国）公司专门开发设计新的流程，以使之成为西门子集团在中国所有业务的资金管理和支付流程的中心平台，满足中国业务的特殊需要。目前，这套系统已初步实现了金融交易、内部结算和账户管理等功能，还将陆续实现自动记账、财务报告自动化以及全球支付中心等功能。

（三）财务公司的资金集中和资金池管理

西门子集团对其成员企业的资金集中是强制性的，集团要求每一个成员必须按照规定进行资金集中。财务公司根据成员企业的支付指令统一对外支付。对于在外汇管制或者税收限制国家的成员企业而言，原则上集团会选择在“避税天堂”等地进行纳税筹划，如果实在绕不过去，可以由企业通过当地银行自行支付，但是资金必须在当地集中管理。

西门子集团只对控股公司（持股在50%以上）进行资金集中。财务公司由于提供了比银行更优惠的服务，对所有的股东都更为有利，因此，并没有小股东借口关联交易问题对财务公司垄断西门子集团的内部金融服务提出反对意见或者限制要求。尽管西门子集团也在德国、法国和英国等多个国家交叉上市，但是并没有碰到类似中国财务公司与上市公司或者集团内部非上市公司之间关联交易一直受到限制的情况。

财务公司目前共有60个资金池，与之合作的银行有60家。相关银行账户以西门子总部名义开户的共有100个，其余都以各成员企业不同的名义开户，但必须是在财务公司认可的银行开户。开户权力集中在财务公司。财务公司的资金池分层次管理，根据不同合作银行的分工不同，最终合并到欧元、美元、英镑等几个主要的中心资金池。中心资金池也管理着不同的账户。在同一银行内部，资金池之间可以直接流动，但在不同银行之间，现金流动需要经过更高一层的资金池。

西门子与合作银行之间的“资金池协议”以零余额账户（ZBA）为基础。有些银行可能因为某些客观原因无法提供零余额账户，那就需要提供虚拟的资金池，以确保轧差后的高度集中。一般情况下，一个国家一个资金池，或者是一种货币一个资金池。在每一个资金池内部，资金的归集是自动上收的，但是在不同资金池之间进行资金划拨还需要指令，如电话、传真等。

案例使用说明

一、教学目的

本案例的教学目的是使学生了解财务公司在集团公司财务管理中的作用和地位，掌握集团公司设立财务公司集中管理资金的一般做法。

二、启发思考题

1.西门子集团为什么要单独设立财务公司？西门子集团设立的财务公司与总部的中央财务部之间有何联系和区别？

2.西门子财务公司主要进行哪些业务？履行哪些职能？

3.西门子财务公司怎样管理集团资金？

4.你认为西门子集团单独设立财务公司并赋予其相应职能的做法与集团公司设置财务中心进行管理有何区别？两种做法各有哪些利弊？

三、关键概念与理论依据分析

（一）关键概念辨析：企业与企业集团

企业一般是指以营利为目的，运用各种生产要素（土地、劳动力、资本、技术和企业家才能等），向市场提供商品或服务，实行自主经营、自负盈亏、独立核算的法人或其他社会经济组织。依照中国法律规定，公司是指有限责任公司和股份有限责任公司，具有企业的所有属性。因此，凡公司均为企业，但企业未必都是公司。公司只是企业的一种组织形态。

企业集团是现代企业的高级组织形式，是以一个或多个实力强大、具有投资中心功能的大型企业为核心，以若干个在资产、资本、技术上有密切联系的企业、单位为外围层，通过产权安排、人事控制、商务协作等纽带形成的一个稳定的多层次经济组织。企业集团的整体权益主要是通过明确的产权关系和集团内部的契约关系来维系的，核心是实力雄厚的大企业、按照总部经营方针和统一管理进行重大业务活动的经济实体，或者虽无产权控制与被控制关系但在经济上有一定联系的企业群体。企业集团内部主要采取“金字塔型”和“围绕型”结构。“金字塔型”结构又称持股型结构，是标准的产权控制模式；“围绕型”结构是若干个“金字塔型”集团重组后的形式，整体呈现群星环月的形状。两种结构均包含核心层、紧密层、半紧密层与协作层四个基本层次。

（二）资金集中管理模式

当前，大型跨国集团都会借助现代信息技术手段，通过资金集中管理的方式，随时控制集团内部的资金流动和财务状况，并充分发挥资金的整体优势，实现集团整体经济利益的最大化。国内一些管理水平较高、发展较好的集团公司也会根据自身经营环境与体制特征，选择适合自身战略与结构、管理与控制要求的资金集中管理模式。资金集中管理模式通常有以下几种：

■ 1.统收统支模式

统收统支模式是指集团成员单位不单独设立账户，所有的现金收入都必须集中到集团总部的财务部门，一切现金支出都由集团总部财务部门来执行，现金支出的批准权高度集中。

■ 2.拨付准备金模式

拨付准备金模式是指集团总部按照一定的期限拨给成员单位一定数额的现金以备其使用。在这种模式下，成员单位的所有现金收入必须集中到集团总部的财务部门，成员单位必须持有关凭证到集团总部的财务部门报销所发生的现金支出以补足备用金。

统收统支模式和拨付备用金模式均属于高度集权的资金管理模式，集团所属各分支机构或子公司不独立设置财务部门，因此，这类模式仅适用集团总部管理同城或相距不远的非独立核算的分支机构，远程子公司通常不宜采取这种高度集权的资金控制方式。

■ 3.财务结算中心模式

财务结算中心是集团公司具体办理集团内部各成员单位现金收付和往来结算业务的专门机构，其通常设立于集团总部的财务部门内，是一个独立运行的职能机构。

在这种模式下，成员单位都有自己的财务部门，有独立的账户（在结算中心的二级账号）进行独立核算，拥有现金的经营权和决策权。集团公司借助结算中心对各成员单位的现金实施统一结算、统一调控，针对成员单位提出的用资申请有两种管理方式，即逐项审批制和超权限审批制。集团总部制定现金管理制度，对现金实行收支两条线管理，规定各成员单位最高现金保存额（通常按日常零星支出支付需要确定），将每日超过部分的现金收入转入结算中心设立的专门账户，当现金支出超过核定金额时，必须向结算中心提出申请。结算中心根据这些规定监控各成员单位的现金缴纳和支用。各成员单位不能直接对外借款，由结算中心统一对外办理。

结算中心并不意味着将各相关成员单位的全部现金完全集中到集团的资金总库，而是将筹资、投资、资金流动等决策过程集中化，各成员单位拥有较大的经营权和决策权。

■ 4.内部银行模式

内部银行模式是指将社会银行的基本职能和管理方式引入企业内部管理机制而建立起来的内部资金管理机构。集团公司通过该机构进行集团内部各成员单位日常的往来结算和资金调拨及运筹等，其职能主要包括：（1）设立内部结算账户，办理集团内部成员单位的往来结算；（2）发行内部支票和货币，在内部各成员单位之间使用；（3）发放内部贷款，计算用款利息；（4）各成员单位无权对外融资，由内部银行统一对外筹措资金，统一调度资金；（5）制定结算制度，建立信息反馈系统，对内部各成员单位的资金使用和经营状况进行监督和分析。

在这种模式下，各成员单位之间的现金收付和结算事项，均通过内部银行统一开立的账户来办理，不直接对外进行现金结算。各成员单位在内部银行开设存款账户和贷款账户，实现存贷分户管理，实现有偿借贷制度。各成员单位在财务上拥有独立财权，对贷款有权按用途自行安排使用。内部银行实行银行化管理，建立贷款责任制，强化资产的风险管理。

总之，内部银行不仅是集团公司内部的结算中心，而且是集团公司内部的货币发行中心、贷款中心和监管中心。集团公司一方面通过内部资金结算和调剂降低了因对外流动资金贷款而形成的财务费用，另一方面利用内部银行模拟市场运作强化了成员单位对资金成本和时间价值的认识，从而提高了资金运用的效益和效率。

■ 5.财务公司模式

财务公司模式是指由集团公司设立的专门从事集团公司内部资金融通业务的非银行性金融公司，由政府监管机构批准设立，是具有法人地位的集团子公司。财务公司的经营范围除抵押贷款以外，还包括外汇交易、联合贷款、包销债券、不动产抵押、财务及投资咨询等业务。

其职能主要包括：（1）通过在集团公司内部进行转账、结算来加速资金周转；（2）融资租赁和买方信贷，注入少量资金，解决集团内部产品购销等方面的问题；（3）运用同业拆借、外汇及有价证券交易、发行债券或股票等手段，为集团公司开辟广泛的融资渠道，是集团公司的融资中心；（4）利用集团公司暂时闲置的资金进行短期投资；（5）通过对集团公司其他成员单位提供担保、资金调查、信息服务、投资咨询，为集团成员单位提供全方位的金融服务。

财务公司模式实际上是将完全市场化的企企关系和银企关系引入集团公司资金管理的做法，其作用远远超过结算中心和内部银行。财务公司既是集团公司的金融中心，可以与集团其他成员单位相互持股或控股，实现产业资本与金融资本的结合，使集团各成员单位之间形成以资本为纽带的密切合作关系；财务公司又是集团公司的信息中心，即通过财务公司搜集和掌握各种经济信息，为成员单位的融资活动提供参考；财务公司还是集团公司的投资中心，帮助成员单位进行金融投资，提供投资咨询、风险评估等服务；同时，财务公司也可以是集团公司的结算中心和信贷中心。

（三）资金管理模式选择的前提

企业资金管理模式的选择一般应有三个前提：

一是资金管理要能减少集团公司的财务风险。企业选择何种资金管理模式，应当考虑这种模式能否化解集团的财务危机，同时在结合自身的集权与分权管理体制的基础上，从各种备选方案中选择财务风险最小的模式。

二是资金管理应使集团分部获得最大利益。若由于资金集权式的控制使集团分部或分支机构的发展面临资金瓶颈的制约，那么，这种管理模式就违背了企业存在的原始目的（利益最大化）。

三是资金管理模式要与集团公司架构相配比。资金控制的分权与整合的力度在很大程度上依赖集团公司的组织架构，但组织架构的选择或者变革又取决于经济实体的实力。在一般情况下，集团公司实力越强，可选择的资金管理模式就越多；集团公司实力越弱，变革企业组织架构带来的相对成本就越高，也就不能选择复杂的管理模式。

四、分析思路

教师可以根据自己的教学目标（目的）来灵活使用本案例。这里简要给出本案例思考题的分析思路，仅供参考。

1.西门子集团单独设立财务公司的原因可能有以下几点：一是出于战略管理的需要，中央财务部负责整个集团的金融战略与政策制定，而财务公司则负责政策的执行和具体运作；二是独立设立财务公司有利于金融业务的系列化扩张，不仅便于为集团内部成员企业提供各项金融服务，而且在集团进行跨国经营业务时也有利于适应当地的法律和政策要求，灵活多变；三是便于控制风险，金融活动本身具有一定的专业性、复杂性和风险性，组建独立的公司对集团内部的金融业务进行经营，有利于专业化推进，也便于控制业务风险，将金融风险与集团经营风险分割管理。中央财务部和财务公司是西门子集团两大财务管理部门，职能上有区别，前者主要负责金融战略和政策的制定，后者主要负责政策的执行和具体运作，两者都听命于集团的CFO。

2.西门子财务公司主要进行两大类别（资本类和费用类业务）共六大领域（设备与销售融资、股权融资、项目融资、投资管理、司库及资金管理、保险管理）的业务。财务公司通过这种业务设立与职责分工，实现其作为西门子集团内部具有专业化优势和技能、能够提供全方位金融服务的机构和法人职能，并通过与中央财务部的人员交流，降低金融风险和财务成本，从而满足集团战略需求，提高金融服务竞争优势。

3.西门子财务公司在管理集团资金时，主要通过司库及资金管理部来组织全集团的资金运作，相当于集团的“内部银行”。它不仅对内提供诸如头寸管理、资金集中、内部结算及对外支付、风险管理与外汇交易等功能，而且参与资本市场交易，向集团和成员企业提供决策支持。同时，它还向外部（第三方）提供咨询、技术培训、顾问等服务。该部门内部分为四个业务板块：现金管理与支付业务、风险顾问与融资业务、资本市场业务以及信息技术支持业务。此外，西门子集团为加强资金管理，强制成员企业进行资金集中管理，并在全球建立了60个资金池，与60家银行进行合作，签订“资金池协议”，建立零余额账户，既满足不同地区成员企业资金支付结算的需要，又将集团资金余额控制在较低水平，从而最大限度地利用资金，避免资金闲置。

4.两者的主要区别在于财务公司是独立法人，而财务中心是集团内部的职能机构，两者的法律地位和权限不同，对外承担的责权不一样，管控的成本和风险也不同。财务公司适用跨区域跨行业经营的大型集团公司（企业），而财务中心适用业务集中、便于管控的中小型集团公司。财务公司在运作灵活的同时也会使运作成本提高，而财务中心将财权集中于集团总部，便于集团对下属各成员企业进行管控，但业务范围和能力受到限制。

五、背景知识

财务公司的雏形可见于1716年法国创设的通用银行，美国第一家真正意义上的非银行财务公司出现在1878年。进入20世纪，财务公司逐渐发展成为集团公司下设的旨在满足消费者信用需求的一种新型非银行金融机构，在美国金融体系中一直占据重要地位。近年来，财务公司在亚洲很多国家也得到迅速发展。

财务公司的英文名称为Finance Company，在我国也翻译为“金融公司”，有些国家又称Finance Services（“金融服务中心”），或Treasury Company（“融资公司”）、Treasury Center（“资金运作中心”）。由于各国金融制度差异很大，财务公司的业务功能也有所不同。

在美国，财务公司主要运用负债管理以创造信用，除了自有资金外，其资金主要来自银行贷款、发行商业本票和长期债券，按其业务功能划分，主要有消费财务公司、商业财务公司和销售财务公司等。在德国，银行以外的金融机构叫“金融服务机构”，出于商业目的为其他组织提供金融服务。在英国，财务公司被分为工业财务公司和租购公司。在日本，集团公司附属的金融机构大多为银行，从事消费信贷服务的非银行金融机构有消费信贷公司、小额贷款公司和信贩公司。

在我国，财务公司是由大型企业集团成员企业投资入股，经批准后设立的，为本集团成员企业提供与企业发展相配套的金融服务的金融机构，因此又称为企业集团财务公司。中国的财务公司在层级上隶属于集团公司，受本集团公司的领导，业务上又受央行和银保监会管理、协调和监督，是独立核算、自负盈亏、自主经营、照章纳税的企业法人。

为落实国家重点大型企业集团改革的配套政策，东风汽车工业财务公司于1987年5月成立，为我国第一家设立的财务公司。之后，随着企业改革制度的出台，有关财务公司的管理制度也逐渐发展。自2004年9月1日起施行的《企业集团财务公司管理办法》将财务公司定位为“以加强企业集团资金集中管理和提高企业集团资金使用效率为目的，为企业集团成员单位提供财务管理服务的非银行金融机构”。这一定义淡化了老办法偏重于制造业的行业特征，从而使外资、包括流通行业在内的其他行业的企业集团都可以利用财务公司来支持企业集团的发展。

根据《企业集团财务公司管理办法》，我国财务公司可以经营下列部分或全部业务：对成员单位办理财务和融资顾问、信用鉴证及相关的咨询、代理业务；协助成员单位实现交易款项的收付；经批准的保险代理业务；对成员单位提供担保；办理成员单位之间的委托贷款和委托投资；对成员单位办理票据承兑与贴现；办理成员单位之间的内部转账结算及相应的结算、清算方案设计；吸收成员单位的存款；对成员单位办理贷款及融资租赁；从事同业拆借；中国银保监会批准的其他业务。

六、关键要点

1.理解西门子财务公司与中央财务部的管理职能分工与权限分配。

2.理解西门子财务公司在业务种类与职能设置上的特点。西门子集团是多元化经营的跨国企业，其财务公司在业务和职能设置上有特殊性。此外，金融业务的复杂性以及学生对金融业务了解不足会造成一定的理解障碍。

3.设置资金池是西门子财务公司集中管理资金的具体方式，理解其运作方式及其利弊，对理解和掌握集团公司的资金管理模式有着重要的借鉴意义。

七、建议课堂计划

本案例可以作为专门的案例讨论课来进行，以此加深学员对集团公司资金管控的理解，以下是按照时间进度提供的课堂计划建议，仅供参考。

本案例课的课堂时间控制在60分钟。

1.课前计划：讲授者提出启发思考题，请学员在课前完成阅读和初步思考并分组讨论，告知发言要求，要求各小组将讨论意见做成讨论报告（以PPT格式展示）。建议学员阅读以下文献：

王增业. 西门子财务公司的资金管理特点与启示［J］. 会计师，2007（1）：34-39.

2.课中计划：讲授者做简要的课堂介绍（2分钟），明确主题，说明本案例讨论的目的；小组发言，每个小组可围绕一个问题详细汇报讨论成果，再由其他小组成员点评或补充（每组发言10分钟，讨论5分钟，控制在40分钟）；进行归纳总结（20分钟以内）。

3.课后计划：请学员根据全班讨论意见，修改讨论报告，给出更加具体的解决方案。

思政园地

第9章
企业财务失败与重组案例

财务管理案例

Cases in Financial Management

案例19

浙江海纳的财务危机与重组

摘要

本案例从邱忠保入主浙江海纳后公司出现的问题入手，描述了实际控制人掏空上市公司致使公司陷入财务危机的过程与表现形式，阐述了浙江海纳破产重整方案。本案例对我国上市公司防范和应对财务危机具有重要的借鉴意义。

关键词

实际控制人　财务危机　破产清算

案例正文

一、引言

2005年4月，浙江海纳因巨额担保、关联方占款等违规事项浮出水面，财务危机爆发。邱忠保及其控制的原公司高级管理人员利用控制权违规挪用上市公司高达2.53亿元的巨额资金，为其关联公司向银行贷款或个人借款提供连带责任担保，本金总额高达3.95亿元。因涉嫌虚假信息披露，2005年4月14日被证监会立案调查。2006年2月起，邱忠保和“飞天系”高级管理人员、财会人员等相继被捕。2006年5月8日，因连续两年亏损，其股票被实行退市风险警示。2007年4月23日，因协商债务重组及资产重组等事宜，公司股票停牌。2007年5月9日，公司接到证监会《关于对邱忠保等3人实施市场禁入的决定》：自证监会宣布决定之日起对公司原实际控制人邱忠保实施永久性市场禁入。2007年9月13日，公司债权人向浙江省杭州市中级人民法院申请破产重整；10月24日，公司第一次债权人会议通过了《海纳破产重整计划（草案）》；11月20日，浙江省杭州市中级人民法院裁定，批准浙江海纳重整计划，终止重整程序。全国首例上市公司破产重整案在杭州市审理终结。

二、公司简介

浙江浙大海纳科技股份有限公司（简称“浙江海纳”）①由浙江大学企业集团控股有限公司（简称“浙江大学企业集团”）②主发起设立，1999年6月7日在浙江省市场监督管理局登记注册，注册资本9 000万元，股份总数9 000万股，公司股票于

① 浙江海纳科技股份有限公司于2009年7月16日更名为“浙江众合机电股份有限公司”，中文名称缩写由“浙江海纳”改为“众合机电”。自2015年3月6日起，公司由“浙江众合机电股份有限公司”变更为“浙江众合科技股份有限公司”，中文名称缩写由“众合机电”改为“众合科技”（股票代码：000925）。

② 浙江大学企业集团控股有限公司已于2005年12月更名为浙江浙大圆正集团有限公司。

1999年6月11日在深圳证券交易所挂牌上市。上市时，公司主营单晶硅及其制品、半导体元器件的开发、制造、销售与技术服务，自动化控制系统及仪器仪表的开发、制造、销售与技术服务，计算机系统集成与电子工程的开发、销售与服务，其三大核心资产为半导体、自动化和计算机集成。

公司成立之初的股本构成是法人股6 000万股、流通股3 000万股，其法人股东为浙江大学企业集团控股有限公司、浙江省科技风险投资公司以及4位自然人，其中浙江大学企业集团持有5 620万股，占总股本的62.44%。在广大投资者面前呈现的浙江海纳曾是以浙江大学为技术依托并具有良好经营业绩的高科技企业。

三、相关背景

2003年2月，浙江大学企业集团分别与珠海经济特区溶信投资有限公司①（简称“珠海溶信”）、海南皇冠假日滨海温泉酒店有限公司（简称“海南皇冠”）签订了《股权转让协议》。根据该协议，浙江大学企业集团将其持有的2 560万股（占总股本的28.44%）和2 160万股国有法人股（占总股本的24%）分别转让给珠海溶信和海南皇冠。珠海溶信和海南皇冠的实际控制人为“飞天系”掌门人邱忠保。2004年3月，股权转让完毕，浙江海纳的实际控制人变更为邱忠保。此时，浙江海纳与其实际控制人②之间的产权和控制关系如图9-1所示。

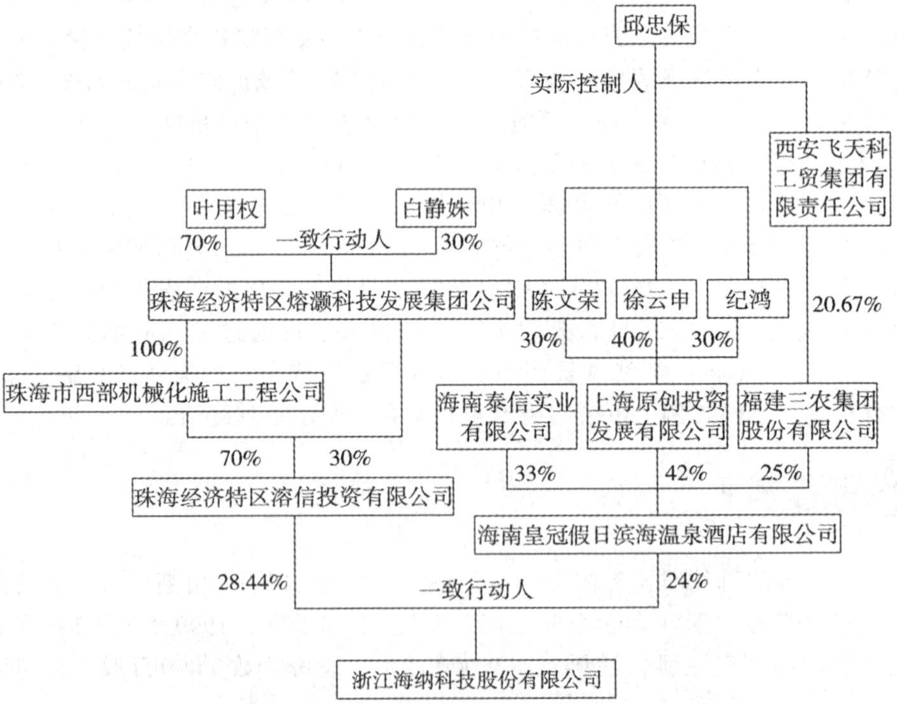

图9-1　浙江海纳与实际控制人之间的产权和控制关系

① 珠海经济特区溶信投资有限公司已于2004年9月更名为深圳市瑞富控股有限公司。

② 本案例所指的实际控制人特指从2004年3月起至浙江海纳破产重整之前的实际控制人——邱忠保。

在邱忠保全面掌控浙江海纳之后，公司高级管理人员变动频繁。截至2004年12月31日，即邱忠保正式入主浙江海纳的第1年年末，公司董事、监事和高级管理人员中，有确切迹象表明与邱忠保相关联的人员有9名，占总人数18人的50%，在公司担任董事长、总经理、财务总监等要职的人员均曾在邱忠保控制的相关企业中担任高层领导（见表9-1）。

表9-1　　2004年12月31日主要高级管理人员受邱忠保控制情况表

姓名	在浙江海纳担任的职务	是否受邱忠保控制
薛卫国	董事长	是，曾任珠海市西部机械化施工工程公司投资部经理等职
邓鸿飞	董事	是，曾就职于珠海经济特区溶信投资有限公司等
纪鸿	董事	是，曾任上海原创投资发展有限公司市场部经理等职并持有其30%股份
卞正刚	董事	是，曾任珠海经济特区溶信投资有限公司总经理助理等职
苏彤	监事会召集人	是，曾任珠海经济特区溶信投资有限公司总经理助理等职
陈文荣	监事	是，持有上海原创投资发展有限公司30%股份
周军	总经理	是，曾任上海原创投资发展有限公司副总经理等职
乔正科	财务总监	是，曾任珠海经济特区溶信投资有限公司财务部副总经理等职
赖慧芳	董事会秘书	是，曾任福建三农集团股份有限公司总经理办公室秘书等职

四、主题内容

（一）浙江海纳实际控制人——邱忠保其人

邱忠保1964年出生在上海。1995年，他创立了西安飞天科工贸集团有限责任公司（简称“西安飞天”），在所谓“高人”的指点下，开始了“资本运作”之旅。邱忠保首先瞄上了福建三农。在其运作下，2000年12月，福建三农原大股东三明市国有资产管理局、三明市财通公司和西安飞天签署了股权转让协议书，西安飞天收购了上述两家持有的福建三农20.67%的股权，成为第一大股东。之后，邱忠保又通过资本运作，相继入主中油龙昌、浙江海纳，形成了一个拥有3家上市公司、40余家控股及全资子公司的“飞天系”，一跃成为国内资本市场的大鳄。邱忠保也在2003年和2004年连续登上由《新财富》杂志评选的富人榜，分列第56名和第144名。

（二）浙江海纳出现的问题

1.为控股股东多家关联企业提供担保

自邱忠保入主浙江海纳后，便以浙江海纳为平台，为其多家关联企业提供担保。资料显示，2004年5月，浙江海纳为中油飞天实业投资开发有限公司的8 000万元银行借款提供连带责任担保；2004年6月，为武汉民生石油液化气有限公司3 000万元银行借款提供担保；2004年8月，浙江海纳和中油龙昌又共同为南京恒牛工贸实业有限公司3 500万元银行借款提供连带责任担保；同时，还为珠海溶信和海南皇冠1.46亿元债务承担连带责任担保等。根据证监会浙江监管局2005年4月5日发布的《关于要求浙江浙大海纳科技股份有限公司进行限期整改的通知》，公司违规担保涉及金额高达2.91亿元。

■ 2.控股股东直接占用上市公司资金

根据《关于要求浙江浙大海纳科技股份有限公司进行限期整改的通知》，公司被“飞天系”直接占用的资金包括招商银行上海大木桥支行账户余额与公司该银行存款账户余额之间的差额20 200万元、国债投资1 845万元、关联方资金拆借8 804万元及其在中国银行廊坊分行的银行存款1 350万元，金额合计32 199万元。

从浙江海纳历年的其他应收款（见表9-2）和当年计提的坏账准备可以看到，公司的其他应收款在2002年以前数值较为平稳，维持在1 100万元左右，而在2004年，其他应收款高达3亿多元，几乎全部为关联方占用资金。

表9-2　　浙江海纳1999—2006年其他应收款　　单位：万元

项　目	1999年	2000年	2001年	2002年	2003年	2004年	2005年	2006年
其他应收款	925.7	1 172.9	1 154.0	1 185.62	2 523.9	30 761.5	3 265.9	3 350.7

■ 3.公司高级管理人员变动频繁，主要高层人员受实际控制人控制

邱忠保全面掌控公司之后，公司高级管理人员变动频繁。在2003年中期、2003年年底、2005年股东大会后均发布了关于更换公司总经理、公司财务总监及董事长等高级管理人员的公告（见表9-3）。

表9-3　　浙江海纳高级管理人员变动情况表

变动职位	变动日期	变动前	变动后
董事长	2002年11月11日	梁树德	沈锦林
总经理	2003年6月23日	李立本	邓鸿飞
财务总监	2003年6月23日	胡桂馥	乔正科
董事会秘书	2003年7月25日	朱国英	赖慧芳
董事长	2003年7月25日	沈锦林	吴勇
总经理	2003年12月9日	邓鸿飞	周军
董事长	2003年12月9日	吴勇	薛卫国
财务总监	2005年5月27日	乔正科	贺武
总经理	2005年6月30日	周军	王成剑
董事长	2005年6月30日	薛卫国	王成剑
董事会秘书	2005年7月15日	赖慧芳	兰牟
财务总监	2005年8月18日	贺武	胡桂馥
董事长	2006年6月20日	王成剑	黄绍嘉
总经理	2006年6月20日	王成剑	叶根银

■ 4.公司主要财务指标异常

表9-4列示了邱忠保入主浙江海纳后公司主要财务指标的变动情况。

表9-4 浙江海纳2003—2006年主要财务指标

项 目	2003年	2004年	2005年	2006年
主营业务收入（万元）	13 421.11	17 361.76	11 096.13	12 526.64
每股经营活动现金流量（元）	0.29	−2.90	0.37	0.19
每股净资产（元）	4.34	4.03	−3.03	−3.20
每股收益（元）	0.13	−0.31	−7.07	0.13
净利润（万元）	1 186.45	−2 814.37	−63 585.69	1 207.37
净利润增长率（%）	−6.24	−337.21	−2 159.32	101.90
预计负债（万元）	0	0	36 948.43	46 391.61
负债总额（万元）	17 766.41	19 470.63	44 185.93	50 582.02
负债比率（%）	30.32	33.40	255.54	227.12
审计意见	标准无保留意见	保留意见	无法表示意见	无法表示意见

鉴于研究年份我国股市非流通股无市场价格及其他因素，表9-5列示了与“Z分数模型”相关的财务指标值，并对“Z分数模型”中的各项指标设定做以下调整：

X_1=营运资金÷资产总额=（流动资产-流动负债）÷资产总额

X_2=留存收益÷资产总额=（未分配利润+盈余公积）÷资产总额

X_3=息税前利润÷资产总额=（税前利润+财务费用）÷资产总额

X_4=所有者权益市价÷负债总额=（每股市价×流通股股数+每股净资产×非流通股股数）÷负债总额

X_5=销售收入÷资产总额

表9-5 浙江海纳2002—2006年度与Z分数相关的财务指标值

财务指标	2002年	2003年	2004年	2005年	2006年
X_1	0.4187	0.4575	0.4812	−1.9157	−1.5699
X_2	0.0886	0.0988	0.0510	−3.5054	−2.7952
X_3	0.0332	0.0377	−0.0094	−3.5920	0.1107
X_4	5.9455	3.2233	2.7986	−0.0860	−0.1238
X_5	0.3340	0.2291	0.2979	0.6417	0.5625

（三）浙江海纳的出路——破产重整

■ 1.破产重整方案

2007年9月14日，浙江省杭州市中级人民法院依法受理了债权人申请浙江海纳破产重整一案；10月19日，15家债权人向浙江海纳管理人申报了债权；10月24日，浙江海纳第一次债权人会议召开，通过了“海纳破产重整计划（草案）”；11月21日，浙江省杭州市中级人民法院裁定，批准浙江海纳重整计划，终止重整程序。浙江海纳成为2007年6月《中华人民共和国企业破产法》颁布实施后按破产重整程序成功实施债务重整的第一家公司。

“海纳破产重整计划（草案）”提出，浙江海纳的实际大股东——深圳市大地投资发展有限公司（简称“大地投资”）以浙江海纳持续经营条件下的资产价值11 072.87万元为基数，提供等值现金，用于完成浙江海纳重整计划。其中1 227.26万元现金用于购买浙江海纳截至重整受理日的全部对外应收款，以提高浙江海纳的资产质量，转让价格为资产的账面价值，公司收到转让款后，优先支付重整期间发生的重整费用和共益债权799万元，剩余428.26万元全部用于清偿债权人；另外9 845.61万元现金由大地投资代浙江海纳直接用于清偿债权人，大地投资代偿后，形成对浙江海纳9 845.61万元的新债权。因此，可用于清偿债权的现金合计达10 273.87万元。普通债权人在重整计划执行期内获得上述现金一次性清偿后，免除浙江海纳剩余本金债权和全部利息债权及其他债权，免除债务近3亿元。

■ 2.破产重整与破产清算的财务比较

经专业评估机构的评估，浙江海纳债务总金额为5.42亿元，债务本金总额为4.05亿元，而其资产价值仅为1.107亿元。如果浙江海纳破产清算，其重整申请受理日的资产清算价值为99 640 667.51元，而在持续经营假设下，其重整申请受理日的资产价值为110 728 700元。在破产清算条件下，浙江海纳债权人可获得的本金清偿率为19.84%；而在破产重整条件下，可获得的本金清偿率为25.35%。若浙江海纳破产清算，所有非流通股股东和所有中小流通股股东的投资权益为0，且其资产将大幅贬值，浙江海纳本部及下属企业的员工也将会失业，增加社会负担，造成社会不稳定因素增加，而破产重整可避免此类不良结果产生。

■ 3.浙江海纳的股权重整

浙江海纳在债务重组以后，生产经营基本恢复正常，相应的对外违规担保、主要经营性资产的冻结及查封也得到解除，并于2008年4月3日公布了股改说明书，正式启动股改，成为浙江省最后一家实施股改的公司。

浙江海纳的股改方案采用了资本公积金定向转增、非流通股送股、债务豁免和定向发行股份购买资产等相结合的方式。

（1）资本公积金定向转增和非流通股送股。浙江海纳以现有流通股股本3 000万股为基数，用资本公积金向股改方案实施股权登记日登记在册的全体流通股股东每10股定向转增1.6股。非流通股股东向股改方案实施股权登记日登记在册的全体流通股股东送出180万股。公司流通股股东每10股实际获得1.61股对价安排。

（2）债务豁免。根据浙江省杭州市中级人民法院（2007）杭民二初字第184-3号《民事裁定书》及（2007）杭民二初字第184-4号《民事裁定书》，大地投资通过代浙江海纳偿还对外债务方式取得和享有对浙江海纳9 844.29万元债权。大地投资将其中的2 650万元债权转让给浙江浙大网新集团有限公司（简称“网新集团”）的全资子公司网新教育，且大地投资和网新教育承诺豁免浙江海纳对其的9 500万元债务。

（3）资产重组。为提升浙江海纳的持续盈利能力，浙江海纳拟以12.21元/股（定价基准日前20个交易日股票均价）向浙大网新科技股份有限公司（简称“浙大网新”）发行44 724 054股收购浙大网新所持有的浙江浙大网新机电工程有限公司100%的股权（经评估机构评估价值为546 080 700元），认购完成后，浙大网新持有浙江海纳32.05%的股权，成为其第一大股东。同时，网新集团承诺在2009年6月30日前将轨道交通类资产以合规、合理的方式注入浙江海纳，优化资产，提高盈利能力。

（4）追送现金承诺。浙江海纳非流通股股东浙大网新及其一致行动人还做出特别承诺：自公司非公开发行股份发行结束且股权分置改革方案实施之日起，在36个月内不转让所持有的公司股份。为保护浙江海纳及全体股东利益，网新集团承诺在本次与股改同步实施的非公开发行完毕后，相关财务指标不达标时追送现金1 000万元。

案例使用说明

一、教学目的

1.本案例主要适用财务管理课程课堂教学的案例讨论，也适用公司理财课程课堂教学的案例讨论。

2.本案例的教学目的是使学生了解公司财务危机的原因，掌握公司破产重组的财务管理方法。

二、启发思考题

1.浙江海纳财务危机的根源是什么？从哪些方面可以预防财务危机的发生？

2.浙江海纳的哪些现象表明其已陷入财务危机？

3.根据案例资料，运用Z分数模型对浙江海纳进行财务危机预警。

4.当公司陷入财务危机时，一般可运用哪些方法解决问题？浙江海纳为什么选择重整而不是破产清算？

三、关键概念与理论依据分析

（一）关键概念辨析：大股东、控股股东、实际控制人

大股东与控股股东：上市公司大股东是指持有上市公司5%以上股份的股东，控股股东是指股票占比大到足以影响公司的日常经营运作和重大事情的决策的股东。控股股东还分为绝对控股（占比超过50%）和相对控股（低于50%，但大于30%）。控股股东一定是大股东，但大股东却并不一定是控股股东。在五粮液案例中，四川宜宾市国资委持股56.07%，为五粮液上市公司的控股股东，也是该上市公司唯一的大

股东。

实际控制人是指持股50%以上的控股股东，或虽不是公司的股东，但通过投资关系、协议或者其他安排，能够实际支配公司行为的人。在五粮液案例中，五粮液集团并不是上市公司的股东，但是它通过托管方式实现了对五粮液上市公司的控制，因此成为上市公司的实际控制人。

（二）财务危机理论

财务危机，又称财务困境，是指公司无法偿还到期债务的困难和危机。导致公司无法偿还到期债务，或因现金流量不足，或因资产变现价值不足。根据公司财务危机的程度和处理程序的不同，财务危机可以分为技术性失败和破产。技术性失败是指公司总资产的公允价值尽管等于或超过其总负债，但由于资产配置的流动性差，无法转变为足够的现金用于偿付到期债务所导致的财务危机。这种性质的财务危机通常是暂时的和比较次要的财务困难，一般可以采取一定措施加以补救，如通过协商求得债权人让步，延长偿债期限等，从而使公司免于清算。如果补救措施无效，那么公司也要被迫停止经营，通过清算来偿还债权人的到期债务。破产是指公司的全部负债超过其全部资产的公允价值，所有者权益出现负数，并且公司无法筹集新的资金以偿还到期债务的一种极端的财务危机。当公司资金匮乏和信用崩溃两种情况同时出现时，公司破产便无可挽回。在这种情况下，如果债权人或债务人要求，经法院裁定，公司可以按照法定程序转入破产清算，即要按照有关的优先顺序，对资产进行处置分配，以使债权人尽可能多地收回资产。

（三）财务危机预警理论

财务危机预警是以财务会计信息为基础，通过设立并观察、判断一些敏感性预警指标的变化，对公司可能或者将要面临的财务危机进行预测和预报的财务分析控制系统。财务危机预警的系统模型主要有两种：

1.单变量模型

单变量模型是指使用单一的财务变量对公司财务危机风险进行预测的模型，主要是威廉姆·比弗（William Beaver，1966）提出的单变量预警模型。他通过对1954—1964年的79家失败公司和79家成功公司进行比较研究，对14种财务比率进行取舍，最终得出可以有效预测财务危机的比率依次为：债务保障率=现金流量÷债务总额；资产负债率=负债总额÷资产总额；资产收益率=净收益÷资产总额；资产安全率=资产变现率-资产负债率（资产变现率=资产变现价值÷资产账面价值）。

2.多变量模型

多变量模型是指使用多个变量组成的鉴别函数来预测公司财务危机的模型。美国经济学家爱德华·奥特曼（Edward I.Altman）于1968年发表了《财务比率、离差分析和公司破产》一文，将多元判别分析方法应用于公司财务预警分析。他选取了1946—1965年的33家破产公司和正常经营的公司，使用了22个财务比率来分析公司潜在的失败危机。对这22个财务比率，运用多元判别分析方法，最终确定了5个典型的财务比率，建立了一个模型作为公司财务预警的模型——Z-SCORE模型，即Z分数模型：

$$Z=1.2X_1+1.4X_2+3.3X_3+0.6X_4+0.999X_5$$

式中，X_1=营运资本÷总资产；X_2=留存收益÷总资产；X_3=息税前收益÷总资产；X_4=股票市价÷负债账面价值；X_5=销售收入÷总资产。

奥特曼依据这一模型，运用经验数据提出了判断公司破产的临界值为2.675。也就是说，当Z=2.675时，公司破产与不破产的概率各为50%。如果Z≥2.99，那么公司破产的概率很低；如果Z≤1.81，那么公司发生破产的可能性就较大了；如果Z值介于1.81~2.99，那么属于未知区域，较难估计公司破产的可能性。因此，在一般情况下，Z分数值越高，公司破产的概率越低；反之，Z分数值越低，公司破产的可能性就越大。

四、分析思路

教师可以根据自己的教学目标（目的）来灵活使用本案例。这里简要给出本案例思考题的分析思路，仅供参考。

1.从财务管理的角度思考，浙江海纳财务危机的根源是公司治理制度的缺陷使公司实际控制人能够“一手遮天”，公司董事会、管理层都沦为实际控制人的操纵工具。要预防财务危机的发生，必须跟踪分析宏观经济形势的变化，认真分析公司治理制度存在的缺陷，提出解决方案并贯彻落实，同时不断总结和积累管理经验以免出现投资决策失误。

2.从产生财务危机的过程看，浙江海纳的财务危机不是突发性的，而是早已有预警信号，如管理层的频繁变动、一些财务指标的异常、注册会计师出具的非标意见等。

3.财务危机是可以预警的，包括单变量模型、多变量模型等，Z分数模型能够较为准确地预警浙江海纳的财务危机。

4.解决财务危机的基本方法有两种：一是破产清算；二是破产重整。究竟采用何种方法为宜，决策者应权衡利弊得失再作选择。

五、背景信息

浙江海纳后来发生的情况：

（1）2008年12月6日，“飞天系”掌门人邱忠保被法院一审以合同诈骗罪、挪用资金罪判处有期徒刑20年，罚金为100万元人民币。邱忠保的属下、浙江海纳财务总监乔正科以犯挪用资金罪被判处有期徒刑6年。

（2）2009年4月17日，证监会下发《关于核准浙大网新科技股份有限公司及一致行动人公告浙江海纳科技股份有限公司收购报告书并豁免其要约收购义务的批复》核准豁免浙大网新科技股份有限公司及一致行动人因执行法院裁定、协议转让、以资产认购本公司股份而应履行的要约收购义务。至此，公司第一大股东为浙大网新科技股份有限公司，持股比例为32.05%；第二大股东为深圳市大地投资有限公司（现更名为杭州成尚科技有限公司），持股比例为23.45%。

（3）2009年4月28日晚，浙江海纳董事会公告，审议通过《关于更名为浙江众合机电股份有限公司的议案》，这意味着在公司上市的第10个年头，浙江海纳被资本玩家邱忠保的“飞天系”掏空后，重新回到浙江大学的怀抱。4月30日，停牌1年多的浙江海纳完成股改复牌。随着资产重组的完成，公司将从原来单一的以半导体节能材料为主营业务拓展为以节能减排和轨道交通业务为主营业务的大机电产业。

六、关键要点

1.正确应对公司已经发生的财务危机才是解决问题的根本。浙江海纳通过破产重整（包括债务重整和股权重整）获得新生。

2.解决问题是事后“救火”，但为了防范此类事情的再次发生，最重要的是事前“防火”，任何一家公司都要设置一道“防火墙”。因此，需要分析财务危机产生的原因和危机信号，进而从根本上找到事前防范财务危机的对策。

七、建议课堂计划

本案例可以作为专门的案例讨论课来进行。以下是按照时间进度提供的课堂计划建议，仅供参考。

本案例课的课堂时间控制在60分钟。

1.课前计划：讲授者提出启发思考题，请学员在课前完成阅读和初步思考并分组讨论，告知发言要求，要求各小组将讨论意见做成讨论报告（PPT格式）。

2.课中计划：简要的课堂前言，明确主题，说明本案例讨论的目的（2分钟）；小组发言（每组10分钟，控制在40分钟）；引导全班进一步讨论，并进行归纳总结（20分钟以内）。

3.课后计划：请学员根据全班讨论意见，修改讨论报告，给出更加具体的解决方案。

案例20

浙江玻璃的财务危机

摘要

本案例以浙江玻璃为例探讨上市公司因盲目多元化投资引发财务危机的过程与表现形式，并对陷入财务困境的公司的破产重组和清算进行阐述。本案例有助于挖掘我国上市公司深层次的公司治理问题，并对我国上市公司理性进行投融资管理、防范和应对财务危机具有重要借鉴意义。

关键词

多元化投资　财务危机　破产重组

案例正文

一、引言

2013年3月，因重组方案未能获得通过，浙江玻璃宣布破产。2013年4月，债权人会议表决通过破产财产变价方案，浙江玻璃及下属4家子公司的全部资产将通过拍卖等方式公开变价出售，所得价款将分配给债权人清偿债务。2013年5月31日，浙江玻璃被正式除牌。作为内地首家登陆香港H股市场的民企，浙江玻璃究竟是怎样一步步陷入财务困境，又是因何原因造成重组失败以致走到破产清算的境地？

二、公司简介

浙江玻璃股份有限公司（以下简称“浙江玻璃”）地处浙江省绍兴县杨汛桥镇，于1994年以浙江玻璃厂的名称成立，注册资本为人民币50 000 000元，2000年完成股份制改革，2001年12月10日在香港联交所主板成功上市，旗下包括浙江工程玻璃、青海碱业等，总资产超过100亿元。公司生产规模位居全省第一位、全国第三位，经济效益一直居全国同行业前列，曾被金融部门评为“AAA”级企业、诚信企业。然而，浙江玻璃披着上市公司的外衣却有着家族式企业的内核①，冯光成在上市后的浙江玻璃中依旧保持着家长式的权威（见表9-6）。

表9-6　**2008年12月31日浙江玻璃股东持股情况表**

股　东	持股数（股）	持股比例	备　注
冯光成	384 000 000	48.92%	
冯利文	4 000 000	0.51%	冯光成的侄子
冯光继	4 000 000	0.51%	冯光成的兄弟
徐海潮	4 000 000	0.51%	冯光成的妻弟
金锦龙	4 000 000	0.51%	
海外上市外资股（H股）持有人	384 999 000	49.04%	

① 冯光成的妻子徐玉娟和女儿冯鲁文之前均为公司执行董事，且徐玉娟担任浙江玻璃总经理、冯鲁文担任浙江水泥总经理的职务。后由于国际金融公司投资于浙江玻璃，公司承诺加强企业管治及董事会的独立性、区分主席及行政总裁的角色、限制冯光成的家属担任董事会成员的人数，两人在2006年8月29日举行的董事大会上辞任。

根据浙江玻璃年报，冯光成不但是公司和集团的主要股东及主席，亦在集团层面上承担可和行政总裁相比较的职责。冯光成的职责包括做出决定、执行董事会所做出的决定及监督集团的日常营运。两名总经理分别主管集团两大业务（包括玻璃和纯碱）的日常营运，并向冯光成汇报。冯光成直接参与这两大业务的决策程序。由此可见，冯光成的个人决策在浙江玻璃得不到任何有效制约。

三、相关背景

（一）杨汛桥现象

浙江玻璃所在的杨汛桥镇，是一个曾经有着轻纺城①、宝业集团②、永隆实业③等7家境内外上市企业的绍兴小镇，不仅在浙江百强镇中排名第一，甚至发展成为连国际资本市场都相当关注的“杨汛桥现象”。杨汛桥的企业家群落都是同一个镇上的人，或同学，或共事，这种错综复杂的宗族、人情关系使杨汛桥企业间联系紧密、彼此担保。若干年来，杨汛桥本土企业形成了千丝万缕的互相担保网络。即便上市，种种民企潜规则（互相担保网络）依然没有改变。

（二）光宇集团

浙江玻璃的母体是光宇集团。光宇集团是一家大型民营企业集团，在省内外拥有20家控股企业，创建于1985年，是全国建材行业龙头企业之一，名列“全国工业重点行业效益十佳企业”之首。集团公司的主要产品有水泥、平板玻璃、特种玻璃、纯碱及税控收款机等电子产品，涉足建材（玻璃、水泥）、化工（纯碱）及电子（税控收款机）产业。冯光成持有光宇集团96%的股份。虽然从股权上来看，光宇集团与浙江玻璃并没有关系，但是由于控股股东为同一人，光宇集团与浙江玻璃的实际关系是“两个班子，一套人马”。2001年12月，冯光成将光宇集团的优质资产整合到上市公司浙江玻璃后，光宇集团逐渐沦为空壳公司。

（三）冯光成其人

冯光成，浙江玻璃董事会主席兼公司创办人。1951年9月28日出生，绍兴县杨汛桥镇马社村人。在上市公司年报的董事一栏中，冯光成被描述成“于建筑材料行业、玻璃制造、公司行政管理方面有广泛的经验”。冯光成敢想敢做、极富个人魅力，他在杨汛桥有个外号叫“大王”，做事果断、特立独行。1994年6月，冯光成创立浙江浮法玻璃工业有限责任公司（浙江玻璃的前身）并担任公司的主席兼总经理，开始他个人财富的积累。冯光成在2003年和2004年以超过10亿元的身家跻身胡润中国内地富豪榜。其中，2004年，冯光成以财富13.5亿元居胡润内地百富榜第91名。

① 浙江中国轻纺城集团股份有限公司，股票代码为600790。

② 宝业集团股份有限公司，股票代码为02355。

③ 浙江永隆实业股份有限公司，股票代码为08211。

四、主题内容

（一）浙江玻璃陷入财务危机的过程

■　1.盲目多元化投资

据公开报道显示，在浙江玻璃上市前，冯光成和他的创业伙伴用了整整15年时间使光宇集团的总资产达到6亿元。2005年，其中有5条浮法平板玻璃生产线的总日熔量达2 350吨，同时还拥有7条深加工玻璃生产线，生产制镜玻璃、钢化玻璃、中空玻璃、夹层玻璃及低辐射镀膜玻璃。面对日益增多的原料需求，其亦于2005年进军纯碱生产等上游业务。浙江玻璃在港上市后，玻璃业务规模不断扩大。根据其官方网站对于发展历程的描述，浙江玻璃从上市的第二年——2002年4月开始，至2003年6月，三线、四线、五线及六线相继投产。2007年至2008年，七线、八线和九线相继投产。而在浙江玻璃2001年年底上市以后，公司骤然拥有大量资金（包括股民的钱以及银行主动送上门的贷款①），而管理层尚未具备科学运用这些资金的能力。冯光成在过去发展的惯性思维下，能想到的就是扩张，不断注资新的附属公司以拓展业务（如图9-2、表9-7所示）。

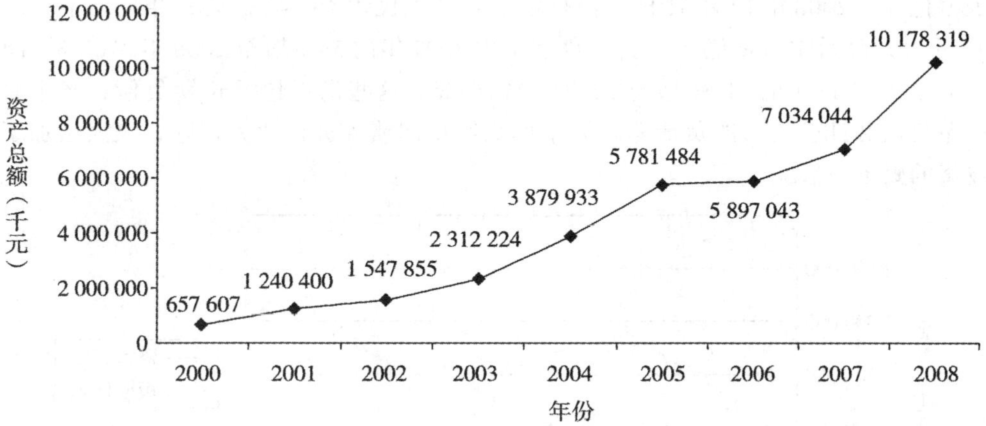

图9-2　浙江玻璃资产总额变化趋势图

■　2.过度依赖债务扩张

浙江玻璃的年报附注有关公司财务风险管理的描述为“本集团一直投资建设纯碱生产线及若干深加工玻璃生产线。上述建设的大部分的融资来自短期借款。（如图9-3所示）”因此，与迅速扩张相对应的，浙江玻璃的银行短期借款从2001年还未上市

① 浙江玻璃从2002年起就一直采用扩张型的投资战略，为了满足投资所需，自从2004年发放了2 910.5万元股利之后的几年都没有再分配过股利。银行业的内在风险使其对客户进行畸形筛选，浙江玻璃的上市光环使其获得间接融资，尤其是银行融资的便利。浙江玻璃的老板冯光成回忆：“2001年，浙玻在中国香港上市，领杨汛桥风气之先时，银行经理守在门口，迫不及待地要送钱来，我们想要多少便有多少。”据统计，浙江玻璃出事后仅在银行借贷就高达81亿元，还不包括社会借贷的10多亿元。所以某种意义上说，是银行的内在弊病和不理智助长了问题企业乱铺摊子、盲目扩张的风气。

表9-7　　浙江玻璃主要附属公司列表

成立（收购）时间	公司名称	注册股本	总共持有权益（直接+间接）
2003年1月18日	浙江玻璃（香港）有限公司	7 800 000港元	100%
2003年3月6日	浙江工程玻璃有限公司	100 100 100元	100%
2003年7月11日	青海碱业有限公司	843 168 000元	71.47%
2004年2月19日	浙江长兴玻璃有限公司	300 000 000元	100%
2004年3月18日	浙江椒江玻璃有限公司	50 000 000元	100%
2004年3月26日	浙江平湖玻璃有限公司	250 000 000元	100%
2004年12月7日	浙江安吉光吟石英砂制品有限公司	5 000 000元	90%
2005年4月12日	浙江绍兴陶堰玻璃有限公司	240 000 000元	100%
2007年10月30日	绍兴县华宏水泥有限公司	50 000 000元	100%

时的500万元猛增到2003年的4亿多元。而到了2009年，浙江玻璃的银行短期借款已达26.9亿元。2008年12月31日，银行借贷合计人民币49.443亿元，相比之下，2007年12月为人民币32.336亿元。资产负债率由2007年的54%增至2008年的62%。净资产负债率由2007年的119%增至2008年的161%。这些尚不包括长期负债、光宇集团的担保负债和社会借款的负债等。大规模依赖短期债务进行业务扩张，大大增加了浙江玻璃的财务风险。

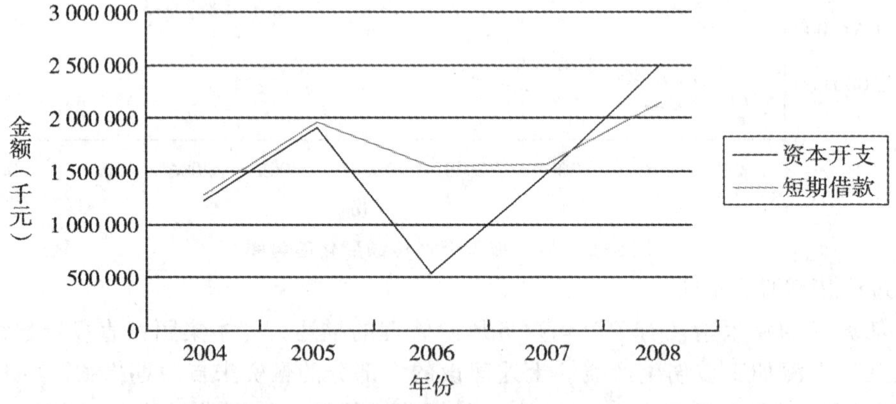

图9-3　浙江玻璃资本开支与短期借款趋势图[①]

■　3.卷入民间借贷

由于处在高速扩张的状态下，浙江玻璃在应对宏观经济环境变化的能力上极其薄

① 根据浙江玻璃年报附注，资本开支涉及玻璃和纯碱两大业务，具体包括物业、厂房及设备的增添，以及在建工程、土地使用权和无形资产。

弱。2005年年初，受宏观调控影响，水泥业务的运营遇到了诸多困难。[①]银行曾在一个月中收贷24亿元[②]，这给浙江玻璃以致命打击。为了填补资金漏洞，冯光成迅速启动了民间借贷。

浙江玻璃的母体光宇集团虽然是个空壳公司，但是它的存在依然对浙江玻璃有很大的价值，浙江玻璃受限于上市企业规则的限制以及业绩的需要，很多如民间融资这样的违规做法都是通过光宇集团来操作的。光宇集团的资产仅有8 400万元，然而除去两笔有财产担保的债务和所欠税款，130多家普通债权人的债务总额有72亿多元，其中大部分来自民间融资。[③]

为了融资，冯光成专门组织了一个由光宇集团、浙江玻璃两家企业的副总经理、财务主管等高管组成的融资团队。到后期资金更加吃紧的时候，浙江玻璃也顾不得上市企业的监管规则，直接卷入融资，如2008年5月，冯光成在未通知其他董事的情况下，即以浙江玻璃资产作担保，向马红梅借款5 000万元，为期两个月，月息225万元。浙江玻璃并未公告此事，后因马红梅向法院起诉冯光成，事情才被曝光，浙江玻璃及冯光成因此被香港联交所谴责。

2005—2009年，冯光成为弥补光宇集团和浙江玻璃生产投资、银行短贷等大量资金缺口，以支付2%至12%不等的月息，单独或授权他人以公司名义向社会上100多户不特定的个人及单位非法吸收存款，合计近48亿元。[④]

■　4.担保链牵连

2008年金融危机爆发，同属绍兴县的华联三鑫[⑤]折戟期货市场。杨汛桥企业浙江展望控股集团有限公司和浙江加佰利控股集团有限公司作为华联三鑫的两家发起人，因分别为其担保20亿元和15亿元而被追债，而浙江玻璃又为加佰利集团和展望集团提供担保。对本来已经摇摇欲坠的浙江玻璃而言，华联三鑫的债务担保无疑是其滑向财务困境深渊的一个推动力。

■　5.公司主要财务指标异常

根据浙江玻璃最后一份公布的业绩报告显示，截至2009年6月底，该公司现金结余仅6 335.7万元；已抵押存款及定期存款为9.95亿元；总流动资产为21.83亿元。但单是一年内要偿还的借款已达到26.9亿元，总流动负债更高达51.71亿元。

表9-8列示了浙江玻璃连续5年公司主要财务指标的变动情况。这些指标的变化

---

① 当时，冯光成其实也刻意遵从政策转向，欲及时调整发展方向，重新确定了“做大做强玻璃和纯碱两大产业，退出水泥行业战略部署”的总体思路。冯光成曾于2006年年底，将陕西富平水泥股权全部转让给意大利水泥；2007年，又将浙江省内的水泥企业股权100%转让给了中国建材集团。只是远水救不了近火。

② 2008年，为了拯救在危机中倒下的企业，绍兴县政府曾出面协调各家银行，要求银行“不抽贷、不减贷”等，可是一些商业银行为了控制自身风险，仍然抽贷、停贷，此举加剧了企业的危机。

③ 资料来源：记者从公开报道——《法人》中获取的资料数据。

④ 资料来源：浙江玻璃高管非法吸收公众存款一案的审查结果和公诉状。

⑤ 华联三鑫是指浙江华联三鑫石化有限公司，是绍兴最大的企业，拥有亚洲最大、世界第二的PTA生产能力。2008年，华联三鑫受美国次贷危机影响，原油价格不断上涨，与其价格息息相关的PTA原材料PX价格也节节攀升，从而加重了华联三鑫的成本压力。为了规避原材料涨价对利润产生的影响，华联三鑫开始介入期货。华联三鑫炒期货巨亏之后，资金链断裂。

都表明，随着高负债的盲目过度扩张，浙江玻璃的日子一年不如一年，逐步滑向财务困境的深渊。

表9-8 浙江玻璃2004—2008年主要财务指标

项　目	2004年	2005年	2006年	2007年	2008年
主营业务收入（万元）	121 288.8	119 563.6	152 051.2	232 220.6	275 623
每股收益（元）	0.354	0.128	-0.091	0.383	0.230
净利润（万元）	20 474.6	7 455.2	-5 991.4	29 694.4	25 063.8
净利润增长率	12.39%	-63.59%	-180.37%	595.62%	-5.50%
负债总额（万元）	250 074.9	435 193.9	428 000.5	482 236.6	717 629
负债比率		62%	58%	54%	62%
审计意见	标准无保留意见	标准无保留意见	标准无保留意见	标准无保留意见	无法表示意见

（二）浙江玻璃的结局——破产清算

1.破产重整计划

尽管绍兴中院的裁定显示，浙江玻璃债权人之一的中国建设银行股份有限公司绍兴支行申请浙江玻璃破产的时间为2012年6月25日，但事实上，绍兴县、杨汛桥镇两级政府针对浙江玻璃的解困工作从此前两年已经开始。法律界、各级政府包括银行债权人达成共识要对浙江玻璃进行破产重整。准确地说，对香港主板上市企业浙江玻璃进行破产重整，而对其位于内地的母体光宇集团进行破产清算。这一思路得到了最高人民法院、证监会的支持。最高人民法院还鼓励地方政府在浙江玻璃一案中进一步创新，为以后解决类似企业危机问题积累经验。在试图进行重整计划的过程中，很多企业包括央企都对浙江玻璃感兴趣，光进行尽职调查的就有10多家。

2.重整计划遇到困难

浙江玻璃的破产重整计划遇到两大困难：

一方面，作为内地在香港主板上市的第一家民营企业，浙江玻璃重整涉及中国香港、中国内地的法律，其资产又涉及浙江、青海两省四地，这些因素决定了浙江玻璃的重整并无先例可循。原本政府想通过重组方式解决企业的债务危机，但是因为浙江玻璃结构复杂，没有一家企业敢冒险进来。

另一方面，与其背后高额的债务有关。浙江玻璃第一次债权人会议内容主要包括债权核查，并通过决议批准公司继续营业，同时审议重整投资人的招募方案。而在第二次债权人会议上，除了对部分债权进行核查外，还对重整投资人招募方案进行表决，但未获通过。浙江玻璃公告数据显示，截至第二次债权人会议，管理人共接到247家债权人的债权申报。这次债权人会议对债权进行了第二次核查，47家债权人的债权共计人民币4 376 567 705.42元，核查后没有异议，法院当场裁定确认，还有22家债权人申报的债权因各种原因未能列入本次债权人会议核查。同时，加上第一次债权会议上已确认的债权（实际确认的金额为5 663 780 055.78元）合计已确认的债权金额为10 040 347 761.20元。25亿元左右的总资产却承担了高达100多亿元的债务，整整75亿元的缺口使第三次债权人会议上不少债权人对该公司的资金流向表示不解。这使得浙江玻璃的破产重整计划未能继续。

■ 3.破产清算

2013年3月10日，浙江玻璃召开第三次债权人会议。因普通债权组的反对，导致重组方案未能获得通过。3月25日，浙江省绍兴市中级人民法院裁定终止重组程序，并宣布浙江玻璃破产。4月13日，浙江玻璃召开第四次债权人会议，表决通过破产财产变价方案，该公司及下属4家子公司的全部资产将通过拍卖等方式公开变价出售，所得价款将分配给债权人清偿债务。5月6日，浙江玻璃除牌程序第三阶段期限届满，未能提出可行的复牌建议证明有足够的业务运作或资产以保证维持上市地位。5月16日，上市委员会决定取消浙江玻璃股票在香港联交所的上市。2013年5月31日，浙江玻璃股票上市资格被正式取消。

案例使用说明

一、教学目的

1.本案例主要适用于财务管理课程课堂教学的案例讨论，也适用于公司理财课程课堂教学的案例讨论。

2.本案例的教学目的在于引导学生关注上市公司高负债融资进行盲目多元化投资所引发的财务危机问题，掌握破产清算的过程。

二、启发思考题

1.浙江玻璃财务危机的根源是什么？从哪些方面可以预防此类财务危机的发生？

2.浙江玻璃的哪些现象表明其已陷入财务危机？

3.当公司陷入财务危机时，一般可运用哪些方法解决问题？

4.什么原因导致浙江玻璃没能完成破产重整？

5.浙江玻璃破产案给上市公司以哪些启示？

三、关键概念与理论依据分析

（一）关键概念辨析：破产清算与破产重整

破产清算是指宣告股份有限公司破产以后，由清算组接管公司，对破产财产进行清算、评估和处理、分配。清算组由人民法院依据有关法律的规定，组织股东、有关机关及有关专业人士组成。有关机关一般包括国有资产管理部门、政府主管部门、证券管理部门等，专业人员一般包括会计师、律师、评估师等。

破产重整是企业破产法新引入的一项制度，是指专门针对可能或已经具备破产原因但又有维持价值和再生希望的企业，经由各方利害关系人的申请，在法院的主持和利害关系人的参与下，进行业务上的重组和债务调整，以帮助债务人摆脱财务困境、恢复营业能力的法律制度。破产重整制度作为公司破产制度的重要组成部分，已为多数市场经济国家所采用。它的实施，对于弥补破产和解、破产整顿制度的不足，防范大公司破产带来的社会问题，具有不可替代的作用。

（二）投资战略类型

财务危机理论与财务危机预警理论同“案例19　浙江海纳的财务危机与重组”。这里重点阐述导致浙江玻璃财务危机的根本原因——企业投资战略失败的相关理论。

企业投资战略是指根据企业总体经营战略要求，为维持和扩大生产经营规模，对有关投资活动所作的全局性谋划。它是将有限的企业投资资金根据企业战略目标评价、比较、选择投资方案或项目，以获取最佳的投资效果所作的选择。

根据投资经营对象的差异，投资战略分为三种类型：

（1）专业化投资战略，是指企业在以单一产品为投资对象的条件下，采取积极措施，开辟新的业务领域，增加新的品种，扩大市场。

（2）一体化投资战略，是指企业在供、销、产三方面投资与经营实现一体化，对原料供应、加工制造、市场销售实行联合，从而扩大生产和销售的能力。

（3）多元化投资战略，又称多角化投资战略，是指企业同时经营两种以上基本经济用途不同的产品或服务的一种投资战略。其内容包括：投资产品的多元化、投资领域的多元化、投资区域的多元化和资本的多元化。

其中，相关多元化战略是指进入与公司现在的业务在价值链上拥有竞争性的、有价值的“战略匹配关系”的新业务。与非相关多元化相比，相关多元化战略一般会有以下优势：第一，可以将专有技能、生产能力或者技术由一种经营转到另一种经营中去；第二，能将不同经营业务的相关活动合并在一起，降低成本；第三，可以在新的经营业务中借用公司品牌的信誉；第四，以能够创建有价值的协作方式实施相关的价值链活动；第五，可以将投资者风险分散于更广大的业务基础上。

四、分析思路

讲授者可以根据自己的教学目标（目的）来灵活使用本案例。这里简要给出本案例思考题的分析思路，仅供参考。

1. 从财务管理的角度思考，导致公司财务危机的原因有宏观经济形势的变化、公司治理制度的缺陷和公司自身缺少管理经验致使投资决策失误等。对照《上市公司治理准则》相关规定，分析浙江玻璃管理层架构和运营模式存在的弊病。

2. 从产生财务危机的过程看，浙江玻璃的境况早已有迹象表明，如一些财务指标的异常、注册会计师的非标意见等。

3.解决财务危机的基本方法有两种：一是破产清算；二是破产重整。采用何种方法为宜，应权衡利弊得失再作选择。

4.浙江玻璃的破产重整计划遇到两大困难：一是作为内地在香港主板上市的第一家民营企业，浙江玻璃重整涉及中国香港、内地两地法律，其资产又涉及浙江、青海两省四地，这些因素决定了浙江玻璃的重整并无先例可循；二是其背负巨额债务导致浙江玻璃无法实现重整而进入破产清算结局。

5.可以从以下三个方面思考：第一，公司内部治理问题对企业投融资决策造成的影响；第二，多元化投资的经营策略可能带来的利好或弊端；第三，分析上市公司高度依赖债务扩张的后果，以及民间借贷、债务互保对公司的影响。

五、背景信息

浙江玻璃后来发生的情况如下：

2013年2月，冯光成因以光宇集团及浙江玻璃的名义向公众非法吸收存款，金额高达数十亿元（其中已筹集但无法偿还的资金总额约为10.487亿元），被判处有期徒刑8年零6个月。

2013年6月9日，福建旗滨集团子公司绍兴旗滨玻璃有限公司、孙公司长兴旗滨玻璃有限公司、平湖旗滨玻璃有限公司三家公司组成资产收购联合体（以下简称“买受方”），与浙江玻璃管理人（以下简称“变卖方”）协商一致，签署“资产变卖协议书”。协议约定，买受方愿意按照第二次拍卖的起拍价格受让浙江玻璃的浮法玻璃资产，变卖方同意将有关资产变卖给买受方。

六、关键要点

1.正确应对公司已经发生的财务危机才是解决问题的根本。

2.企业陷入财务危机并非产生于突发性事件，因此发现并及早控制是关键。防范此类事情的再次发生，最重要的是事前“防火”，任何一家公司都要设置一道“防火墙”。因此，需要分析财务危机产生的原因和危机的信号，从根本上找到事前防范财务危机的对策。

七、建议课堂计划

本案例可以作为专门的案例讨论课来进行，如下是按照时间进度提供的课堂计划建议，仅供参考。

本案例课的课堂时间控制在50分钟。

1.课前计划：讲授者提出启发思考题，请学员在课前完成阅读和初步思考并分组讨论，告知发言要求，要求各小组将讨论意见做成讨论报告（PPT格式）。

2.课中计划：讲授者做简要的课堂介绍（2分钟），明确主题，说明本案例讨论的目的；小组发言（每组8分钟，控制在35分钟）；引导全班进一步讨论，并进行归纳总结（15分钟以内）。

3.课后计划：请学员根据全班讨论意见，修改讨论报告，给出更加具体的解决方案。

思政园地

主要参考文献

［1］汤谷良，韩慧博，祝继高．财务管理案例［M］．3版．北京：北京大学出版社，2017．

［2］王化成．高级财务管理学［M］．4版．北京：中国人民大学出版社，2017．

［3］裘益政，竺素娥．高级财务管理［M］．2版．上海：立信会计出版社，2013．

［4］中国证券业协会．证券投资分析［M］．北京：中国财政经济出版社，2011．

［5］张兵．巴菲特教你学投资［M］．北京：京华出版社，2008．

［6］梁上坤，金叶子，王宁，等．企业社会资本的断裂与重构——基于雷士照明控制权争夺案例的研究［J］．中国工业经济，2015（4）：149-160．

［7］魏文，司祎梅．电力上市公司资本结构实证研究——以华能国际为例［J］．财会通讯，2010（32）：29-31．

［8］杨雄胜，陈丽花．集团公司财务管理［M］．北京：人民出版社，2007．

［9］裘益政，徐鹿．失败的教训——上市公司财务失败案例［M］．北京：中国人民大学出版社，2007．

［10］席酉民，赵增耀．公司治理［M］．北京：高等教育出版社，2004．

［11］张慕濒．机构投资者崛起、创业股东控制权博弈与公司治理——基于雷士照明的案例研究［J］．华东师范大学学报（哲学社会科学版），2013（4）．

［12］许艳芳，付捷思．生命周期、经营战略与民营企业的融资模式——基于蒙牛乳业的案例研究［J］．管理案例研究与评论，2010（3）．

［13］程诺，汤谷良．运用供应商融资及其风险控制策略——基于格力、美的电器的案例分析［J］．财务与会计，2008（21）．

［14］王简，徐艳霞．五粮液进行利益输送行为浅析［J］．财务与会计，2007（9）．

［15］王化成．企业分配理论模式研究［J］．会计师，2005（4）．

［16］康健．美的零库存运动：VMI双向挤压供应链成本［N］．21世纪经济报道，2003-04-10．